중국 생활 30년, 민속학 박사의

중국 베이징 문화 이야기

중국생활 30년, 민속학 박사의
중국 베이징 문화 이야기

초판 1쇄 발행 2022년 2월 14일

지은이 임선우
펴낸이 장길수
펴낸곳 지식과감성#
출판등록 제2012-000081호

교정 오현석
디자인 윤혜성
편집 윤혜성
검수 정은지, 윤혜성
마케팅 고은빛, 정연우

주소 서울시 금천구 벚꽃로298 대륭포스트타워6차 1212호
전화 070-4651-3730~4
팩스 070-4325-7006
이메일 ksbookup@naver.com
홈페이지 www.knsbookup.com

ISBN 979-11-392-0329-5(03910)
값 15,000원

• 이 책의 판권은 지은이에게 있습니다.
• 이 책 내용의 전부 또는 일부를 재사용하려면 반드시 지은이의 서면 동의를 받아야 합니다.
• 잘못된 책은 구입하신 곳에서 바꾸어 드립니다.

지식과감성#
홈페이지 바로가기

중국 생활 30년, 민속학 박사의
중국 베이징 문화 이야기

임선우 지음

지식과감성

목차

들어가는 말 • 9

1 — 베이징의 기억과 문화 • 12

코리아타운 왕징 • 13
베이징의 명칭과 환경 • 15
중국인민공화국 성립 70주년 • 20
베이징 호구 이야기 • 22
국기 하강식 • 24
베이징역 • 27
중국인과 복 • 31
중국인과 제사 이야기 • 40
베이징의 명물 인력거 • 44
노포 '라오쯔하오' • 50

베이징 오리구이 췐취드 • 53
한약방 동인당 • 58
전통 과자점 도향촌 • 60
광군제와 내수 시장 • 64

2 — 베이징의 역사적 공간과 문화 • 66

최고 건축물 태묘 • 66
이화원과 서태후 • 74
이화원의 건축 • 82
환관 왕승은과 경산공원 • 90
황가의 사당 수황전 • 94
손중산과 중산공원 • 97
지단공원과 묘회 이야기 • 100
태양신과 일단공원 • 104
달신과 월단공원 • 106
원명원 이야기 • 109
벚꽃과 옥연담 • 115
천신과 천단 • 117
명대 황릉에 들지 못한 황제들 • 125
북해공원과 섬 경화도 • 130
베이징 십찰해 이야기 • 140
궁궐 자금성 • 144

왜 베이징 고궁을 자금성이라 불렀을까? • 146
자금성 장식과 상징성 • 160
허선과 공왕푸 • 169
극근군왕푸 • 179
만리장성(万里长城) • 182
아름다운 노구교 • 190
베이징대학 홍루 • 196

3 — 베이징의 후통과 문화 • 198

변하고 있는 베이징 • 198
후통이란? • 206
후통의 혁명 • 207
주택 사합원 • 209
주택의 얼굴 대문 • 216
구로우를 걷다 • 220
루주 이야기 • 223
베이징의 중심 장안가 • 225
전문과 대책란가 • 232
전문 거리와 대표 상점 • 235
전문 옆 서민 주택 • 240
후통의 춘절 • 241
궤이제(귀신가)의 명칭 • 244

롱시아 거리와 후통 사람들 • 245
연대사가 밤거리 • 248
명품 거리 왕푸징 • 250
문인들의 거리 유리창 • 252

4 ── 베이징의 종교와 문화 • 258

공자의 부활 • 258
용허궁과 납팔죽 • 261
최초의 감리교회 • 264
베이징 천주교와 문화 • 267
요대 전탑 • 269
도교 총림 백운관 • 273
화신묘 • 277
천 년 고찰 대각사 • 281

글을 마무리하면서 • 286

들어가는 말

"여기에 있으면 느낌이 좋고, 기쁘고 안정되며, 친구들도 찾아오곤 한다. 묵려(墨慮, 빙신이 묵었던 처소)를 감상하기도 하고, 종종 베이핑 이야기도 나눈다. 사람들은 베이핑 대각사의 은행나무와 향산의 단풍이 생각난다고 하고, 베이핑의 지필묵이 생각난다고 하고, 고궁과 베이하이가 생각난다고 하고, 나 역시 그곳이 그립다고 말한다. 사람들은 베이핑의 오리구이와 양고기가 생각난다고 하고, 화신묘와 융복사가 생각난다고 하고, 나 역시 그곳이 그립다고 말한다. 사람들은 베이핑의 탕후루와 군밤이 생각난다고 하고, 나 역시 그것이 그립다고 말한다."[1] 윗글은 중국 근현대 소설가 빙신이 중일 전쟁이 발발하자 쿤밍으로 가서 베이징을 그리워하며 베이징을 표현한 글입니다.

---

1 송철규, 『중국문학 교실 셋째권』, 소나무, 1987, 304쪽

이 글이 눈에 들어온 것은 내가 베이징을 떠올릴 때와 같았기 때문입니다.

저와 중국의 인연은 1992년 한중 수교가 그 시작입니다. 그러고 보니 벌써 30년이 흘렀습니다. 다른 나라를 잘 알지 못한 채 중국이라는 나라를 알게 되었고, 오래 살았습니다. 그러나 아무리 중국에 오래 살았고 중국 말을 유창하게 한다 해도 이방인은 이방인입니다. 언어를 아무리 잘해도 모국어가 될 수 없고, 생활 습관과 문화가 다르기 때문입니다. 게다가 정치 체제 또한 우리와 다르기 때문입니다. 그러나 한 나라의 문화는 그들만의 오랜 습관이고 전통입니다. 있는 대로 받아들이고 이해해야 합니다. 문화를 왜? 라고 물으면 답하기도 어렵습니다. 특히 중국 문화가 그렇습니다. 중국 문화는 한마디로 상징 문화입니다. 오직 길상의 의미로만 해석하는 것도 중국 문화의 특징입니다. 또한, 알면 알수록 의문도 많아집니다. 인간의 무지와 편견이 만들어 낸 비합리적인 미신도 존재합니다. 그러나 중국만의 역사성과 문화는 두텁습니다. 그래서 문화는 있는 그대로 인정하고 받아들여야 하나 봅니다. 본 책은 베이징에 살면서 직접 다녔던 곳을 정리하였습니다. 목차는 내용별로 나누었습니다.

중국은 역사적 지정학적으로 한국과는 불가분의 관계에 있습니다. 저는 그런 중국과 30년을 함께했습니다. 그동안 중국은 경쟁력을 갖춘 세계 대국이 되었습니다. 저는 이런 중국을 사랑합니다. 또한, 미워하기도 합니다. 제가 중국에 가지는 감정은 반평생을 함께한 부부의 곰삭은 애증 같은 것입니다. 앞으로 얼마나 더 중국에 있을지 모르겠습니다. 그러나 언젠가는 한국으로 돌아갈 것입니다. 이 졸작은 한국에 돌아가기 전에 제가 베이징에 살면서 찾아다녔던 곳을 정리한 관찰 기록입니다. 내용이 너무 뻔하다고 질책하는 독자도 있을 것입니다. 그저 오래 살았던 사람이 남기는 흔적이라 봐 주시기 바랍니다.

   아는 만큼 보인다는 말이 있습니다. 이 책은 베이징, 베이징 문화에 관심이 있는 분들께 조심스럽게 권해 봅니다. 모든 사람이 행복하길 바랍니다. 그리고 원고를 기꺼이 받아 주신 지식과감성# 장길수 대표님과 읽기 불편한 원고를 일일이 교정해 주신 오현석 담당자님, 예쁜 표지를 만들어 주신 윤혜성 담당자님께 고마움을 전합니다. 감사합니다.

2022년 1월 28일
저자 임선우

1
베이징의 기억과 문화

오랜 기억 하나.

1992년 한중 수교 당시 베이징의 주택은 5층 아파트와 주택이 있었다. 5층 아파트는 빌라식 서민 주택이다. 허허벌판에 간혹 솟아 있는 5층 빨간 벽돌 아파트. 10평 정도의 아파트에 2대가 모여 살았다. 집 베란다에는 꽃 화분이 줄지어 있고, 화초 가꾸는 일은 노인들의 놀이였다. 아파트 정원에 있는 꽃과 나무는 언제나 계절을 먼저 알렸다. 햇빛이 좋은 날에는 정원에 큰 이불과 옷도 널렸다. 정원은 사람들이 모여 큰소리로 소통하는 대화의 장소였다.

마을 앞 아침 시장에는 마을 사람들이 모였고, 그곳에서 화분도 사고 만토우와 민물고기도 샀다. 한쪽에는 아침 식사를 팔았다. 사람들은 이곳에서 죽이나 만토우 만두로 한 끼를 해결했다. 어떤 사람들은 이곳에서 만토우와 먹거리를 사서 가기도 했다. 점심, 저녁 용이다. 시장에는 다양한 모양을 한 과일도 있었다. 처음 보는 훠룽궈(화롱과. 분홍색으로 불꽃 모양을 닮았다 하여 붙여진 이름)도 있었다. 공룡 알보다 큰 귤(요우즈)도 작은 산만큼 쌓아 놓았다. 사람들의 시장바구니에는 파, 마늘, 산초, 생강은 언제나 선택이 아닌 필수 식재료였다. 시장에는 사람 냄새가 났다. 한국인을 바라보던 중국 사람들의 시선도 따뜻했다.

코리아타운 왕징

한국인들이 모여 사는 왕징 지역을 코리아타운이라 부른다. 베이징 중심과는 조금 떨어진 북 3환과 남 4환의 경계에 있으며, 한국인들이 모여 사는 곳이다. 수도 공항과 가까운 것도 매력 있다. 1998년 왕징은 허허벌판에 왕징신청(望京新城)이라는 신식 아파트가 들어서면서 한국인이 모여들었다. 상가에서는 한국인을 위해 채소도 다듬어서 팔았고, 과일은 제일 좋은 것만 갖다 놓았다. 상인들의 눈에 한국인은 제일 좋고 깨끗한 것만 찾는 사람이었다. 이런 한국인을 위해 상인들은 물건을 만질 때도 위생 비닐장갑을 사용했다. 그들에게 비친 한국인은 돈도 많고 깨끗한 이미지였다. 왕징은 한국인이 모여들면서 발전도 빨랐다. 이제 옛날 벌판을 기억할 사람은 없다. 소호(soho), 알리바바, 포스코 빌딩이 들어오면서 거대한 상업지가 되었기 때문이다. 그 탓에 오히려 중심에서 이곳으로 사람들이 몰리고 있다. 부동산값은 2000년대를 기준으로 한화 1억 원이던 집이 50~70억이 되었다. 2021년 중국 정부가 부동산 잡기에 나선 것은 충분한 이유가 있다. 그 중심에 헝다 그룹(중국 대표 부동산 기업)이 있다. 고급 아파트만 짓다 보니 가격은 고공 행진을 하고, 집이 없는 서민들은 외곽으로 밀려나고 있다. 국가가 손을 쓰지 않으면 안 될 지경이 된 것이다. 그 속에는 정치적인 내막도 있을 것이다. 어쨌든.

왕징

왕징 soho

황량한 벌판이던 왕징 거리는 밤에도 대낮같이 밝다. 화려한 초고층 빌딩이 빽빽하다. 베이징의 변화를 온몸으로 체험하며 살아온 나지만 적응하기 어려울 때도 있다. 벌판 속에 피어난 왕징 코리아타운, 그곳에 한국인이 살고 있다. 그러나 꿈을 안고 찾았던 땅 중국. 이제 많은 사람이 한국으로 돌아갔다. 30년 세월 동안 세대교체도 몇 번 이루어졌다. 최근 젊은 사람이 많아진 것도 새로운 변화다. 중국 전문가도 많아졌다. 그런 변화 속에서 중국도 폭풍 성장했다. 그러나 성장통처럼 큰 폭풍우도 만났다. 그 첫 번째로 2003년 사스가 있다. 나는 베이징 중심에서 국가의 대응 능력도 지켜보았다. 대형 사건이 터질 때마다 국가는 막강한 힘을 발휘한다는 것도 알았고, 언제나 강경책이 통한다는 것도 알았다. 그리고 인민이 국가 통제하에 일률적으로 움직이는 것도 보았다. 그 두 번째는 2014년 한반도 사드 문제가 있다. 그 당시 중국 거주 한인들도 큰 고통을 받았다. 한국 상품 거부, 한국인 택시 탑승 거절, 롯데마트 철거 등등 정말 많은 일을 직접 보고 겪었다. 모두 중국에 살기 때문에 겪어야 했던 일이다. 그 세 번째에 코로나19가 있다. 2019년 12월부터 시작된 코로나19는 아직도 진행 중이다. 이 또한 중국과 관련 있다고 말한다. 그러나 정확히 밝혀진 것은 없다고 하니 할 말은 없다. 우리 모두 꿈을 안고 찾았던 땅 중국. 벌써 30년이 되었다. 나는 아직도 왕징에서 살고 있다.

베이징의 명칭과 환경

베이징의 환경

베이징은 중국의 수도다. 중국어로 베이징이라 부르며, 정식 명칭은 베이징 직할시(北京直轄市)이다. 지리적으로 동남쪽으로 화북평원과 서북부에는 태행산(太行山)과 연산산맥(燕山山脉)이 연결되어 있다. 도시로는 천진과 하북성과 인접해 있고, 동경 116°23′29″ 북위 39°54′20″에 자리 잡고 있다. 면적은 16,411km²이다. 상징 꽃은 국화와 월계꽃이며, 상징 나무는 회화나무와 측백나무다. 또한, 국가 역사 문화 도시로서 세계 문화유산에 가장 많은 문화유산이 등록된 도시다. 대표적으로 고궁(故宮, 자금성), 천단(天坛), 팔달령장성(八达岭长城), 이화원(颐和园) 등이 있다. 자금성은 문화재 보호 목적으로 일일 8만 명의 인원 제한을 두고 있다. 주요 생산물로는 벼농사, 보리, 옥수수, 수수, 메밀, 각종 채소가 있다. 그리고 판율(板栗, 약밤), 호두(核桃), 대추(枣), 배(梨), 감(柿), 사과(沙果), 산자(山楂), 복숭아(桃), 매실(杏)이 있다. 이 과일들은 베이징 사람들이 평소에도 즐겨 먹는 견과류에 해당한다.

기후는 전형적인 북반구의 고온다습 대륙성 기후에 해당한다. 국가 통계국에 따르면, 베이징 인구는 2020년 말 기준 2,189만 명이며, 전국 인구 비율의 1.55%에 해당한다. 65세 이상 19.63%이며, 해마다 노령화 사회로 갈 것이라는 추측도 하고 있다.

현재 베이징은 국제적인 업무를 맡아 보는 중국의 핵심 도시이며, 국제 정치 중심, 문화 중심, 국제 교류와 과학 기술 중심으로 국가적인 대사를 보는 곳이다. 그리고 중국공산당중앙 위원회, 중화인민공화국 중앙인민정부, 전국인민 대표대회, 중국인민 정부협상회의전국 위원회, 중화인민 공화국중앙군사 위원회가 집중해 있다. 행정 구역은 동청취(東城區), 시청취(西城區), 충원취(崇文區), 쉔우취(宣武區), 하이뎬취(海淀區), 차오양취(朝陽區), 펑타이취(豊台區), 스징산취(石景山區), 팡산취(房山區), 먼터우고우취(門頭溝區), 통조우취(通州區), 순이취(順義區), 창핑취(昌平區), 다싱취(大興區), 화이로우취(懷柔區), 핑구취(平谷區) 등 16개 구와 옌칭(延慶), 미윈(密雲) 등 2개의 현(縣)으로 이루어져 있다.

무엇보다 베이징은 인류 조상의 하나인 베이징원인(北京猿人) 화석이 출토된 곳이다. 베이징원인이 불을 사용하며 살았던 동굴은 관광지가 되었다. 장소는 베이징시에서 서남쪽으로 50km 떨어진 용골산 저우커디엔(周口店)이다. 1918년 앤더슨(J.G.Anderson)에 의해 최초 발견되었다. 1926년에 발견되었던 베이징원인은 2차 대전 중 일본과 중국의 교전 직전인 1941년에 분실되고 현재는 모조품으로 대체해 놓았다. 베이징원인의 고고학적인 가치는 인류 진화 과정에서 동아시아의 직립 원인(Homo erectus) 단계를 대표하는 것이며, 호모사피엔스 단계로 넘어가는 과도기적 단계에 있다고 말한다. 그리고 23만~60만 년 전, 발견된 베이징원인(北京猿人) 화석을 통하여 불을 사용하였을 것으로 추정하기도 한다. 인류가 불을 사용했다는 것에 관심을 두는 것은 불의 사용으로 음식을 익혀 먹었을 것이며, 그로 인해 인류의 삶에도 변화가 생겼을 것이라는 추측 때문이다. 현재 이곳에는 그 당시 발굴 현장만 보호하고 있다.

베이징의 명칭

베이징은 3000년 전 진한(秦汉) 이후, 지금까지 중국 북방의 중점 지역이다. 왕조가 바뀔 때마다 불렸던 이름도 계성(蓟城), 연도(燕都), 연경(燕京), 대도(大都), 북평(北平), 순천부(順天府) 등 다양하다. 춘추전국시기(春秋战国时期, 前770~前221年)에는 연나라의 수도로 연도 혹은 연경이라 불렀다. 진조(晋朝)는 계현(蓟县)이라 불렀고, 요조(辽朝)는 베이징을 남경(南京)이라 불렀다가, 연경(燕京)이라 고쳐 불렀다. 금조(金朝)는 황제 해릉왕 완안량(海陵王完颜亮)에 의해 베이징에 수도를 정하고 중도(中都)라고 불렀다. 그 후 원·명·청대에도 그대로 베이징을 수도로 정하고 정치 행정 중심이었다. 원을 세운 칭기즈칸은 1216년에 베이징을 공격하여 연경로 대흥부(燕京路大兴府)를 만들었고, 원 4년에는 금중도(金中都)였던 동북 방향에 원대도(元大都)를 건립했다.

명나라 때는 영락왕(주체의 연호) 19년 정월에 정식으로 남경에서 베이징으로 수도를 옮기고, 그 당시 순천부(順天府, 명청대 베이징의 명칭)를 경사(京师)라고 하고, 남경(南京)을 유도(留都)라고 칭했다. 유도(留都)라는 말은 명 정부가 탄생한 지역으로 남겨진 수도라는 뜻이다. 청 정부는 순천부(順天府, 지금의 베이징)를 직이성(直隶省, 하북성)에 포함시켰다. 직이성은 지금의 하북성 보정(保定) 지역이다. 하북성의 약자는 지(翼)이며, 지금도 차량 번호판 앞에 붙이고 지역을 표시한다.

1911년 신해혁명 후에는 중화민국이 다시 남경(南京)에 수도를 정하였다가 1912년 다시 베이징으로 옮겼다. 1927년 북양 군벌이 무너진 후에도 여전히 베이징의 체제는 청대 체제를 따라 순천부(順天府)라 했다. 민국 3년에는 순천부(順天府)를 경조지방(京兆地方)이라 불렀고, 그 밑에 북양정부(北洋政府)를 두었다. 북벌 전쟁 후에는 또다시 수도를 남경(南京)으로 옮기고 베이징은 북평 특별구라 불렀다. 1930년 6월 하북성에 포함시켰던 북평(北平)을 다시 경조 지방이라 불렀다. 1937년 77사변 후 북평은 일본이 점령하면서 중국은 '중화민국 임시 정부'를 성립하는데, 이때 북평(北平)을 베이징이라 불렀다. 1945년 8월 21일 베이징이 회복되면서 다시 북평이 되었다가, 1949년 1월 31일 중국 공산당 군대가 북평 통제권을 가지면서 같은 해 9월 27일 중국 인민 정부 협상 회의 제1회 전체 회의에서「关于中华人民共和国国都、纪年、国歌、国旗的决议」에서 북평을 다시 베이징이라 고쳐 불렀다. 1949년 10월 1일 베이징 천안문 광장에서 중화인민공화국 성립 선언을 하고 새로운 중국 탄생을 만방에 알렸다.

　참고로 베이징을 설계할 때『周禮考工記』의 원칙을 따랐다. 그 원칙이란 '九经九纬'와 '前朝后市', '左祖右社'이다. 규모는 '九经九纬'의 원칙에 따라 높고 크게 하고, 사방은 9리(4.5km)에 두고, 성에는 남북과 동서로 각각 9개의 길을 만들었다. '前朝后市'란, 정치하는 조정은 앞에 두고, 시장은 동서남북으로 각각 백 보 이상 떨어지게 했다. '左祖右社'란, 지금의 자금성 위치에서 좌측에 태묘(太庙)를 두고, 우측에 사직(社稷, 국가 상징)단을 둔다는 말이다. 베이징을 설계할 때 철저한 기본 원칙이 있었다는 말이다.

중국인민공화국 성립 70주년

2019년 10월 1일은 중국인민공화국 성립 70주년 기념일이다. 중국은 매체를 통해 대대적으로 중국인민공화국 성립 70주년을 홍보했다. 과거를 회고하는 'TV 회고전'도 만들어 중계했다. 중국 사람들의 평균 수명이 70년 전과 비교해 두 배 이상 늘었다는 보도도 있었다. 70년 전, 평균 수명은 35~40세다. 전체적으로 급속 성장을 한 중국이다. 이번 70주면 행사 기간 연휴를 이용하여 일부 사람들은 여행을 떠났다. 남아 있는 사람은 집에 있거나 10월 1일 천안문 광장에 참가하는 사람들뿐이다. 그만큼 많은 사람이 열병식에 참가한다는 말을 사람들은 그렇게 표현했다. 경축 열병식과 퍼레이드 참가자들은 몇 달 동안 준비를 해 왔다. 2019년 10월 1일, 아침 10시를 시작으로 2시간 40분 동안 열병식은 이어졌다. 열병식에는 전국의 각 지역 팻말과 화려한 장식을 한 차량 행렬이 끝없이 이어졌다. 2시간 40분 동안 계속 이어졌으니, 얼마나 많은 인원이 동원되었는지 짐작할 수 있다.

70주년 기념일을 며칠 앞둔 어느 날 나는 베이징 시내를 나왔다. 거리가 어떻게 변했는지 궁금해서다. 그러나 베이징 시내 중심은 교통 통제가 되어 2환 내로 진입할 수 없었다. 특히 천안문 주변은 더 삼엄했다. 장사하던 상인들도 모두 자리를 비우고 떠났다. 통제는 10월 2일 오후가 되어야 해제될 것이라는 보도가 있었다. 그래서 베이징 중심을 약간 벗어나 있어 교통 제한이 없는 일단공원에서 택시를 내렸다. 내가 10년 전쯤 왔던 곳이다. 이곳도 건국 70년 축하 메시지로 입구를 장식하고 있었다. 공원도 많이 변했다. 옛날에 없던 운동 기구와 탁구대가 생겼고, 앉을 수 있는 의자도 있다. 예전과는 많이 달라졌다. 특히 신중국 70주년 행사를 하루 앞둔 날이라 그런지 전체적으로 정돈이 되어 있었고, 사람들의 분위기도 차분하게 느껴졌다. 모두가 이 순간을 엄숙하게 지켜보며 기다리는 것 같았다. 공원 입구에는 '축복조국(祝福祖国)'이라는 글귀가 화려한 꽃으로 꾸며져 있다. 주위에 있는 호텔과 대형 건물 앞에도 예외 없이, 꽃으로 장식한 '경축! 신중국 성립 70주년'이라는 축하의 글이 있다. 모두가 신중국 성립 70주년을 축하하는 분위기다. 일주일의 긴 연휴 기간에 일부 사람들은 해외로 국내로 여행을 떠났다. 거리는 한적하다. 중국 건국 70주년 공원의 분위기는 평소와 달리 차분하다.

베이징 호구 이야기

중국 사람들은 거주 지역에 관심이 많다. 특히 베이징에 관심이 많다. 대체 베이징이란 도시는 어떤 곳이길래 이토록 열망하는 것일까? 거기에는 이유가 있다. 중국은 이주는 자유로우나 호구 등록에는 제한을 두기 때문이다. 나는 1992년 한중 수교부터 중국을 왕래했다. 만나는 사람마다 제일 먼저 물어오는 말은 내가 어디에 사느냐는 것이었다. 왜 거주지에 민감할까. 그러나 살아가면서 알게 되었다. 중국 사람들에게 베이징 호구를 갖는 것이 얼마나 큰 혜택이며 큰 자부심인지를. 그들에게 호구 문제는 삶의 질과도 관계있는 중요한 문제였다. 그렇다면 베이징 호구에 그토록 목을 매는 이유가 있을 것이다. 무엇보다 중국이 경제 수준이 높아지면서 자녀 교육에 관심이 높아진 것이 큰 이유다. 베이징은 중국의 수도이며, 정치 행정 문화의 중심이다. 좋은 환경에서 자녀를 교육하고자 하는 부모의 마음은 같을 것이다. 대학 입학 문제도 지방보다 베이징 학생들이 유리하다. 이것은 자녀를 둔 학부모라면 베이징을 동경할 수밖에 없는 이유다. 한때는 베이징 호구를 갖기 위해 베이징 호구인 사람과 결혼하는 것이 유행했던 적도 있다. 혼인으로 신분 상승이나 베이징 호구를 얻을 수 있기 때문이다. 1992년 한중 수교 당시에도 그런 이야기는 자주 들었던 이야기다. 때로는 대중들의 입에 오르내리는 이야기가 그 시대를 대변하기도 한다. 베이징 호구 문제가 사회적으로 중요한 이슈였던 때의 이야기다. 2021

년 지금도 베이징 호구는 쉽게 가질 수 없다. 돈이 있다고 가능한 일도 아니다. 그러나 호구는 가질 수 없어도 집은 사서 거주할 수 있다. 하지만 국가 비상사태나, 베이징 거주 실태 조사가 있으면 원 호적지로 돌아가야 한다. 중국에서는 돈이 많아도 가질 수 없는 것이 바로 베이징 호구(호적)라는 말이다. 그래서 베이징 호구를 가진 것만으로도 큰 자부심을 느낀다. 나라마다 그들만의 고민이 있는 법이다.

중국 14억 인구 중 베이징 호구를 가진 자는 2,100만(2019년 통계) 명이다. 만약 거주 지역 제한을 두지 않는다면 베이징이 터져 나갈 것이라고 사람들은 말한다. 국가 정책을 이해하고 받아들인다는 말이다. 이런 호구의 제한이 불편하지 않으냐는 질문에 중국 사람들은 당연하다는 반응이다. 항상 인구가 많다는 것을 이유로 인민은 국가의 고충을 이해하려 한다. 그래서일까 국가는 정책을 만들고 진행하면서도 과정이 순탄하다. 잡음이 없다. 믿어 주는 인민이 있으니 가능한 일이 아닐까. 중국이라는 나라는 국가의 힘이 강해질수록 인민은 국가에 의지할 것이다. 또한, 강력한 국력은 인민을 통제하는 수단이 될 것이다. 중국 사람들은 말한다. "중국 인구 14억이다. 국가가 나서서 제한을 두지 않으면 베이징이 터져 나갈 겁니다." 이 대답은 가슴에서 우러나온 답일지도 모른다. 중국 사람들은 인구가 많으니 국가의 강력한 통제가 필요하다는 말이다. 그래야 자신의 가족과 자신의 재산도 보호받을 수 있기 때문이다.

자세히 들여다보면 중국 사람들의 개인주의 성향을 알 수 있는 대답이다. 거대한 중국이 굴러가는 데는 우리가 이해하기 어려운 중국식이 존재한다는 말이다. 거의 30년을 중국에 살면서 보고 느낀 사소한 이야기지만 글을 쓰려니 어렵다.

국기 하강식

2019년 2월 4일 오성홍기 하기식을 보기 위해 천안문 광장에서 한참을 기다렸다. 중국은 오성홍기를 매일 달고 내리는 의식을 한다. 의식 절차도 엄숙하다. 21세기 현재 이 시각도 중국은 매일 국기 게양식, 하강식을 진행하고 있다. 베이징을 찾는 지방 사람들이나 외국인들은 이 시간을 기다린 듯 천안문 광장에 모여든다. 특히 지방에서 올라온 사람들은 TV에서만 바라보던 천안문 광장이 아니던가. 국가적인 행사가 있을 때마다 거대한 퍼레이드가 행해지던 천안문 광장. 이곳에 머무는 것조차도 자랑이 되고 이야깃거리가 된다. 고향에 가면 만나는 사람마다 베이징 천안문 광장을 물어 올 것이기 때문이다. 천안문 게양식과 하강식 시간은 고정된 시간이 아니다.

국기 하강식

매일 일출 시각에 따라 달라진다. 하늘을 향해 펄럭이는 오성홍기는 중국 사람들의 힘이고 자랑이다. 넓은 벌판인 천안문 광장은 사방이 트여 있어 바람이 센 곳이다. 웬만한 날에도 펄럭이는 오성홍기를 볼 수 있는 이유다. 특히 겨울에 이곳을 찾는 사람이라면 제대로 추운 겨울의 맛을 느낄 수 있는 곳이다. 그렇다면 중국은 언제부터 국기 게양식, 하강식을 하게 되었을까? 1949년 10월 1일 모택동이 시작했으며 그 당시는 전기 코드를 눌러서 오성기를 올렸다. 이런 방식은 1950년 말까지 이어졌다. 오성홍기 게양 하강식은 베이징공안규찰연대(北京公安纠察总队)에서 맡고, 전기를 사용했기 때문에 베이징시 전기공급국이 책임을 졌다. 그 당시에는 매일 게양을 한 것은 아니고 원단, 춘절, 5·1 노동절, 10월 1일 국경절과 같은 특별한 날에만 진행하는 특별 행사였다.

천안문국기호위대(天安门国旗护卫队)는 매일 국기 게양식과 하강식에 참여하는데 이들은 모두 중국인민해방군삼군의장대(中国人民解放军三军仪仗队) 소속이다. 국기 호위대는 국기를 보호하는 것이 사명이며 애국주의를 선양하며 대학생들의 단결을 목표로 하고 있다. 천안문 국기 호위대가 있기 이전에는 무장경찰 천안문국기반(天安门国旗班)이 있었고, 그 후 1982년 12월 28일 이후 중국인민해방군위수구부대(中国人民解放军卫戍区部队)가 대신했다. 1990년 국무원(国务院)과 중앙군위수(中央军委授)와 천안문국기반(天安门国旗班)으로부터 국기 호위병 국기위사(国旗卫士)라는 영예로운 칭호도 받았다. 1991년 5월 1일부터 그들을 무경천안문 국기호위대(武警天安门国旗护卫队)라 불렀다가 2017년 12월 취소되었다. 2018년 1월 1일부터는 중앙 정부의 비준으로 인민 해방군이 국기 호위와 예포를 쏘는 일을 맡았다. 인원도 증원되었다. 매월 첫째 날 게양식에는 36명에서 96으로 증원되었고, 평일에는 36명에서 66명으로 증원되었다. 국기 게양 하강식을 하는 장소는, 첫 번째로 선정된 전국중소학생연구실천교육기지(第一批全国中小学生研学实践教育基地)로 활용하고 있다.

국기 게양 하강식 의식을 치를 때 천안문 주위는 순찰 수비대가 항시 대기 중이다. 보이지 않는 감시자가 있으므로 항시 주의해야 하는 곳이다. 자금성 앞 지하도를 건너갈 때도 특수 경찰들이 삼엄하게 지키고 있다. 사진 촬영도 엄격히 제한된 곳이다. 한번은 카메라를 꺼내 찍으려다 제지를 당한 적도 있다. 그리고 천안문 거리에서 침을 뱉거나 반정부적인 행위나 국격을 훼손하는 일이 있다면 큰 범법자로 처벌받을 수 있다. 주의가 필요한 장소다. 사복 차림의 경찰과 일반 인민 감시자도 있기 때문이다. 사회주의식 국기 하강식 장면을 보며 중국을 알아 간다.

베이징역

중국 하면 먼저 인구 14억과 넓은 땅을 떠올릴 것이다. 그렇다면 이 많은 사람이 어떻게 이동할까? 역시 많은 인구와 넓은 땅만큼 기차역도 많다는 것에서 그 답을 찾을 수 있다. 베이징에는 모두 5개의 기차역이 있다. 동서남북에 각각 역이 있고, 전국적인 노선에 따라 나뉘어 있다. 베이징역(北京站)은 베이징의 대표역이며, 베이징 중심의 장안가(长安街)와 가까이 있어 가장 중심에 있는 역이다. 현재 동북 방향의 천진(天津), 산동(山东) 그리고 일부 화동(华东) 지역은 베이징역에서 출발한다. 베이징남역(北京南站)은 2008년에 만들어졌으며, 아시아에서 두 번째로 큰 역이다. 특히 교통량이 많은 징후(京沪, 베이징과 상해)를 오가는 고속 철로와 베이징에서 상해홍교역(上海虹桥站) 방향은 이곳에서 출발한다. 베이징남역은 중국베이징풍태구(中国北京丰台区)에 있는 역으로 베이징 중심에서 가장 먼 거리에 있다. 베이징 기차역 중 면적이 가장 넓고, 차량 숫자도 가장 많은 역이다. 베이징서역(北京西站)은 베이징서객역(北京西客站)이라 부르기도 하는데, 연화지동로(莲花池东路)에 있으며, 1996년에 건립되었다. 경광철로(京广铁路)와 경구철로(京九铁路) 그리고 경광고속철로(京广高速铁路)의 출발점이자 종점이다. 베이징북역(北京北站)은 서직문(西直门)에 있으며, 1905년에 건립되었는데, 낡고 오래되어 2009년에 재건되었다. 북역은 경포철로(京包铁路), 경통철로(京通铁路) 그리고 베이징 외곽 철로의 시발점이자 종점이다. 또한 경장고속철로(京张高速铁路)의 시발점이자 종점이다. 베이징동역(北京东站)은 동사환(东四环) 백자만(百子湾)에 있다. 1938년에 만들어졌다. 베이징동역(北京东站)은 베이징 철로의 물자를 운반하는 길목이며, 안에는 세관 관리 감독처가 있다. 베이징의 100여 개의 영사관 화물의 출발과 도착을 책임지는 곳이기도 하다.

베이징역(北京站)의 위치는 동성구(东城区) 모가완호갑 13호(毛家湾胡同甲13号)에 있다. 베이징역 본 건물은 청대 광서 27년(1901년)에 건축되었으며, 베이징을 대표하는 상징물이다. 원래 위치는 정양문(正阳门) 옹성(瓮城) 동쪽에 있었다 하여, 경봉철로정양문동차역(京奉铁路正阳门东车站)이라 불렸다. 그 후로도 1903년(광서 29년) 정양문의 동쪽을 통하면서 천문역(前门站), 베이징역(北京站), 북평역(北平站), 북평동역(北平东站), 흥성역(兴城站) 등의 이름으로 불리다가, 1949년 9월 30일부터 '베이징역'으로 불리고 있다.

2017년까지 베이징역에는 16개 철로가 연결되어 있었고, 8개의 개찰구가 있다. 베이징역에서 출발하는 노선은 경호철로(京沪铁路, 베이징-상해), 경합철로(京哈铁路, 베이징-하얼빈), 경승철로(京承铁路, 베이징-승덕), 풍사철로(丰沙铁路, 베이징풍대-하북사성), 경원철로(京原铁路, 베이징-하북성서부), 경광철로(京广铁路, 베이징-

광주), 경구철로(京九铁路, 베이징서역-베이징시를 거쳐, 하북성, 산동성, 하남성으로 연결)가 있다. 동북 방향이나 화북 방향의 기차는 모두 이곳에서 출발한다. 1959년 1월 20일 베이징역을 재건하면서 원래

주더 마오쩌둥 이름의 열차

모습은 사라졌다. '北京站'이라는 간판 글자는 1959년 9월 13~14일에 베이징역을 재건할 때 시찰을 나왔던 모택동이 남긴 글씨다. 이 사실을 아는 중국 사람이 얼마나 많을지는 알 수 없으나 지금도 베이징을 대표하는 상징물이다. 지금의 베이징역은 1998년 5월부터 1999년 9월까지 재건된 후 큰 변화 없이 그대로다. 재건할 때 옛 모습을 살리는 데 중점을 두었기 때문이다. 그러나 내부는 깨끗하게 정돈되었다. 2008년 6월에는 베이징 올림픽을 앞두고 처음으로 영문 이름을 넣기도 했다. 중국은 모든 외국어를 자국어인 한어로 바꾸어 사용하는 나라다. 그렇게 볼 때 베이징역 이름에 영문을 넣은 일은 큰 사건이 아닐 수 없다. 이 또한 중국이 변해 가는 과정으로 보인다. 그리고 2012년에는 베이징역을 베이징시 동성구 문화재 항목에 올렸다. 중국이 최근 문화라는 키워드에 관심이 높아진 것은 사실이다. 최근 10년 전후로 중국이 가장 많이 하는 일도 문화재를 국가급 시(市)급으로 나누어 보호하는 일이다. 문화재

보호는 시간이 관건이다. 빨리 손을 쓰지 않으면 소실되거나 영원히 회복할 수 없는 안타까운 일이 발생하기 때문이다. 중국이 이렇게 하는 데는 과거의 실수를 반복하지 않겠다는 강한 의지의 표현이라 보인다.

'베이징역' 주변은 유동 인구가 가장 많은 곳이다. 특히 춘절이 되면 고향 가는 사람들로 발 디딜 틈이 없을 정도로 혼잡한 곳이다. 전국의 사람이 모여드는 특별한 곳, 중국의 인구가 많다는 것도 실감할 수 있는 곳이 베이징역이다. 인구 14억이다. 평일에도 우리의 설날을 연상하게 할 만큼 사람이 많다. 역시 중국이다. 이곳에는 이불 짐을 들고 다니는 사람, 밤이 되면 바닥에 이불을 깔고 잠을 자는 사람들도 있다. 차 시간을 맞추기 위해 아예 밤을 새우는 사람도 있다. 주거지가 베이징 외곽이거나 역과 멀 때는 어쩔 수가 없다. 그러나 이런 일도 그들에게는 이상한 일이 아니다. 그리고 새로운 변화가 생겼다. 중국은 2014년부터 기차 실명제를 시행했다. 춘절 기차표 예매는 한 달 전부터 판매되며, 신분증을 제시해야 구매할 수 있다. 누구나 표를 사서 고향에 갈 수 있도록 하겠다는 정부의 뜻이 담겨 있다. 기차 실명제 또한 강력한 국가의 힘이 작용했기에 가능한 일이다. 인구 14억을 고려하면. 또한, 기차표 실명제로 그동안 골칫거리였던 암표상들이 사라진 것도 성과 중 하나다. 기차 실명제 시행 후에도 겁 없이 암표 행위를 하던 자들이 대거 잡히는 사건이 있었다. 국가의 엄중한 처벌로 다시는 그런 일이 일어나지 않았다. 기차 실명제. 이미 암표상이 존재할 수 없는 시스템이 만들어진 것이다. 14억 인구 부자 나라의 대처방법은 강력한 처벌이 먹힐 때가 많다. 기차역에서 잠을 자는 사람도 많이 줄었다. 이는 까오티에(高铁)라는 초고속 열차의 등장 때문이다. 중국 초고속 열차는 시속 300~350km로 달린다. 웬만한 거리는 이제 일일생활권이 되었다. 그만큼 중국이 변했다.

중국인과 복

중국 사람들은 유독 복에 집착한다. 복을 표현하기 좋아하고 복이라는 글자나 복을 나타내는 상징물에 집착한다. 중국 사람들이 말하는 복은 재물복, 건강복, 승진복, 자녀복 등 인간 세상에 존재하는 길한 것은 모두 포괄한다. 범위가 넓다.

복과 관련된 언어와 장식도 다양하다. 먼저 '복'과 관련된 동물이 있는데, 바로 박쥐다. 일반적으로 박쥐는 낮에는 동굴 같은 어두운 곳에서 서식하며, 몸의 색은 까맣고 앞 어깨가 발달하여 튀어나온 약간은 혐오스러운 동물이다. 그러나 이런 박쥐를 두고 동서양의 해석이 엇갈린다. 서양 사람들은 이런 박쥐를 인간의 피를 빨아먹는 악의 동물로 여기지만, 중국은 복의 상징물로 여긴다. 그래서 문화를 두고 가치를 논하면 안 된다는 말이 있다. 문화는 다양성으로 보아야 하고, 지극히 개별적인 요소로 인정해야 한다는 말이다.

그렇다면 중국 사람들은 왜 복을 박쥐와 연관 지을까? 그 이유는 간단하다. 박쥐를 중국어로 '비엔푸(蝙蝠)'라고 하는데, 이때 '푸(蝠)'가 복을 뜻하는 한자 '푸(福)'와 음이 같기 때문이다. 이런 것을 시에인(谐音, 동음)이라고 한다. 중국에서 박쥐는 낯설고 혐오스러운 동물이 아니라 복을 의미하는 길상의 동물이다. 박쥐의 서식지는 동굴이나 어두운 나무숲에서 거꾸로 매달려 산다. 박쥐가 매달려 산다는 것을 중국어로 '蝠倒·fudao'라고 하는데, 중국 사람들은 '福到·fudao'로 고쳐 해석한다. '복이 도달했다'는 뜻이다. 사람들이 출입하는 문 위에 박쥐(蝙蝠)가 걸려 있는 것을 '각답복지(脚踏福地)'라고 하는데, '복지에 발을 들여놓는다'라는 뜻이다. 즉, '복이 들어온다'라는 뜻으로 해석한 것이다. 중국에서는 문고리에 박쥐 문양으로 장식을 많이 하는데, '신수유복(伸手有福)'의 뜻이다. 즉, '손에 닿을 정도로 복이 가까이 있다'라는 뜻이다. 그리고 '복임문(福临门)'이라는 말은 '복이 문 앞에 다다랐다'라는 뜻이다. 박쥐의 모양과 형태에 따라 다양한 복을 만들어 내는 중국 사람들이다. 두 마리가 나란히 있다면, 쌍복(双福), 다섯 마리의 박쥐가 모여 있으면, 오복봉수(五福捧寿)라는 뜻이다. 만(万) 자가 있으면 복이 만대까지 간다는 복수만대(福寿万代), 박쥐가 아이의 머리 위에 앉아 있으면 복이 내려왔다는 뜻의 복종천강(福从天降), 어린아이가 날아오는 박쥐를 보고 있으면 시반복음(翅盼福音), 박쥐와 계화(桂花)

가 있다면 복증귀자(福增贵子)의 뜻이다. 박쥐와 부채(扇子)와 극화경(戟和磬, 끝이 두세 가닥 난 무기)이 함께 있으면 복선길경(福善吉庆), 돈(钱·qian) 위에 박쥐가 있으면 복재안전(福在眼前), 박쥐 복숭아(桃·tao)와 생선(鱼·yu)이 함께 있으면 복수유여(福寿有余), 박쥐와 수도(寿桃, 복숭아나무)가 있으면 복수연년(福寿延年, 장수), 수성(寿星)과 춤추는 박쥐(飞舞的蝙蝠)가 있으면 복성고조(福星高照), 많은 박쥐와 수도(寿桃)가 있으면 다복다수(多福多寿), 박쥐와 사슴(鹿) 조롱박(葫芦) 복숭아(桃) 까치(喜鹊)가 함께 있으면 복록수희(福禄寿喜), 다섯 마리의 박쥐 연꽃(荷花) 원합(圆盒, 둥근 통)이 함께 있으면 오복화합(五福和合), 박쥐와 수도(寿桃, 장수의 복숭아) 그리고 옛날 동전(古钱)이 함께 있으면 복수쌍전(福寿双全), 박쥐가 수도(寿桃, 장수의 복숭아) 영지(灵芝)가 함께 있으면 복지심령(福只心灵), 박쥐와 구름무늬(云纹)가 함께 있으면 유운백복(流云百福), 박쥐(蝙蝠), 복숭아(桃), 석류(石榴), 연꽃(莲)이 함께 있으면 백수삼다(福寿三多), 사방에서 날아오는 박쥐는 사면내복(四面来福), 암석과 하늘에서 박쥐가 춤을 추는 모습은 수산복해(寿山福海)를 상징한다. 구름(彩云)이 곳곳에서 날아들고 홍색 박쥐(漫天飞来的红)가 있는 그림은 홍복제천(洪福齐天), 칼을 든 종규(钟馗) 앞에서 박쥐가 춤을 추는 모습(手持利剑的钟馗前有蝙蝠飞舞)은 종규인복(钟馗引福)을 상징한다. 종규인복은 종규가 복을 끌어들인다는 말이다. 여기서 종규는 잡귀를 물리친다는 전설 속의 신이다. 위에서 언급한 내용은 모두 복과 관계있다. 이처럼 중국 사람들에게 '복'이란 인간이 누릴 수 있는 그 이상을 함축하고 있다.

그 밖에도 박쥐는 장수의 상징이다. 东晋道士葛洪[1]的《抱朴子》中记载, "千岁蝙蝠, 色如白雪, 集则倒悬, 脑重故也。此物得而阴干末服之, 令人寿万岁. 라고 하였다. "천세를 사는 박쥐는 눈처럼 희고 군집을 이루고 살며 특히 거꾸로 매달려 사는데, 이는 머리가 무거운 이유로다. 이처럼 박쥐가 음지에서 살기 때문에 사만 년을 사는구나"라 했다. 이처럼 고대에 박쥐는 하얀 박쥐에 비유했다. 신비로운 하얀 박쥐는 천 년을 살며, 신선이 된다고 믿었기 때문이다.

박쥐는 오랜 옛날 인간과 가까운 동물이 아니었을까 하는 생각을 할 때가 있다. 신석기 시대, 홍산 문화 중 박쥐 모양이 발견되었고, 춘추 전국 시대 음식을 담는 그릇에서도 박쥐 문양이 발견되었기 때문이다. 박쥐 문양을 가장 많이 사용한 시기는 명·청대일 것으로 추측한다. 직물 건축물 도자기 가구 등 곳곳에서 박쥐 문양을 볼 수 있기 때문이다. 박쥐 문양은 단독으로 사용하거나 다른 길상문양과 함께 사용한 것도 있다. 박쥐를 몇 마리 사용했는지도 해석이 달라진다. 대표적으로 박쥐 장식이 많은 곳은 공왕푸가 있다. 공왕푸에는 박쥐와 복자가 9,999개 사용되었으며, 강희제(康熙帝)가 새긴 비석 '복자비(福字碑)'를 포함하면 만 개가 된다. 만 개의 복이란 '만복(万福)을 이룬다'라는 뜻이다. 그래서 중국 사람들은 공

---

[1] 갈홍(283~363): 동진 시대 구용(句容) 사람. 자는 치천(稚川). 자호는 포박자(抱朴子)이다.

왕푸 정원을 만복원(万福园)이라고도 부른다. 창문 대문 등 건축물 곳곳에 박쥐와 복자로 장식했기 때문이다. 공왕푸는 원래 건륭제가 사랑했던 대신 허선의 집이다. 그는 자신의 운명을 예측하지 못하고 자손만대에 물려줄 생각으로 최고 길지를 택하여 집을 지었다. 그리고 집 전체에 '복' 자와 박쥐 문양으로 장식했다. 중국 사람들은 여유가 있으면 제일 먼저 집을 지었고, 화려하고 고급스럽게 장식을 했다. 장식에는 반드시 길상적 의미를 담고자 했다. 주택에 거주하는 가족이 대대손손 건강하고 복을 받기를 바랐기 때문이다. 주택에 투자를 아끼지 않았던 이유다. 중국 지방에서도 이런 사례는 많다. 무엇보다 주택에 사용하는 재료나 장식에 유독 신경을 썼는데, 이는 자자손손 영원히 그 집에 머물 것이라 여겼기 때문이다. 인류 역사에서 해마다 먹을 것을 찾아다니던 유목 생활을 청산하고 정착하기 시작하면서 머물 수 있는 주택은 중요한 공간이 아니었을까. 무엇보다 가족의 안위가 달려 있고, 가족 모두 건강하고 복되기를 바랐기 때문이다. 중국의 산시성 사람들은 진상(晋商, 상업으로 돈을 번 산시성 사람과 지역을 부르는 말)으로 유명하다. 그들은 상업으로 벌어들인 돈으로 고향에 화려한 저택을 지었다. 자자손손 그곳에 머물 것으로 생각했기 때문이다. 대표적으로 산서성의 왕지아다웬(王家大院), 치아오지아다웬(乔家大院)이 있다.

산서진상 주택

사실 공왕푸의 주인은 여러 번 바뀌었다. 현재 불리는 공왕푸라는 이름은 세 번째 주인인 공친왕 왕혁(王奕·wangyi)의 이름을 딴 것이다. 애초에 공왕푸를 길지라고 선택한 이는 허선이다. 그래서 지금도 '허선의 집'으로 알려져 있다. 허선은 건륭제의 사랑을 가장 많이 받았던 인물이다. 그러나 영원할 것 같았던 그의 정치 인생도 건륭제 아들 가경제가 즉위한 후 4년 4개월 만에 끝이 난다. 그는 대표적인 청대 탐관오리였기 때문이다. 공왕푸에는 그가 모았던 재물을 은닉했던 건물도 있다. 건물 외벽에 만들어진 다양한 모양의 창문 장식은 어떤 재물을 어디에 보관했는지 밖에서 알 수 있도록 한 암호였다. 황제의 사랑과 믿음이 없었다면 결코 가질 수 없었던 재물이다. 지금도 사람들이 허선을 말할 때 건륭제가 사랑한 사람, 재물을 사랑한 탐관이라는 말이 따라붙는 이유다.

청대에는 해마다 황제가 공신들에게 친필로 '복' 자를 써서 하사했다. 공왕푸의 '복'자비는 강희제가 조모인 효장황후의 60세 생일을 축하하기 위해 써서 바쳤던 글씨다. 그리고 글씨를 보존하기 위해 비석에 새겼다는 이야기가 전한다. 강희제는 평소에도 붓글씨를 즐겨 썼으나 남아 있는 것은 몇 점 없다고 알려져 있다. 그중 하나가 공왕푸에 있는 '복'자비다. 복자비는 공왕푸 중심에 있는 바위 동굴 속에 있다. 오래전에 왔을 때는 손으로 직접 글자를 만질 수 있었다. 지금은 보호를 위해 유리 덮개를 씌워 두었다. 중국이 문화에 관심이 높아지면서 변한 것이다. 이곳 복 자를 만지기 위해

서는 10년 전이나 지금이나 긴 줄을 서야 한다. 그렇다면 중국 사람들은 왜 이토록 복 자에 집착할까? 사람들은 누구나 가정의 평안과 성공 장수를 꿈꾼다. 중국 사람들은 특히 꿈을 표현할 때 솔직한 편이다. 그렇다면 먼저 복(福) 자 속에 숨겨진 함축적인 의미를 알아보자. 『说文解字』의 설명에는 다음과 같이 나와 있다. "福", 从"示", "畐"声。这个"示"字多于祭祀, 祈祷和宗教活动有关。"福"本意作"佑"解, 为上天垂相,显示吉祥助人之意。许多从示之字又与福同义或相关, 如"祜, 桢, 祥, 禧, 祯·zhen, 祉·zhi, 禔·ti。내용을 번역하면, '원래 '복' 자는 제사나 기도 종교 활동과 관계있다. 복자의 본래 의미는 돕는다는 뜻이며, 하늘에서 내려와 사람을 돕는다는 뜻이다. '示' 자는 '복' 자와 관계있으며, 상서롭고 길한 모든 것은 이 복과 관계있다고 보았다. 그러므로 복이라는 것은, 祜·행복, 桢·받침대, 祥·상서롭다, 禧·행복, 祯·zhen·길조, 祉·zhi·행복, 禔·ti·평안과 행복을 함축하고 있다. 우리 인간이 바라는 모든 행복 기쁨 상서로움과 좋은 것, 이 모든 것을 한마디로 복이다'라고 복의 의미를 설명하고 있다. 한마디로 인간이 바라는 모든 소망을 '복'이라는 한 글자에 담았다고 할 것이다.

그리고 '福' 자 자체도 함축적 의미가 있다. 글자를 풀어 보면, '示', '一', '口', '田'이다. '示'는 귀신, 기도를 뜻하며, '田'은 논밭을 간다는 의미다. '一', '口'은 사람의 입이다. 사람은 논밭에 의지하여 많은 수확을 위해 기도하고, 배불리 먹으면 그것이 행복이고 복이라고 여겼다. 그리고 '一口田, 依祿全'이라는 말도 있는데, 결국 먹을 것과 입을 것이 충분하면 바로 이것이 '복'이라고 여겼다. 결국, 중국 사람들이 추구하는 복이란 잘살고 성공하고 장수하는 것이다. 이 모든 것을 충족하는 것이 '복이 있다'라고 여겼다. 21세기는 과학의 시대이고, 최근에는 우주여행(2021년 7월 12일 리처드 브랜슨 영국 버진 그룹 회장이, 20일에는 아마존 창업자 제프 베이조스가 다녀왔다)이 본격화되고 있다. 시대가 달라졌다는 말이다. 그러나 중국 사람들에게 복 자는 여전히 부적 수호신 같은 역할을 한다. 특히 춘절이나 혼인 같은 대사가 있는 날에는 '복' 자가 빠지지 않는다. 앞으로 젊은 세대들은 이를 어떻게 받아들일지 지속성에 대해서는 알 수 없다. 그러나 현재 40대 이상은 여전히 이를 즐기고 있고, 복 자를 붙이지 않으면 불안해한다. 중국 사람들은 항상 만일에 대비한다. 만일 어떤 일이 발생하면 어쩌나 하는 불안 심리가 있기 때문이다. 그래서 이런 중국 사람들의 복 자 사랑은 시대에 따라 변할 수 있지만, 아직은 아니라는 것이 나의 결론이다. 20~30대들의 생각이 미래의 중국 문화를 어떻게 이끌어 갈지 지켜볼 일이다.

그렇다면 최근 문제가 된 코로나19와 박쥐를 어떻게 보아야 할까. 2019년 12월 중국 후베이성 우한(武漢)시에서 원인 불명의 폐렴이 집단 발병하면서 세계는 공포에 휩싸였다. 그러자 세계보건기구는 1월 30일 '국제적 공중보건 비상사태(PHEIC)'를 선포했다.

시간이 흐를수록 아시아에서 유럽 세계 전역까지 확대되고 사망자가 늘어나면서 각국은 자국민 보호책으로 외국인 입국 금지령을 내렸다. 세계보건기구는 사태의 심각성을 알고 3월 11일 팬데믹을 선포했다. 박쥐에 대한 중국 사람들의 시선이 앞으로 어떻게 달라질지 지켜봐야겠다. 이 사건의 시작이 중국인이 먹는 박쥐라고 보는 시선이 있었기 때문이다. 그러나 이는 유언비어로 끝났다. 진실은 시간이 흘러야 밝혀질 일이다. 이번 사건은 무엇이든 먹는 중국 사람들의 식생활에 대한 경고가 될 것이다. 무엇보다 박쥐와 복을 동일시했던 중국 사람들은 앞으로 박쥐를 어떻게 바라볼지 궁금해진다.

중국인과 제사 이야기

사회주의 국가에 제사가 있을까? 공산당 일당 체제인 중국에 제사가 있을까 궁금해하는 사람이 있을지 모르겠다. 결론부터 말하면 중국에도 제사가 있었다. 춘추시대 이전부터 제사가 있었다. 조상 제사는 조상의 은혜에 보답하는 의식에서 시작되었다. 중국도 한국과 마찬가지로 장남이 제사를 지내며 집안의 화목을 도모했다. 이는 장자가 집안의 가업을 잇는다는 의미로 크게 여겼다. 이는 우리와 같다.

한대로 오면서 유교를 국교로 받아들여 조상 제사를 유교식으로 지내기 시작했다. 『禮記』, 『周禮』 등 유교식 제사를 규정하는 예서가 편찬되고, 사시제가 형성되어 전국적으로 널리 보급되었다. 주대에는 귀족 중심이었다면, 한대에 오면서 서민층까지 확대, 보급되었다. 위·진(魏晉) 시대에는 가묘 제도가 생겨나 사당에서 제사를 지냈다. 그러나 서민은 사당을 지을 수 없어 대청마루에서 지냈다가, 명·청대에 오면서 서민도 사당을 만들어 제사를 지낼 수 있었다.[2]

그 후 세계가 전쟁으로 혼란을 겪으면서 중국 또한 온전할 수 없었다. 그러나 제사를 온전히 부정하는 큰 정치적 사건이 있었다. 바로 1966년부터 1976년 10년간 이어진 문화 대혁명이다. 조상 제사까지도 미신으로 여기며, 가정의 위계를 완전히 무너뜨리는 일이 일어난 것이다. 후손들은 직접 자기 손으로 조상의 위폐를 불태웠다. 이는 산서 지역 조사 때 직접 들었던 내용이다. 그 후 제사 형식에도 변화가 생겼다고 보고 있다.

그렇다면 중국 고대 제사 의식은 어땠을까? 중국 문자 기록에 따르면 4000년 전 역사 기록에(史料載: 夏以五月、商以六月、周以夏至招地于泽中方丘)라고 적고 있다. 인류 초기 사람들은 문화에 대한 지식이 부족하여 자연의 힘을 알지 못했다. 인간이 살아가면서 겪어야 하는 생로병사, 부, 가난, 자연재해 등이 어디에서 오는지도 알지 못했다. 이런 환경에서 인간은 자연적으로 귀신이라는 환상

---

2 贡坚, 「祭祀制度与祠堂建筑」, 山西建筑 第12期, 山西人民出版社, 2008, p.75

을 믿었다. 만물은 천지에 존재하는 귀신의 조화에 따라 달라진다고 믿었다. 봉건 군주들은 이를 백성들을 통치하는 수단으로 사용했다. 군주는 '天地君亲师'를 만들어 '오존(五尊)'이라 칭하며, 군주 자신은 하늘 아래 최고이며, 백성 위에 있다고 여겼다. 군주 자신은 땅 위에 있는 모든 것을 통치할 수 있는 능력자라고 했다. 그러므로 백성들은 필요한 것이 있으면 군주에게 요구하고, 그 군주에게 감사하도록 했다. 이것이 주대에 오면서 예절과 의식 제도가 되었다. 『周礼』가 그것이다. 명·청대 황제들은 이 『周礼』 제도를 따라 모든 의식을 행했다. 해마다 음력 하지가 되면 새벽에 땅신(지신)에게 제사를 지냈다. 『周礼』之制, 每逢阴历夏至凌晨, 皇帝亲诣此台条招 "皇地祇", "五岳", "五镇", "四海", "四渎", "五陵山" 及本朝 "先帝" 之神位, 曰 "大祀方泽"(古时祀典分大祀, 中祀, 群祀三等级). 그 밖에도 국가의 큰 행사(황제 등극, 혼례, 황후 책봉, 전쟁 승리, 궁정이나 사찰 준공 등)가 있을 때도 제사를 지냈다. 그렇다면 제사라는 것은 무엇인가? 한마디로 모종의 대상에게 예를 갖추는 행위라고 할 수 있다. 인간은 신이 아니다. 인간 능력에 한계를 느낄 때 누군가의 힘이 필요하고, 필요할 때는 도움을 요청했다. 또한, 도움을 받았다면, 그 누구에게 감사를 표하는 것은 당연하다고 여겼다. 군주 시대의 제사 의식은 결국 힘을 가진 권력자에게 도움을 청하고, 감사하는 표현이었다. 그러나 현재 우리가 알고 있는 모든 제사는 군주 시대의 주종 관계를 완전히 배제한 것이다. 오직 조상에게 감사하는 마음으로 음식을 준비하고 향을 피운다.

중국은 기제사를 지내지 않는다. 대신 청명절에 묘지를 찾아 밍비(冥币, 명폐)를 태워 주는 것이 전부다. 이것을 문화 용어로 싸오즈(烧纸, 소지)라고 한다. 청명절이나 춘절과 같은 특별한 날 조상에게 종이돈을 태워 주는 소지 문화는 중국인들의 독특한 동일시 문화다. 이는 중국 사람들이 조상에게 고마움을 전하는 방식이다. 제수 음식은 대동소이하나 지역마다 약간의 차이는 있다. 중국 속담 중에 '十里不同风 百里不同俗'라는 말이 있다. 이는 십 리마다 백 리마다 풍속이 다르다는 말이다. 지역마다 민족마다 풍속이 다르다는 말로 중국 문화를 논할 때 자주 쓰는 말이다. 중국이 넓고 다민족 국가인 것을 고려하면 이해가 가는 부분이다. 제수용 음식은 평소 즐기던 음식이나 떡이나 빵 차와 술을 준비하면 된다. 지역이나 가정에 따라서는 폭죽을 터뜨리는 예도 있지만 드문 사례다. 만약 청명절에 고향을 가지 못하거나 성묘를 미리 하지 못한 사람들은 집 가까운 십자로에서 종이돈을 태워 준다.

청명절 상차림

소지(명패 차)

이 또한 고향을 떠나 살아가는 사람들이 조상을 기리는 방법이다. 십자로는 사방이 뚫려 있어 귀신들이 다니는 통로라고 믿기 때문이다. 십자로의 적당한 자리를 찾아 찻물로 먼저 원을 그린 후, 그 원 안에서 황색 종이와 컬러 지폐 그리고 다양한 인쇄물(자가용, 주택, 핸드폰, 컴퓨터)을 태워 준다. 다 탈 때까지 지켜보다가 재 위에 찻물을 부어 남은 불씨를 끄면 의식은 종료된다. 청명절 다음 날 십자로를 지나다 보면 곳곳에서 소지 흔적을 볼 수 있다. 정부에서는 화재 위험과 환경 문제로 금지하고 있지만, 여전히 행해지고 있는 풍속이다. 조상을 대하는 마음은 중국이나 한국이나 다르지 않다.

베이징의 명물 인력거

20~30년 전 베이징을 다녀간 사람이라면 베이징의 자전거 물결을 기억할지 모른다. 집집이 자전거가 있었고, 사람들은 자전거를 타고 출퇴근을 했다. 거리에는 자전거 보관 장소가 따로 있었으며, 잃어버릴까 봐 이중으로 자물쇠를 채우고 쇠사슬도 채웠다. 80~90년대까지 중국은 자전거가 중요한 교통수단이었다. 거리 모퉁이나 시장마당에는 자전거 수리상이 있었다. 얼서우처(二手车, 중고 자전거)도 유행했다. 새 자전거에 눈독을 들이는 사람 때문에 일부러 중고를 사는 사람이 많았다. 중국에 살면서 자전거 분

실은 한 번씩은 경험했을 일이다. 나 또한 멋모르고 새것을 샀다가 이틀 만에 잃어버리고 중고를 새로 산 경험이 있다. 2000년 중고 자전거 한 대 가격은 인민폐 60~150원, 새것은 보통 인민폐 300~500원이었다. 사람은 한 번 경험으로 생활도 탄탄해지고, 조심할 일도 하나씩 늘어갔다. 새 자전거는 집 안으로 들일 것, 밖에 함부로 세워 두지 말 것, 가능하면 중고를 살 것.

중국은 빠른 경제 성장을 했다. 이제 자전거가 사라지고 그 자리를 자동차가 채웠다. 그러나 중국이 한때 자전거 대국이었음을 알려 주는 것이 있다. 바로 관광지에서 볼 수 있는 인력거다. 인력거는 자전거의 변형으로 베이징의 명물이며, 현재 베이징의 문화로 정착했다.

인력거

인력거는 한때 서민들의 상징물 같은 존재였다. 인력거를 소재로 한 소설도 있다. 바로 우리에게도 잘 알려진 라오서(1899~1966년, 베이징 기인 출신)의 1937년 작품 『낙타 샹쯔』다. 이 소설은 한 인력거꾼의 일생을 다룬 작품이다. 소설에서 주인공 샹쯔에게 인력거는 중요한 생계 수단이었다. 주인공 샹쯔는 20대의 시골 촌놈으로 튼튼한 몸의 젊은 청년이었다. 어릴 때부터 인력거 끄는 일을 하고 싶어 했고, 결국 인력거를 사서 끄는 일이 그의 꿈이 되었다. 소설 속에서 인력거를 임대하는 '인화창'이라는 곳이 등장한다. 이로 보아 당시 보통 사람이 인력거를 소유하는 일은 쉽지 않았음을 짐작할 수 있다. 라오서는 주인공 인력거꾼 샹쯔를 통해 사회 전반의 불합리성을 보여 주고 있다. 작품 속에서 인력거를 등장시킨 것은 가장 서민적이며 하층민들의 대표적인 노동으로 보았기 때문이다.

그러나 지금은 샹쯔 시대와는 많은 것이 달라졌다. 이제 당당한 직업으로 인정하고 있다. 그들은 과거처럼 단순한 육체 노동자가 아니라 관광객을 태우고 문화를 알리는 문화 해설사의 역할도 톡톡히 하고 있다. 그들은 일정한 교육도 받아야 한다. 만약 등록하지 않고 영업을 하다 발각되면 공안(公安, 경찰)이 인력거를 압수할 수도 있다. 이제 인력거는 베이징의 새로운 문화 상품이 되었다.

인력거는 19세기 말~20세기 초에 자동차가 나오기 전까지 아시아 여러 도시에서 사용되었던 중요한 교통수단이었다. 중국에서 인력거는 황포차(黄包车) 혹은 동양차(东洋车)라고도 불렸다. 보통 두 개의 바퀴가 있고, 두 사람이 앉을 수 있는 의자도 있다. 20세기 말 삼륜차 혹은 동력 엔진 삼륜차가 등장하면서 잠시 사라졌다가 반세기를 넘은 지금 다시 베이징에 등장했다. 그동안 베이징 시내를 누비고 다녔지만, 체계적으로 등록제를 시행한 것은 최근 일이다. 인력거는 중국을 대표하는 시대적 상징물이다. 무엇보다 과거와 달리 현재 베이징을 누비는 인력거는 인기 있는 문화 상품이 되었다는 것이다. 베이징 후통들이 좁아서도 인력거의 역할은 크다. 긴 후통을 다닐 수 있는 수단은 인력거가 유일하기 때문이다.

현재 베이징 시내에서 추주처(出租车, 택시)나 콰이처(快车, 자가용 택시) 운전사의 한 달 수입이 런민비 만 원(한화 170만 원)을 넘었다. 인력거꾼 또한 그들보다 절대 적지 않다. 1시간에 런민비 200(한화 36,000원)~400원이다. 인력거는 이제 소속도 있다. 인력거마다 고유 번호도 주어졌다. 그들만의 조직과 규칙이 생긴 것도 의미 있다. 이제 많은 사람이 인력거를 문화 상품으로 이용한다. 문화 체험을 하는 것이다. 차례대로 순서를 기다리는 모습도 중국의 변화된 모습이다. 질서를 알기 시작한 것은 눈부신 발전이다. 이제 80년대 드라마나 소설 속 샹쯔처럼 손님을 찾아다니는 고된 직업이 아니라는 말이다. 노력한 만큼 대가도 있다. 손님이 타고 내리는 일정한 장소도 있다. 확실한 규칙도 생겼다. 만약 이런 광경을 보고 싶다면, 베이징 중심으로 가면 된다. 특히 공왕푸 앞 거리가 대표적이다. 만약 길게 줄지어 달리는 인력거의 행렬을 보았다면, 와! 하고 소리 지를지도 모른다. 특히 방학이나 관광객이 많이 몰릴 때면, 인력거 행렬은 더 길어진다. 힘차게 밟는 페달 소리는 오래 들어 왔던 소리처럼 정답다. 인력거 행렬은 새로운 볼거리다. 군인들이 줄지어 길을 걷는 것처럼 그들도 그들만의 줄을 만들며 힘차게 페달을 밟는다. 손님이 없을 때는 일정한 장소에서 인력거를 줄지어 세워 놓고, 포커를 하거나 잠을 자며 휴식을 취한다. 과거에 볼 수 없었던 그들의 편안한 모습에서 중국의 발전을 본다.

한때 인력거는 교통수단이었다. 그러나 이제는 문화 체험을 위한 수단으로 역할을 제대로 하고 있다. 베이징의 좁은 후통을 구경하려면 인력거가 딱 맞다. 게다가 해설까지 해 주니 얼마나 편한가? 중국이 관광 문화로 벌어들이는 경제적 이익은 해마다 상승 추세다. 인력거 또한 관광객이 몰려드는 이상 절대 사라지지 않을 문화 산업이다. 중국 관광 산업은 2008년을 기점으로 초고속 성장을 하고 있다. 2008년 일인 평균 GDP는 3,266달러였다. 그 후로 지속적인 성장으로 2017년에는 8,827달러, 2018년에는 9,732달러를 넘었다. 그리고 2019년에는 만 불이 넘었다. 개혁 개방 이후, 중국 경제 성장과 더불어 개인 수입의 증가로 관광은 이제 일부 특수층만이 누리는 특권이 아니다. 1984년 0.2회라면 2015년에는 3회로 14배가 증가했다. 국내 여행 횟수는 1984년 2억 회였고, 2016년에는 44억 회로 21배 증가했다. 2000년 이후 해마다 여행 횟수는 증가 추세에 있으며, 이는 서방 국가에 절대 뒤지지 않는 수치다. 그러나 2019년 겨울에 시작된 코로나19로 사람들의 여행 기회는 잠시 멈추었다.

그러나 코로나19 시작 전, 2019년 여름 방학 기간 베이징 중심 관광지는 중국 사람들로 발 디딜 틈이 없었다. 그리고 이들 중 많은 사람이 인력거를 탄다는 것도 알았다. 중국인만으로도 충분히 관광 수익을 올리는 중국이다. 많은 인구만큼 내수 시장도 큰 중국이다. 중국 인구 14억이다. 관광 산업 하나로도 엄청난 경제적 이익을 얻는다. 이미 베이징의 유명 관광지는 보수와 증축을 마쳤고 일부는 진행 중이다. 이는 미래의 중국 경제가 관광 산업에 크게 의존할 것임을 말해 주고 있다. 베이징은 최근 도로 정비와 불법 건축물 불법 차량을 단속하고 나섰다. 정부가 하는 일이니 후퇴는 없다. 사실 단속은 항상 있는 일이라 낯선 일은 아니다. 이런 대대적인 정비는 국가가 필요하기 때문이다. 이런 정비 과정에서 발생하는 개인의 손해는 개인이 감당해야 한다. 그런데도 인력거를 그대로 둔 것에는 이유가 있다. 베이징의 명물이며, 문화 상품으로 가치가 있기 때문이다.

시간이 흐르면서 베이징 거리에 또 다른 볼거리가 생겼다. 바로 공샹단처(共享单车)의 등장이다. 공샹단처란 누구나 사용할 수 있는 공용 자전거를 말한다. 유동 인구가 많은 곳에 공샹단처를 배치해 두고 필요한 사람이면 누구나 사용할 수 있도록 했다. 공샹단처는 편리한 지급 방식인 왜이신(微信, 중국 통신 서비스 기능)의 등장이 큰 공헌을 했다. 중국 인구 14억인 것을 고려하면 어려울 것 같은 것도 잘 해내는 중국이다. 중국 전역에서 공샹단처가 움직이고 있다. 아침 러시아워 시간이 되면 공샹단처를 타고 달리는 자전거 물결을 본다. 마치 1992년 한중 수교 당시의 베이징을 보는 느낌이다.

노포 '라오쯔하오'

중국에는 최근 몇 년간 생소한 단어 하나가 만들어졌다. 바로 '라오쯔하오'다. 중국에서 라오쯔하오는 이제 신뢰의 대명사가 되었다. 이 상표를 받기 위해서는 먼저 오래되어야 하고, 사회가 인정하며 신뢰를 얻은 상품이나 기업이어야 한다. 이런 기업에 국가가 주는 인증서 같은 것이 바로 '라오쯔하오' 상표다. 원래는 중화인민공화국국내무역부(中华人民共和国国内贸易部)가 인정하는 라오파이즈(老牌子, 노포)였다. 라오(老)는 오래되었다는 뜻이며, 파이즈(牌子)는 브랜드라는 뜻이다. 1991년 전체 업종 중, 1,600개 기업에 이 상표를 주었다. 그 후 2006년 4월에는 국가상무부(国家商务部)에서 '中华老字号 인정 규범(시행)'을 공포했다. 3년 내에 국가상무부(国家商务部)가 인정하는 기업 1000호에 '中华老字号'를 허용했다. 그리고 이들 기업에는 중화인민공화국상무부(中华人民共和国商务部) 명의로 된 편액(扁額)과 증서도 전달했다. 무엇보다 라오쯔하오 상표의 효력은 있었다. 사람들에게 믿음과 신뢰를 주는 상표로 거듭났기 때문이다. 현재 라오쯔하오 상표를 가진 기업과 상점들은 성업 중이다. 국가가 나서서 라오쯔하오를 지지하는 것은 상업을 활성화하겠다는 강한 의지와 옛것을 지키겠다는 문화 계승 차원에서도 큰 의미가 있다. 국가가 나서서 추진한 '노포 진흥 프로젝트'는 성공적이라 말할 수 있다.

국가는 라오쯔하오 상표를 통해 상업적인 경영 철학을 성실과 신용에 두었다. 그리고 전통과 민족 문화 계승이라는 큰 포부도 담았다. 그러므로 라오쯔하오가 가진 가치는 보이는 현실적인 것 그 이상이라 말할 수 있다. 신

노포 라오쯔하오

뢰의 상징물로 자리 잡은 '라오쯔하오'. 기업들은 그의 명예를 지키기 위해 노력할 것이다.

대표적으로 한약방 동인당이 있다. 동인당은 청대 강희년부터 중국 사람들의 질병을 치료했고 황궁 사람들이 이용했던 한약방이다. 그리고 수제화 신발점 내련승(内联升)이 있다. 내련승은 한풍 3년(咸丰3年, 1853년)에 황족이나 조정 대신들의 신을 만들었고 '중국포혜제일가(中国布鞋第一家)'라고 불렀다. 그리고 서부상주포점(瑞蚨祥绸布店)이 있다. 이는 1870년대 고관과 귀족들이 옷에 신경을 쓰기 시작하면서 수요가 늘었고 상점도 늘어났다. 동시에 실크 시장이 발전하는 원동력이 되었다. 명대 중기에 서민들의 밑반찬인 짠지와 장을 만들었던 육필거(六必居)도 라오쯔하오 상점이다. 외국에서 생활하는 사람들도 이곳 짠지를 사서 갈 정도로 유명하다. 사람의 입맛은 쉽게 바뀌지 않기 때문이다. 이 또한 라오쯔하오 상표로 중국 사람들이 믿고 먹는 식품이다. 그리고 전통 과자점 도향촌이 있다. 명절에 선물을 준비할 때 가장 많이 찾는 상점 중 하나다. 라오쯔하오 상점들은 국가가 지지하면서 기업의 자부심도 높아졌다. 사라질 뻔한 전통 기업과 상점들이 국가의 지지를 받고 지켜진 셈이다.

라오쯔하오 프로젝트는 성공적이다. 이는 국가의 지지도 한몫했다. 현재 라오쯔하오 상점들은 대부분 성업 중이다. 현재 라오쯔하오 상표의 가치는 상도덕을 정립하고, 사회의 신뢰를 형성하는 데 큰 역할을 하고 있다.

베이징 오리구이 쳰취드

많은 사람이 베이징 음식 하면 '베이징 오리구이(北京烤鴨, 베이징카오야)' 전문점 쳰취드(全聚德)를 떠올릴 것이다. '쳰취드(全聚德)'는 베이징 오리구이의 대표적인 브랜드이자, 베이징 오리구이의 대명사가 되었다.

쳰취드

그래서 쳰취드의 음식값도 만만치 않다. 음식의 질과 서비스 그리고 환경을 고급화하면서 가격도 비싸졌다. 그런데도 식당마다 사람들이 줄을 서는 것은 분명 중국이 잘살게 된 것과 무관하지 않아 보인다. 현재는 곳곳에 가맹점이 있다. 장안 1호 카오야('长安壹号' 烤鸭), 야왕 카오야('鸭王' 烤鸭), 다퉁 카오야('大董' 烤鸭), 리췬 카오야('利群' 烤鸭)가 대표적이다. 이곳들은 유명한 곳이나 가격이 상당히 비싸다. 중국의 고소득층 소비를 알고 싶다면 이런 곳을 찾으면 된다. 그리고 대중이 많이 이용하는 스지민푸(四季

民福)가 있다. 이곳은 오리구이뿐 아니라 다양한 중국요리도 함께 즐길 수 있는 곳이다. 가격도 적당하여 가성비가 좋은 곳이다. 예약하거나 일찍 가서 자리를 점하지 않으면 자리 잡기가 쉽지 않다는 것도 알아 두면 좋다. 그러나 전통 베이징 오리구이를 맛보고 싶다면 췐취드를 찾아보는 것도 의미 있다. 오랜 역사가 있는 곳이기 때문이다. 그중에서도 천안문 앞에 있는 화평문 췐취드가 본점이다. 이곳에서는 번호표를 받고 긴 줄을 서는 불편함이 있지만 그런 광경조차도 중국의 문화라고 이해하고 받아들이면 된다. 입구부터 압도할 만큼 공간도 넓고 크다. 중국을 대표하는 식당답게 라오쯔하오(老字号) 상표가 입구에 걸려 있다. 국내분 아니라 해외까지 많은 가맹점을 가지고 있는 그야말로 거대한 기업으로 성장했다. 국가가 나서면, 안 될 것이 없는 나라 중국이다. 세계적인 브랜드로 만들기 위해 국가의 노력도 한몫했기 때문이다.

베이징 오리구이의 시작은 1864년 청대 동치 3년(同治三年) 때로 보고 있다. 베이징 오리구이의 대표 브랜드 '全聚德'는 1999년 1월 국가공상총국(国家工商总局)의 인정을 받았다. 췐취드의 메뉴를 보면 구운 오리고기가 메인이다. 육질이 부드럽고 담백한 맛이 특징이다. 그러나 1992년 한중 수교 당시와 비교하면 양은 줄고 가격은 몇 배가 되었다. 이는 음식이 가진 유명세와 브랜드값이라고 보면 된다. 그러나 여전히 일반 서민이 자주 먹기는 부담감이 있다. 그러나 중국 사람들은 춘절과 같은 특별한 날에는 돈주머니를 풀어놓고 소비를 즐긴다. 그 또한 중국 사람들의 문화다. 필요할 때는 과감히 소비할 줄 안다는 말이다. 그렇다고 낭비한다는 말은 아니다. 호방하다는 말이다. 베이징 오리구이는 특별한 날 찾는 곳이다. 지출을 걱정하지 않고 손님을 청할 때도 이곳을 찾는다. 베이징 오리구이는 '中华第一吃(중국 최고 음식)'라는 명예도 얻었다. 중국 저우언라이 총리는 베이징 오리구이로 국가 연회도 열었다. 이 또한 상표 가치를 높이는 데 큰 역할을 했다. 음식으로 국격을 높이는 대표적인 사례가 아닐 수 없다.

그렇다면 베이징 오리구이는 어떻게 생겨났을까? 베이징 오리구이 창시자는 양전인(杨全仁)이라는 사람이다. 그는 베이징에 있을 때 쳰문외(前门外)에 있는 고기 시장에서 닭과 오리를 팔던 사람이다. 그는 정직하게 장사를 하여 사람들의 신뢰도 얻었다. 그런 이유로 그를 찾는 사람도 많아졌다. 돈도 많이 벌었다. 그는 매일 시장으로 갈 때마다 '德聚全'라는 상점을 지나다녔다. 그 당시 쳰취드는 간과(干果, 말린 과일)를 팔던 가게였다. 그는 이 상점을 지날 때마다 이 상점 이름을 마음에 두고 있었다. 그런데 가게가 장사가 안되어 1864년(同治三年)에 문을 닫았다. 이때 양전인(杨全仁)은 이 기회를 잡아 모아 두었던 돈으로 이 가게를 샀다. 그리고 상점 이름을 짓기 위해 풍수 선생을 찾았는데, 풍수가 좋다는 소리를 들었다. 다행이었다. 그러나 원래 있던 나쁜 기운을 몰아내려면 이름을 바꾸는 것이 좋겠다고 하자 원래 이름 덕취전(德聚全)을 전취덕

(全聚德)으로 바꾸었다. 첫 글자 '全' 자는 그의 이름 중 한 자이고, 두 번째 글 '聚德'는 취롱덕행(聚拢德行)이라는, '덕행이 한곳에 모인다'는 좋은 의미다. 결국 '全聚德'은 그의 상점 이름이 되었다. 지금 사용하는 간판 글씨는 청대 서예가 전자롱(钱子龙)에게 부탁하여 쓴 것이라 전한다. 주의해서 볼 것은 간판 글씨 중 덕(德)에 가로 횡 하나가 없다. 이는 양전인과 전자롱이 술을 먹다가 정신이 혼미해져서 빠뜨렸다는 이야기도 있지만, 이는 추측일 뿐이다. 사실은 천 년 전, 덕(德) 자에 가로획이 있어도 되고, 없어도 되었다. 이는 당, 송, 원, 명, 청 유명한 서예가들의 작품에서도 그런 사례는 있다고 하며, 현재 공자 사당이 있는 국자감에 있는 비석 '大學碑'에도 어떤 것은 가로획이 있고, 어떤 것은 가로획이 없는 것으로 밝혀졌다. 간판 글씨도 힘과 중후함이 있어 사람들의 눈길을 끌었다. 그 후 양전인(杨全仁)은 정성을 다하여 경영한 덕에 장사도 잘되었다. 그는 훌륭한 주방장과 경영자를 따로 두고 믿고 맡겼다. 그만의 경영 철학이 있었다. 또한, 오리구이를 더 맛있게 하는 법을 배우기 위해 괘로고압(挂炉烤鸭)점을 운영하던 손(孙) 씨를 찾아 도움도 구했다. 그는 청대 궁중 요리사였다. 그는 기술을 배우기 위해 그와 친구가 되기 위해 함께 술도 마시고 장기도 두었다. 이런 노력 끝에 손 선생을 모셔 올 수 있었다. 시기는 청나라 때다. 그의 궁중 오리구이 비법을 모두 전수했다. 그는 손 선생이 시키는 대로 한꺼번에 열 마리 이상을 걸 수 있는 큰 화로(아궁이)도 만들었다. 이는 기존의 화덕을 완전히 바꾼 것이다. 이렇게 익혀 나온

오리구이는 모양도 풍만해 보이고 색깔도 대추색처럼 윤기가 나고 먹음직했다. 이는 과거 눕혀 굽던 방식이 아니라 걸어 놓고 서서히 익혔기 때문이다. 이것이 바로 괘로고압(挂炉烤鸭) 방식이다. 이는 이전에 없던 새로운 굽기 방법이었다. 그 후 괘로고압(挂炉烤鸭) 방식은 베이징 오리구이를 굽는 방식이 되었고, 전통 카오야의 핵심 비법이 되었다. 육질은 부드럽고 맛은 신선했다. 겉은 바삭바삭하고 속은 기름지지만, 지방이 적어 느끼하지도 않았다. 이것이 우리가 지금 먹고 있는 베이징 오리구이의 탄생 이야기다. 이리하여 췐취드(全聚德) 오리구이는 '京师美馔, 莫妙于鸭'라는 명성을 얻었다. 베이징에서 오리구이만큼 맛있는 요리가 없다는 말이다. 오리구이에 대한 극찬이 아닐 수 없다.

그렇다면 췐취드(全聚德)가 어떻게 지금의 위치에 오게 되었을까? 이는 단순히 기술만의 문제는 아닐 것이다. 먼저 좋은 재료를 썼고, 사람들의 기술과 정성이 더해졌다. 그리고 손님 접대에서도 절대 게을리하지 않는 서비스 정신이 있었기에 가능했다. 현재 췐취드는 어디서든 성업 중이고, 국가를 대표하는 브랜드로 성장했다. 요식업 중에서는 가장 성공한 기업이 되었다. 중국은 브랜드의 중요성을 너무나 잘 알고 있다. 그래서 브랜드 만들기에 국가가 함께 노력한다. 그 속에 췐취드가 있다. 또한, 라오쯔하오 상표가 더해지면서 췐취드가 가진 가치는 그 이상이 되었다. 이는 우리가 눈여겨볼 부분이기도 하다.

한약방 동인당

동인당은 중국을 대표하는 한약방이다. 동인당 제조 공장은 베이징시 베이징경제기술개발구 서환로 8호(北京市北京经济技术开发区西环路8号)에 있고, 중심 판매처는 대책란(大栅栏) 중심에 있다. 동인당은 라오쯔하오 상표로 역사와 전통이 있는 세계적인 브랜드로 성장했다. 1722년에 동인당 창시자는 악현양(乐显扬)이다. 그의 셋째 아들 악봉명(乐凤鸣)이 약방을 전문 대책란으로 옮겨온 후 지금까지 이곳에서 한약을 제조 판매하고 있다. 1669년(청 강희제 8년)에 세워져, 1723년부터 188년 동안 8대 황제에게 약을 바쳤던 약방이다. 중국 사람들은 지금도 동인당이라면 신뢰한다.

동인당

정식 명칭은 1992년 7월부터 중국베이징동인당 집단공사라고 하고, 그해 8월 19일에는 인민대회당에서 성립 기념식을 열었다.

그 당시 장즈민 주석은 기념식에서 동인당의 우수한 전통을 발전시켜 인민 건강을 위해 힘써 줄 것을 강조했다. 또한, 동인당은 중국 제일의 상표라며 찬사도 아끼지 않았다. 동인당은 이미 해외까지 진출했는데, 그 첫 번째 나라가 대만이다. 그리고 세계 50여 개 국가에서 등록을 마쳤다. 국내외에 이미 800여 개 동인당 판매처가 있다. 동인 당이라는 상표는 이미 성실과 신뢰의 상징물이 되었다. 그럼 동인당 상표는 어떤 의미를 담고 있을까? 동인당 상표를 보면 금색 용 문양이다. 이는 의약을 최고로 표현한 것이다. 용 문양과 황금색은 최고 존귀의 상징물이며 황제가 인정해야 사용 가능한 장식이다. 그만큼 동인당 상표는 이미 신뢰의 상징물이 되었고 국가의 이미지를 담았다고 볼 수 있다. 동인당은 수백 년 동안 독특한 한약 제조 과정과 재료 선택에 심혈을 기울여 왔고, 효과도 뛰어나다고 알려져 있다. 무엇보다 동인당 브랜드의 가치는 중국 사람들이 의심 없이 받아들이는 것에서 알 수 있다.

그렇다면 동인당이 왜 유명해졌을까? 청대 강희제(康熙帝)가 소년이었을 때 이상한 병에 걸린 적이 있었다. 온몸에 홍색 반점이 생기고 간지러움으로 고통을 받고 있을 때, 궁중에서는 치료 방법을 찾지 못했다. 이때 몸이 불편한 소년 강희제는 사복을 입고 궁을 나와 돌아다녔다. 그때 한 랑중(郎中, 한의사)을 만났는데, 값이 싼 대황(大黃)을 주며, 이것으로 목욕을 하라고 했다. 대황으로 목욕을 한 소년 강희제는 3일 뒤 완치되었다. 그 후 랑중을 만나 감사의 뜻으로 '同修仁德,济世养生'라는 글을 써 주고, 약방도 선물했다. 이 글의 뜻은 '진심을 다하여 사람을 구제하라'라는 뜻이다. 이곳이 지금의 '同仁堂'이다. 지금도 이 편액이 베이징 동인당 입구에 걸려 있다. 이 편액은 동인당의 자부심이자 중국의 자랑이다.

전통 과자점 도향촌

2020년 1월 1일 원단 신경보(新京报)의 천린(陈琳) 기자가 올린 내용이다. '도향촌에 오전 11시도 되지 않아 많은 고객이 몰려와 줄을 섰다'라는 기사가 올라왔다. 도향촌은 떡 과자 빵 종류를 파는 유명한 까오디엔(年糕点, 떡 과자 빵) 상점이다. 중국 사람들은 명절에 서로 선물하는 풍속이 있다. 많은 사람이 선물을 사기 위해 도향촌을 찾는다. 해마다 계절과 시기에 맞는 상품과 다양한 가격대의 선물을 준비해 놓기 때문이다. 국가는 이곳 도향촌의 판매 실적을 보고 전국적인 소비 정도를 추측하기도 한다. 소비자의 구매 욕구를 채우기 위해 도향촌은 바쁘게 움직인다. 과대 포장 논란과 고가격이 문제되자 소포장 상품으로 매출도 극대화시키는 순발력도 있다. 게다가 도향촌은 원하는 만큼 덜어서 포장할 수 있어 부담이 없다. 이런 방식은 옛날 방식이지만 여전히 많은 사람이 찾는다.

그만큼 신뢰하고 찾는 곳이 도향촌이다. 상품의 이름도 다양하다.

'징빠지엔(京八件)'과 '보보시아즈(饽饽匣子)', 슈크림 소를 넣은 '위디에수(玉碟酥)', 대추 소를 넣은 '푸롱까오(芙蓉糕)', 하미과나 연자로 만든 '깐루궈(甘露果)' 그리고 화롱과로 만든 '펀이(粉衣)' 등의 과자가 유명하다. 도향촌은 좋은 재료를 사용한다는 신뢰를 얻었다. 포장지는 중국의 전통미를 살린 종이 포장으로 중국다운 맛이 있다. 포장지에 새겨진 글귀와 제품 이름에도 중국의 독특한 길상의 의미를 새겼다. 주는 사람 받는 사람 모두 기분이 좋을 수밖에 없다. 그래서 라오쯔하오 상표가 주는 경제적 가치는 크다.

베이징 전문대가를 가면 곳곳에 도향촌(稻香村)이 있다. 지금도 성업 중이다. 도향촌은 1773년 소주(苏州) 지역에서 처음 시작되어 지금까지 246년의 역사가 있는 노포에 해당한다. 도향촌의 원래 이름은 소주도향촌다식점(苏州稻香村茶食店)이었다. 그 당시 건륭황제가 강남을 자주 순회했는데, 도향촌의 까오디엔(糕点)을 먹고 감탄했다고 한다. 까오다이엔(糕点)은 떡, 과자, 빵 종류를 통칭해서 부르는 말이다. 창시부터 지금까지 6대를 이어온 역사가 있는 상점이다. 이미 30여 개국에 지역 판매처를 확보하고 있을 만큼 세계적인 기업으로 성장했다. 그 후 '~도향촌'이라는 이름을 사용한 기업들이 우후죽순 생겨났다. 대표적으로 천진도향촌, 석가장도향촌, 보정도향촌, 명기도향촌이 있다.

그렇다면 사람들은 다른 이름을 짓지 않고 왜 '~도향촌'이라는 이름에 매달렸을까? 강소와 소주 일대에는 더운 음식을 파는 작은 상점들이 많았다. 그런데 장사가 잘 안되어 겨우 연명하는 정도였다. 그런데 어느 날 저녁 이곳에 다리를 저는 남자가 밥을 얻으러 왔다. 주인은 이를 불쌍히 여겨 먹을 것을 주고, 잘 수 있도록 벼잎을 깔아 주었다. 그런데 다음 날 일어나 보니 사람은 보이지 않았다. 주인은 그가 떠난 후, 그가 깔고 잠을 잤던 벼잎으로 고기를 삶았다. 그런데 놀랍게도 고기의 맛과 향이 너무 좋았다. 주인은 어제 왔던 사람은 분명 사람이 아니라 팔선(八仙) 중 철괴리(铁拐李)가 인간 세상에 내려온 것이라며 주위 사람들에게 알렸다. 팔선은 고대에 팔선과해(八仙过海), 각현기능(各显其能)이라는 고사에서 나왔다. 여덟 선녀가 바다를 건너다 큰 파도를 만나자 각자의 능력으로 바다를 건넜다는 이야기다. 그리하여 주인은 그의 상점 이름을 '도향촌'이라 고쳤다. 도향촌(稻香村)의 도(稻·dao)는 벼짚을 말한다.

베이징에서는 처음으로 곽옥생(郭玉生)이라는 사람이 남미식품(南味食品, 남방 스타일의 과자)점을 차려 이름을 '도향촌'이라 하였다. 이때가 청 광서제 21년(1895년) 때다. 그는 그 당시 전문외(前门外) 관음사 부근에 상점을 열었는데, 도향촌남화점정남점(稻香村南货店程南店)이라고 불렀다. 이곳에서 주로 남미식품을 팔았고, 사람들은 이 상점을 경성제일가(京城第一家)라고 불렀다. 그러다가 1926년에는 파산의 아픔도 겪었다. 그러나 이에 굴하지 않고 1984년에 다시 원래 남미식품의 전통 방법으로 음식을 만들고, 성실과 믿음을 기본 이념으로 경영을 이어갔다. 무엇보다 그는 도향촌의 추구 가치를 전통에 두었다. 그 결과 장사가 잘되었다. 지금도 판매되는 음식을 보면 종류도 다양하고, 오랫동안 중국 사람들이 먹어 왔던 익숙한 음식들이다. 다소 단맛이 강한 것도 있지만 차와 함께 즐기면 느끼함도 줄일 수 있다. 현재 도향촌은 어느덧 30여 개의 직영점과 100개가 넘는 가맹점을 가진 거대한 기업으로 성장했다. 품목은 400여 개로 알려져 있으며, 연간 판매 수익만도 런민비 40억 원을 넘겼다. 노신(鲁迅) 선생도 베이징에서 생활할 때 도향촌을 자주 이용했다고, 그의 『鲁迅日记』에 적고 있다. 지금도 춘절이나 중추절과 같은 날 가장 많은 사람이 찾는 곳이 도향촌이다. 또한, 평소에도 간식거리를 사기 위해 이곳 도향촌을 찾는 사람들이 많다. 사실 베이징 어디를 가도 도향촌을 만날 수 있다. 모두 성업 중이다. 이는 도향촌이라는 브랜드의 가치 때문이다. 그러나 이런 가치는 성실과 신뢰가 만들어 낸 결과일 것이다. 중국 사람들은 지금도 어떤 일을 할 때 청신(诚信)을 이야기한다. 기업의 성공은 성실과 신뢰가 바탕이 되어야 함을 보여 주는 사례이다. 또한, 이런 기업이 오래 유지되는 것이다.

광군제와 내수 시장

21세기 최첨단 산업 시대를 선도하는 그룹에 중국이 있다. 중국은 핸드폰 하나로 경제를 움직인다고 할 만큼 핸드폰의 역할이 크다. 클릭 한 번이면 쉽게 소비가 일어나기 때문이다. 2019년 11월 11일, 즉 쌍십일(双十一日) 날이다. 중국에서는 이날을 소비절(消費節)이라고 부른다. 그래서 사람들은 이날을 경제에 활력을 주는 또 다른 창구라고 말한다. 또한, 이날 사람들이 미치도록 소비를 한다 하여 광환절(狂欢节)이라고도 불린다. 중국에서 이런 큰 행사를 진행하기 위해서는 반드시 국가의 지지가 빠질 수 없다. 그리고 무엇보다 IT 산업의 발전도 한몫했다. 중국 인구 14억이다. 핸드폰으로 클릭 한 번이면 소비가 순식간에 일어난다. 소비자들은 좋은 물건을 싸게 사기 위해 광환절을 손꼽아 기다린다. 그동안 참아왔던 소비를 이날 한꺼번에 하기 위해서다. 이런 소비 심리를 이용한 기업들은 미리 할인 가격을 광고하며 소비자를 유혹한다. 일부에서는 광환절의 소비가 중국 경제를 선순환으로 이끈다며 소비를 부추긴다. 이런 소비 활동은 소비자 판매자 생산자 물류 회사(택배 회사)가 공동으로 만들어 가고 있다. 성공적이다. 이는 2009년 소비 시장이 런민비 5,000여만 원의 규모에서, 해마다 그 규모는 커지고 있다. 드디어 2019년에는 1분에 한화로 1조 6천억, 1시간에 16조, 일일 전체 소비 규모는 44조라고 보도되었다. 이 엄청난 소비의 힘을 보여 주려는 듯 TV에서도 연이어 보도한다. 2019년 새로운 미·중 간 무역 전쟁으로 소비가 줄어들 것을 우려했던 예상과는 달리 중국의 거대한 내수 시장의 위력을 보여 주었다. 인구가 국가적 동력이 된 명백한 사례다. 이런 소비를 만들 수 있었던 배경에는 과거에 없던 계산방식(计算能力), 통신방식(通讯能力), 접속방식(连接能力), 지불방식(支付结算能力)이라는 종합적인 시스템이 있었기에 가능했다. 중국 IT 기술의 발전은 어떤 형태로 또 새로운 시장을 개척할지, 또 세계 경제에 어떤 영향을 미칠지 사람들은 기대한다. 국제간 무역 분쟁이 발생해도 큰소리칠 수 있는 것은 이 거대한 내수 시장의 힘일지도 모른다.

  중국 생활 30년이다. 중국의 발전 과정을 지켜보면서 과정이 없고 결과만 보일 때가 많다. 그래서 중국의 변화는 빛의 속도처럼 빠르다고 느낄 때가 있다. 언제 시작했는지도 모르는 일이 결과만 보일 때가 많기 때문이다. 그러나 그런 과정에서도 중국 14억 인구가 보여 주는 힘은 분명 있다. 인구가 국력이라는 말이 통하는 중국이다.

2 베이징의 역사적 공간과 문화

최고 건축물 태묘

나는 중국의 수도 베이징에 거의 30년을 살았다. 그렇지만 중국을 안다고 자신 있게 말하기는 어렵다. 그만큼 모르는 것도 많고 가 보지 않은 곳도 많기 때문이다. 그래서 새로운 마음으로 베이징 답사를 시작했다. 2019년 4월 11일 나는 지인들과 가장 위엄이 있고, 등급이 가장 높은 태묘(太庙)를 찾았다. 태묘는 자금성 정문에서 오른쪽에 있는 건물로, 명·청대 황실의 조상 위패를 모셔둔 사당이다. 현재는 베이징시 노동인민문화관(北京市劳动人民文化馆)으로 지정하여 시민들에게 개방하였다. 안으로 들어가니 아름드리 고수들이 정원을 메우고 있다. 그리고 곳곳에서는 사람들이 모여 전통 무예를 하거나 춤을 추고 있다. 이는 보통 중국 공원에서 볼 수 있는 풍경이라 낯설지 않다.

태묘

태묘 내부

태묘는 조상의 위패를 모셔둔 곳이다. 건축물은 높고 웅장하다. 웅장하고 높은 것은 중국 건축의 특징이며, 최고 권위의 상징이다. 태묘의 건축물은 남북 길이 475m, 동서 너비 294m이며, 사방은 삼중의 높은 담으로 둘러싸 있다. 정문 입구에 '태묘'라고 쓴 편액의 글씨는 한어와 만주어 두 개의 언어를 사용하였다. 대전은 전·중·후 3개의 대전으로 되어 있고 3층으로 된 기단 위에 있다. 중국 전통 건축이 그렇듯 사방으로 막힌 폐쇄식 정원이 중국적 이미지를 잘 보여 주고 있다. 위패를 모신 중앙 대전은 중심에 우뚝 솟아 있고, 방은 11칸이며 안쪽 깊숙이 4개의 방이 있다. 면적은 2240m^2이다. 지붕은 단첨무전식(单檐庑殿顶)이다. 건물은 진스난무(金丝楠木)를 사용했다. 진스난무는 중국의 황궁이나 공왕푸(恭王府) 태묘 등 황제가 머물렀던 곳에만 사용했던 귀한 나무다. 실제로 만져 보면 굉장히 딱딱하고 약간 미색을 띤다. 건물의 목재 하나를 보고도 건물 주인의 신분을 알 수 있다. 진스난무는 일반인이 사용할 수 없었다.

마오둔은 「백양예찬」이라는 산문에서 백양나무와 진스난무를 평범함과 귀족적인 것으로 대조시켰다. 백양목은 사람들의 시선을 끌지 못하는 북방의 농민을 닮았다고 보고, 순수함과 결연함에 비유했다. 대신 진스난무는 민중을 깔보고 무시하는 귀족나무로 비꼬았다. 진스난무는 오직 황제만이 사용할 수 있었기 때문이다. 적절한 비유가 아닐 수 없다.

태묘의 건물 외벽에는 돌난간이 있다. 돌난간은 한백옥석이라는 돌을 사용하였고, 난간의 망주(望柱, 돌기둥)에는 권위의 상징인 봉황과 용을 조각하였다. 건물은 한백옥석의 수미좌(汉白玉石须弥座) 위에 만들었다. 수미좌 받침은 고대에 사찰이나 궁에서만 사용했던 것으로 건물을 받치는 받침을 말하며 기단이라고 부른다. 수미좌는 최고 등급을 상징한다. 그렇다면 수미라는 말은 무슨 뜻인가? 수미산, 즉 고대 인도 전설에서 나오는 말로 세계의 중심이라는 뜻이다. 그리고 히말라야의 산(대설산)이라는 뜻도 있다. 수미좌는 불의 신성함과 위대함의 표시다. 그리고 수미좌를 건물 바닥에 사용한 것은 자기 낮춤과 겸손의 의미다. 그러나 원래 기단은 기능 장식이다. 바닥의 습한 기운이 건물 위로 올라오는 것을 막기 위해 건물 바닥에 만들었다. 그러나 자금성이나 태묘의 기단은 3층인데, 이는 기능성뿐 아니라 건물을 높게 하여 권위를 표현한 것이다. 수미좌 기단은 모양도 독특하다. 허리 중앙 부분은 잘록하고 위와 아래는 튀어나온 것이 마치 아름다운 여성의 허리처럼 아름답다. 최초의 수미좌는 북위(北魏) 석굴에서 발견된 것이라 전한다. 수미좌의 모양도 시대에 따라 변한 것을 알 수 있다. 당-송까지, 기본 형태는 비슷하나 송대에 오면서 연꽃 문양이 추가되었다. 지금도 일반 사찰에서 가장 많이 볼 수 있는 장식은 연꽃 문양이다. 이는 연꽃이 가지는 상징성 때문이다. 불교에서는 연꽃이 늪이나 연못에서 자라지만 더러움에 물들지 않는다 하여 청결과 순결을 상징한다. 원대에 오면서 수미좌의 형태는 잘록한 허리 부분의 높이가 좁아지고 연꽃 문양은 사라진다. 대신에 다양한 기하문과 화초문이 등장한다. 그리고 명·청대에는 수미좌의 상하가 대칭을 이루고, 허리의 잘록한 부분의 폭은 좁아지고 연꽃 문양은 두꺼워진다. 수미좌 장식은 시대마다 달랐음을 알 수 있다.

그러면 태묘 건물 안으로 들어가 보자. 태묘는 봉건 시대 황가의 조상 위패를 모셨던 곳이다. 태묘는 베이징에 있는 황가 건물 중 등급이 가장 높다. 중국 건축 문화를 이해할 때 건물이 높고 넓으며 큰 것은 등급이 높다는 의미다. 이곳은 다른 건물과 달리 입장료를 따로 받고 있다. 그런데 실제로 태묘 안에는 위폐가 없다. 관리원의 말에 의하면, 위폐는 민국 초기에 이미 고궁 박물관 지하로 옮겼다고 한다. 보지 못했으니 그 진실 여부는 알 길이 없다. 그러나 건물 안을 들어서자마자 넓은 공간이 경이롭게 느껴졌다. 천장에는 금박으로 칠해진 부분이 유난히 밝아 보였다. 자세히 보니 천장에는 두 종류의 색이 사용되었다. 천장 중앙에는 황금색, 좌우 양쪽에는 녹색 칠을 했다. 천장이 너무 높아 자세히 확인하기는 어려웠지만 화려했다. 황색과 녹색은 최고 등급의 색이다. 확실히 자금성보다 등급이 높다는 의미를 알 것 같았다. 위패를 모셨던 곳이라 그러리라. 크고 웅장하고 화려함 속에서 절제미도 있다. 절대로 과하지 않은 화려함과 엄숙함이 있어 긴장도 되었다. 태묘는 조상의 위패를 모셨던 곳이니 더 신중했을 것은 당연한 일이다. 바닥은 진주안(金砖)을 깔았다. 진주안은 남쪽 수조우(苏州)에서 운반해 온

귀한 흙으로 만든 벽돌이다. 여기서 '금(金)' 자를 사용한 것은 금 조각을 섞은 것이 아니라, 귀하다는 뜻이다. 황제가 사용하는 것에 '금' 자를 붙인 것이다. 그런데 바닥에 깔린 벽돌이 정사각형이다. 특이하다. 보통 직사각형을 쓰는 것이 일반적인데. 모든 것이 낯설다. 사람들이 집을 짓고 건물을 지을 때 평면을 직사각형으로 한다. 직사각형의 의미는 팔괘 방위와 오행에 따른 것으로 가장 이상적이라고 보았기 때문이다. 실내를 설계할 때도 직사각형으로 방을 설계하면 공기를 통하게 하여 숨을 쉬게 한다고 여겼다. 또한, 직사각형은 구공팔괘(九宮八卦)에 부합한다고 여겼다. 상남위건(上南为乾)은 양, 하북위곤(下北为坤)은 음으로 여겼다. 음양은 건천포곤지(乾天包坤地)라 하였는데, 이는 외성이 내성을 둘러싼다는 것이다. 이것은 천원지방이며, 건곤(乾坤)은 서로 호응하여 '음양 합일'을 상징한다. 내성은 원래 '지(地)'의 곤(坤)에 해당하며 음(阴)이다. 그러나 도성(都城)은 사람이 거주하는 곳이기 때문에 양택(阳宅)이어야 한다고 믿었다. 그러므로 음의 위치를 양으로 전환할 필요가 있었다. 성문이 9개인 것은 주역에 따라 9가 가장 큰 양의 수이기 때문에 이에 따른 것이다(按『易』, 九乃老阳之数).

　자금성과 태묘의 모든 장식은 숫자 9와 9의 배수를 사용하였다. 양의 수 중 가장 큰 수가 9이기 때문이다. 숫자 9는 최고 지존 황제의 상징이다.

　봉건 시대 황제들은 사치스럽고 호화로운 생활과 통치자의 위엄을 보이기 위해 대형 토목 사업을 벌였다. 대표적인 것이 다양한 궁전이다. 진시황은 통일을 위해 그 유명한 아방궁을 지었는데 규모가 엄청나다. 서한 초기에 미양궁을 건축했으며 궁의 규모가 8,900m에 달한다. 한 고조 유방은 이런 화려한 궁전을 보고 노했다고 한다. 그러나 궁전을 설계했던 소하(萧何)가 "천자는 사해가 집인데 위엄이 없을 수가 없다(天子以四海为家,非壮无以重威)"라고 대답했다고 전한다. 이 말은 통치자들이 정치하는 수단으로 웅장한 건축물을 지었다는 말이다. 절대 지존을 강조하던 중국 역대 황제들은 그들의 안위를 지키고 최고 권력을 과시하기 위해 높고 큰 건물이 필요하다고 믿었고, 이를 통치 수단으로 사용했다. 진한(秦汉) 시대 이후 모든 궁궐 건축이 큰 이유라 할 것이다. 그중 가장 대표적인 건물이 자금성과 태묘다. 태묘는 자금성의 태화전 건물보다 2m가 더 높다. 기둥과 규모 또한 자금성보다 웅장하다. 베이징의 건축물 중 등급이 가장 높은 건축물을 꼽으라면 당연히 태묘일 것이다. 일반적으로 건축물을 볼 때 그 안에 거주하는 주인을 생각한다. 자금성은 당대 황제가 거주하던 곳이다. 그렇다면 태묘는 황제의 조상 위패를 모신 곳이니 당연히 자금성보다 등급이 높아야 할 것이다. 대전 내부에 진열된 중화화종(中华和钟)은 천 년을 영접한다는 의미로 2400년 전 후을편종(侯乙编钟, 음률이 다른 16개의 작은 종을 양 층으로 나란히 매달아 만든 옛날 타악기의 하나)을 원형 설계한 것이다. 1999년 11월 청동편종(青铜编钟)을 완성하여 궁전에 바친 것을 태묘에 보관하고 있다. 중화화종(中

华和钟)은 높이가 38m며, 너비는 21m로 무게는 17톤이나 된다. 모두 3개의 층으로 나눠 놓았는데, 모두 108개이다. 맨 위의 유종(钮钟)은 34개인데 이는 중국의 31개 성과 직할시와 자치구인 대만, 홍콩, 마카오를 표현한 숫자다. 그리고 중간층의 56개 작은 종은 56개 민족을 표시한 것이다. 양쪽에는 국가가 염원을 담은 '화평(和平)'과 '발전(发展)'을 새긴 글귀가 있다. 총 무게는 320kg이나 되는 중앙의 박종(镈钟)에는 '中华和钟, 万年永保'라는 글을 금박으로 새겼다. 종이 놓인 의자에는 1.2만 개의 생명 과학, 우주 하늘 전자칩과 현대 문양을 넣었다. 종의 양측에는 홍색의 북과 석경이 있다. 석경은 경(磬)이라고도 하는데, 경은 돌 혹은 옥으로 만든 중국 고대 악기다. 크기는 큰 것과 작은 것이 있고, 위에는 꽃 문양을 넣었다. 이것을 치면 소리가 전해진다. 다양한 민족 악기와 협연으로 세계 기네스북에도 올랐다.

명성조(明成祖) 영락제 주체(朱棣, 永乐)는 수도를 베이징으로 옮긴 후 '左祖右社'의 원칙에 따라 태묘를 짓고 나무를 심었다. 처음 영락제가 베이징에 수도를 정한 후 먼저 태묘를 지었다. 그리고 태묘 정원에 나무를 심었는데 나무들이 얼마 살지 못하고 죽는 이상한 일이 계속 발생했다. 나무가 죽게 되면 나무를 잘 관리하지 못했다는 책임으로 관련자들은 죽임을 당했다. 비극이 시작되었다. 이때 한 신하가, "황제께서 직접 나무를 심는 것이 어떻겠습니까?"라고 제안을 했다. 그러나 근본적인 문제는 누가 나무를 심느냐가 아니었다. 토질 전문가에 따르면, 나무가 자랄 수 있는 토질이 문제였다. 태묘가 있는 자리는 물이 흘러가는 통로이며, 모래와 자갈 땅이어서 나무가 자라기에 부적합했다. 그런 사실을 알고 난 후 신하들은 목숨을 부지하기 위해 자금성 동쪽에 있는 비옥한 흙을 태묘로 옮기는 수고를 했다. 그 후 황제가 심었던 나무는 죽지 않고 잘 자랐다. 역시 황제 시대의 이야기다. 그래서 현재 태묘를 베이징시 노동 인민 문화궁으로 이름을 붙였다. 엄숙해야 할 공간은 이제 노동 인민 문화궁이 되어 시민들의 휴식 공간이 되었다. 이를 두고 사람들은 인민들의 노동과 피땀에 대한 보답이라고 말한다. 철마다 목단과 모란 등 꽃 구경을 위해 많은 사람이 이곳을 찾는다. 관광객들이 놓치기 쉬운 베이징의 대표 명소다. 베이징에서 가장 우아하고 위엄이 있는 건물을 꼽으라면, 나는 태묘를 꼽을 것이다.

이화원과 서태후

베이징에는 가 볼 곳도 많다. 그중 대표적인 곳이 바로 이화원이다. 역시 황가 원림[3]답게 그 규모가 웅장하고 화려한 것은 말할 필요가 없다. 이화원을 한번 돌아보면 그 크기에 할 말을 잃을지도 모른다. 그렇다면 이만한 원림을 만들기 위해서 얼마나 많은 사람

---

3 내용 중 원림(园林)은 현재 공원으로 불리고 있다

이 희생되었을까? 기계와 과학이 발달하지 않았을 그 당시 이런 규모의 공정을 했다니. 그저 놀라울 따름이다. 중국은 땅이든 건물이든 화려하고 높고 큰 것이 특징이다. 그리고 중국 건축에서 돋보이는 색채의 화려함이다. 이런 웅장함과 화려함은 중국 고대 권력의 상징물이다.

국가 여행국은 이화원을 1961년 3월 4일 전국 중점 문물 보호 단위로 지정하고, 1997년 5월 8일 5A 여행지로 지정하였다. 1998년 11월 세계 문화유산에 등록되어 국가 경제에도 일조하고 있다. 2009년에는 기네스북에 현존하는 가장 큰 황가 원림으로 등록되었다. 지금 이화원을 구성하고 있는 건물과 호수를 포함하여 이화원 자체를 '이화원 박물관'이라 부르고 있다. 이는 중국이 꿈꾸는 문화재 보호 방법의 일환이다.

이화원의 최초 설계자는 건륭제다. 이화원(頤和园)은 1750년부터 1764년까지 거의 15년에 걸쳐서 완성된 대표적인 황가 원림이다. 위치는 베이징 중심에서 약간 외곽인 베이징시 해정구 신건궁문로 19호(北京市海淀区新建宫门路19号)에 있다. 이화원은 동서남북으로 각각 대칭을 이루며, 풍수에 따라 설계한 베이징에서 가장 큰 인공 호수다. 함풍제 때 영국과 프랑스 연합군에 의해 불탔다가 서태후가 해군 경비금인 은 3,000만 냥을 이용하여 재건한 사실도 있다. 이때가 광서제 14년(1888년) 때다. 이때 원래 이름

청의원(清漪园)을 이화원으로 고치고 여름 별장으로 사용하였다. 서태후는 이곳에서 어린 아들 광서제(1875~1908년, 당시 4세)를 대신하여 수렴청정을 시작했다. 그녀의 수렴청정 역사는 이미 그의 친아들인 동치제(1861~1875년) 때 시작되었다. 서태후는 동치제가 등극한 6살부터 19세 죽을 때까지 아들 대신 수렴청정을 했다. 아들 동치제가 죽자 어린 조카 광서제를 황제로 앉히고 다시 수렴청정을 이어갔다. 실제 정치 일선에 나선 것이다. 황제를 허수아비로 만들고 자신의 안위만을 위해 살았던 무정한 엄마- 그가 바로 서태후다. 서태후의 수렴청정은 이렇게 47년간이나 이어졌다.

이런 혼란하고 불안정한 국내 상황에서 서구 열강들의 침입은 연일 이어졌다. 그런 와중에도 일부 사람들은 새로운 세계를 꿈꾸었다. 1898년, 서태후가 잠시 실권한 틈을 타 광서제는 캉유웨이와 량치차오 등을 주축으로 서방의 우수한 학문과 기술을 수용하고 스스로 자립하고자 하는 부국강병을 꿈꾸었다. 청 말의 부패와 낙후된 상황을 더는 지켜보고 있을 수 없었기 때문이다. 남들처럼 잘 살려면 공장도 짓고, 철도도 놓고, 무기를 만들고, 전함을 사들이는 양무운동이 그것이다. 그러나 운명의 장난처럼 새로운 개혁 바람은 물거품처럼 사라지고 광서제는 결국 감금되고 그가 꿈꾼 부국강병은 무산되었다. 이런 실패의 중심에는 서태후가 있었다. 그러나 이들의 노력은 결국 봉건 왕조 시대를 무너뜨리고 중국을 경제 대국으로 이끄는 첫걸음이 된다.

그렇다면 왜 사람들은 서태후를 지금도 입에 오르내릴까? 그리고 왜 그녀에 대한 평가에 인색할까? 아마도 그녀의 상실된 인간성 때문이 아닐까? 이화원을 들어서면, 제일 먼저 광서제가 친필로 썼다는 '이화원' 편액이 눈에 들어온다. 대문 입구 양쪽에는 황가의 권위를 상징하는 거대한 청동 사자가 있다. 이는 최고 등급으로 최고 권력의 표시이자, 나쁜 기운을 쫓아내는 벽사의 의미가 있다. 사자 장식은 일반인들은 장식할 수 없었던 최고 권력의 상징이다. 대문을 들어서면 노송들이 위엄 있게 서 있고, 건물들은 단청을 입어 화려하다. 300년 이상 된 노송들은 황가 원림의 역사를 기억하는 듯 말없이 서 있다.

고대 건축에서 택지를 정할 때 중요시했던 것은 역시 산과 물이다. 이화원 또한 곤명호와 만수산을 중심으로 만들어졌다. 그중 호수가 3/4을 차지하고 그 밖에 건물이나 산이 1/4을 차지한다. 그래서 이화원을 들어서면 제일 먼저 넓은 호수가 보인다. 곤명호는 항주 서호의 모습을 본떠서 만들었다. 동쪽 입구로 들어가면 먼저 인수전을 맞이한다. 인수전은 황제가 업무를 보던 장소다. 이곳에서 서태후가 어린 광서제를 대신하여 수렴청정을 시작했다. 인수전 입구에는 큰 비석이 있는데, 이는 밖에 있는 나쁜 기운이 안으로 들어오지 못하도록 막아 주는 액막이용 돌이다. 이것을 영벽(影壁)이라 부른다. 영벽 모양은 다양하나 용도는 같다. 마당 입구에는 기린(麒麟)이라 불리는 동물 장식이 있다. 기린은 상상의 동물로 공평 정의를 상징하며, 중국 사람들이 많이 사용하는 장식이다. 여기서 기린 장식은 정치를 공평하고 정의롭게 하라는 뜻이 담겨 있다.

인수전

자금성과 다른 것을 찾는다면, 바로 봉황 장식의 위치일 것이다. 봉황은 광서제와 서태후가 정무를 보았던 건물의 중앙에 있다. 봉황은 여성의 상징이며, 최고 권력의 상징이다. 여기서 봉황은 바로 서태후를 이른다. 중국 사람들은 봉황이 놓인 위치

기린 장식

를 보고 서태후의 권력이 광서제를 능가했다고 말한다. 용과 봉황은 중국 문화에서 빼놓을 수 없는 권력의 상징물이다. 용은 황제를 상징하며, 봉황은 황후를 상징한다. 서태후의 힘은 이화원의 장식을 통해서도 잘 드러나고 있다.

인수전을 나와 옆으로 가면 서태후가 먹었다는 우물이 나온다. 이름이 연명천(连命泉)이다. 우물 옆에는 덕화문(德和门)이 있다. 서태후가 연극을 보던 장소다. 이 당시에는 일반 서민들과 문인 사대부들도 경극의 매력에 빠졌다고 기록하고 있다. 서태후 또한 이런 매력에 빠져 자금성과 이화원에 그녀를 위한 무대를 지었다. 자

금성 동쪽 후궁에 가면 창음각(畅音阁)이 있다.

외부 경관도 일반 건물과 달리 규모가 크고 장식도 화려하다. 이 또한 서태후를 위한 연극 무대였다. 서태후는 명절이나 큰 행사가 있을 때면 항상 이곳에서 연극을 즐겼다. 연극을 볼 때면 언제나 서태후가 정면에 앉고, 광서제는 옆에 서 있었다. 이런 광경을 본 축(丑) 배역으로 유명한 유간삼(劉赶三)은 임시로 가사를 바꾸어 이렇게 노래했다. "나를 가짜 황제로 보지 말라, 앉을 의자라도 있지 않은가? 저기 진짜 황제께서는 날마다 서 계시니, 앉을 의자도 없구나!" 태후는 말 속에 담긴 풍자의 뜻을 알면서도 모른 체했다고 한다. 그러나 후에 이홍장이 1894년 갑오 전쟁(청일 전쟁)에서 일본에 패하고 돌아왔을 때, 실제 극에서 그를 비유했다가 이홍장의 고향 사람에게 끌려가 뺨을 맞았던 일이 있다. 그는 비록 일개 배우였지만 대단한 담력의 소유자였음이 분명하다. 감히 서태후를 눈앞에 두고 개사를 했으니 말이다. 그리고 비록 일본군에 패했지만, 그 당시 실세였던 이홍장을 비유했으니 말이다.

시대가 어지럽고 국가의 위기가 닥쳐와도 서태후는 국가보다 자신의 안위와 향락에 빠져

자금성 창음각

살았다. 인수전을 지나면 또 다른 화려한 건물이 나온다. 서태후가 생활했다던 악수전(乐受殿)이다. 그 옆에는 광서제의 침궁이었던 옥란정(玉澜亭)이 있다. 광서제가 꿈꾸었던 정치 개혁인 변법자강 운동은 백 일 만에 실패로 끝나자, 옥란정에 감금되고 말았다. 광서제는 감금된 후 옥란정 뒷면에 있는 벽을 통해 외부로 출입했다고 한다. 길을 따라 나가면 서갑루(西甲楼)가 나오는데, 광서제가 유폐되기 전 부인들과 함께 석양을 바라보던 곳이다. 안으로 들어가면 황후들의 생활 공간이었던 사합원이 나온다. 이곳에는 광서제가 아꼈던 진비(珍妃) 그리고 서태후의 조카이며 황후였던 근비(瑾妃)가 생활했던 곳이다. 이화원을 찾는 사람들은 이곳에서 오래 머무는 경향이 있다. 추측하건대 시대를 잘못 태어난 황비들과 광서제의 삶이 안타까워서는 아닐까?

사람들은 지금도 이화원을 보면서 최초 건설자 건륭제보다 서태후를 더 많이 입에 올린다. 그 이유는 이화원을 여러 번 수리하면서 서태후 자신의 편리를 위해 국고를 탕진했기 때문이다. 국정을 보살피지 않고 개인의 사치에 빠져 있었던 폭군 서태후. 서태후 생일에는 은 천만 냥을 썼다고 알려져 있는데, 이는 북양 시절 함대 한 대 값이다. 그중에는 금은 장식품으로 38만 냥, 의복 제작에 23만 냥, 이화원에서 자금성까지의 도로 설비와 장식에 240만 냥을 썼다. 이와 비교하여 광서제 생일에는 대신들을 위해 준비한 음식은 고기 내장을 넣어 만든 루면(卤面) 한 그릇이 전부였다고 한다. 루면은 그때나 지금이나 중국 사람들의 서민 음식의 대명사다. 서태후가 이렇게 사치스러운 생활로 국고를 낭비할 때 백성들은 자연재해로 양식이 부족하여 기아로 목숨을 잃는 사람이 넘쳐났다. 한마디로 국고가 텅 비었다. 아편 전쟁으로 영국이 승리하면서 중국은 영국에 백은 2,100만 냥을 지불했고, 2차 아편 전쟁에서 또 실패하면서 영국에 400만 냥, 프랑스에 200만 냥을 지불했다. 게다가 청일 전쟁에서 패한 중국은 일본에 백은 2억 냥을 배상금으로 지불했다. 1900년에 8개 연합국이 중국 중심부 베이징을 침략했을 때도 남의 땅까지 침입하여 전쟁을 벌인 그들에게 9억 8,223만 냥을 배상하는 국가적인 치욕과 동시에 손실까지 안아야 했다. 그런 상황에서도 서태후는 자신만 살겠다고 국정은 내팽개친 채 승덕(承德)으로, 서안(西安)으로 도망쳤다. 지금도 서안을 가면 서태후가 들렀던 곳에는 그 흔적들을 찾을 수 있다. 서태후가 머물렀던 곳에서는 은을 바쳤다고 한다. 결국, 자신을 위해 필요한 자금을 구걸했던 셈이다. 청 정부가 내부로는 의화단 운동으로 혼란스럽고, 외부적으로는 팔국 연합군이 침략하여 정부가 위기에 처했을 때다. 이런 시국에 서태후는 민심을 외면했다. 도망 중에도 서태후의 가마는 초롱을 달고 오색천으로 장식했다는 증거가 사진으로 남아 있다. 서안에 도착해서도 서태후의 사치스러운 생활은 여전했다고 한다. 목욕은 외국에서 들여온 우유로 할 정도였다고 하니 그녀의 사치 정도를 짐작할 수 있다. 백성들을 괴롭히는 일은 이것뿐이 아니었다. 여름이면 찬 과일을 먹기 위해 천산(天山)이라는 곳까지 가서 얼음을 가져오도록 했다. 나라의 상황이 엉망이 되는 지경에도 그녀는 오직 자신을 위한 사치와 안위에서 벗어나지 못했다. 이런 생활은 그녀가 세상을 떠날 때(70세)까지도 바뀌지 않았다고 한다. 서태후의 이런 행보를 보니 생각나는 말이 있다. '권력을 탐내려면 역사에 어떤 사람으로 남을지 먼저 생각해 보라.'

이화원의 건축

이화원

이화원 하면 곤명호와 만수산으로 나눈다. 호수의 길이는 15km 며, 면적은 2.2km²로 베이징 황가 원림 중 가장 크다. 이화원 호수는 전체 면적의 3/4을 차지한다. 그래서 자칫 호수만 보고 건물이나 정자를 소홀히 하기 쉽다. 이화원에는 다른 곳에서 볼 수 없는 창랑과 동탑이 있다. 동문을 들어가면 서태후와 광서제가 정치했던 인수전(仁寿殿)과 생활했던 옥란정(玉澜堂)과 락수당(乐寿堂)이 있다. 이곳을 지나가면 이화원의 명물 장랑(长廊)을 만난다. 장랑은 만수산과 곤명호 사이에 있는 긴 복도를 말하며, 1750년에 건축된 세계에서 가장 긴 장랑이다. 그 길이만도 서쪽의 요월문(遥月门)에서 동쪽의 석장정(石丈亭)까지 전체 길이가 728m나 된다. 고대 건축에서 긴 복도식 건물을 장랑이라 하는데, 일반 사합원에서도 종종 볼 수 있다. 일반 사합원의 장랑은 건물과 건물을 이어주는 역할이며, 비교적 짧다. 이화원 장랑은 약간의 곡선형이며 총 59칸으로 규모가 크다. 특히 예술성이 뛰어나다는 평가를 받고 있다. 장랑은 동서남북으로 편액이 걸려 있고 긴 장랑을 따라 채화 그림이 그려져 있는데 그림마다 그 이야기가 있다. 남쪽에는 기란정(寄澜亭), 동쪽 두 번째 정자의 편액에는 석운응자(夕云凝紫), 서쪽에는 연하천성(烟霞天成), 북쪽에는 화각연운(华阁缘云) 등으로 이어져 있다. 장랑을 따라 걸으면서 오른쪽에는 만수산을, 왼쪽에는 곤명호의 경관을 구경할 수 있다. 그리고 장랑을 따라 있는 4개의 정자, 유가정(留佳亭), 기란정(寄澜亭), 추수정(秋水亭), 청요정(清遥亭)도 볼만하다. 중국 건축에서 정자는 빠질 수 없는 기본 구성 요소다. 만수산에서 바라보면 장랑은 마치 곤명호를 날아드는 한 마리의 큰 나비 같다고 표현한다. 곤명호를 동해에 비유하고,

나비가 동해를 날아드는 것처럼 설계하였기 때문이다. 이는 복이 동해에서 온다는 복여동해(福如東海)를 생각하고 설계한 것이다. 만수산과 불향각(佛香閣)은 배운전(排云殿) 위에 있으며 이화원의 중심 건물이다. 불상각은 불교 문화의 대표 건축물이며, 서태후가 향을 피우고 기원을 드리기 위해 만든 곳이다.

불향각

이화원은 중국 전역의 아름다운 경관을 한곳에 모아 둔 곳이라고 사람들은 말한다. 그만큼 건륭제가 심혈을 기울였다는 말이다. 건륭제는 화가들을 불러 항주 소주의 경치를 그

동탑

림에 담아 그 모습대로 재현하라고 명령했다. 그래서 실제 보고 온 사람들은 이화원을 항주 소주의 축소판이라고 말한다. 건륭제는 평소에도 항주와 소주를 자주 갈 만큼 그곳의 경치를 무척 좋아했다고 한다. 남호도(南湖島)에 있는 망선각(望蟬閣)의 원형은 호북성의 황학루(黄鶴楼)을 본뜬 것이며, 만수산을 넘어가면 사대부주(四大部洲)가 나오는데 장족의 건축 형태를 본뜬 것이다. 이화원을 왔다가 만수산 뒤쪽은 보지 못하고 가는 사람이 많다. 실제로 있는지조

차 모르는 사람이 많다. 실제로 나 또한 그랬다. 그리고 남호도에는 십칠공교(十七孔桥)가 있는데, 길이 150m 너비 8m의 아치형 석교다. 아름다운 이 다리는 바로 노구교의 다리를 본떠서 만들었다. 아치형 다리가 너무 아름다워 이곳에서 사진을 찍는 사람도 많다. 다리에는 9개의 아치 모양이 있는데, 9는 최고의 수이며 권위의 상징이다. 다리의 난간에는 다양한 모양의 석사자 조각이 있는데 생동감이 있다. 석사자는 모두 544마리다. 이는 노구교의 석사자보다 59마리가 더 많다. 중국 사람들의 석 조각 기술을 엿볼 수 있는 건축이다. 곤명호에 있는 3개의 작은 섬은 동해의 봉래(蓬莱) 영주(瀛洲) 방장(方丈)의 세 선산을 말하며, 원림은 인간이 사는 세계에 비유하였다. 그리고 십칠공교(十七孔桥)를 지나면 곽여정(廓如亭)이라는 정자가 나온다. 정자의 면적은 130m², 24개의 원형 기둥과 16개의 방주(方柱)가 첨탑형의 지붕을 지탱하고 있다. 아름답다. 이곳에 올라 호수를 감상하는 것도 좋다.

이화원 공정은 어떻게 시작되었을까? 이화원(청이원)의 공정은 몇십만 명의 공인과 그들의 땀으로 만들어진 베이징의 대표 원림이다. 궁정의 명을 받고 서호도를 그렸던 동방달(董邦达)이라는 화가와 이화원 수리 공정을 책임졌던 대신 산허(三和)는 이렇게 큰 공정이 될지 꿈에도 몰랐다고 한다. 그러나 건륭제는 아무도 생각지 못한 엄청난 계획을 준비하고 있었던 것이다. 동방달의 그림을 바탕으로 이화원은 1764년 건륭제 29년부터 15년 동안 공정을 이어갔다. 전하는 바로는, 건륭제는 백성들에게 미안했던지 아침에 왔다가 오후에 궁으로 돌아갈 때 석양을 보지 않았다고 한다. 그래서 후세 사람들은 이 아름다운 곳에서 석양을 보지 못한 건륭제가 너무 안타깝다고 말하기도 한다. 건륭제는 이 공정이 얼마나 엄청난 공정인지 알았고 참여했던 백성들이 얼마나 힘들었을지를 알았기 때문은 아닐까. 이는 과학 기술이 발달한 지금도 엄청난 공정이다. 이런 공정을 15년 동안 이어갔으니 국정의 어려움 또한 말할 필요도 없을 것이다. 그래서 중국 사람들은 말한다. 융성했던 청이 건륭제 때부터 이미 기울기 시작했다고. 베이징 시내 원림들은 건륭제와 관계되지 않은 곳이 없다. 나 또한 이번 탐방을 통해 알게 되었다. 그렇게 볼 때 국고를 탕진한 큰 이유 중 하나가 바로 곳곳에 만든 원림 공정일지도 모른다. 그뿐만이 아니다. 가경제 때 관료들의 부패, 광서제와 서태후의 방탕한 생활과 서태후의 정치욕이 결국 청을 몰락의 길로 이끌지는 않았을까? 많은 원인이 있겠지만 원림 공정 또한 그중 하나인 것만은 분명해 보인다. 베이징 대부분의 원림이 건륭제와 관계있는 것을 보아도 알 것 같다.

그 당시 이화원 공정을 시작할 때의 상황은 이렇게 전한다. 1749년 건륭제 14년 음력 11월 옹산(翁山) 일대에 사람들이 모여들었다. 옹산은 만수산의 옛 이름이다. 몇천 명의 농민공들이 이곳에 몰려들어 바닥의 진흙을 파서 옹산 동쪽으로 옮겼다. 이 일을 내무부 총관 대신 산허(三和)가 맡았다. 이 모든 일은 건륭황제가 지시했다. 이것이 바로 거대한 이화원 프로젝트의 시작이었다. 그리고 이것은 시작에 불과했다. 이화원 공정은 무려 15년이나 걸렸기 때문이다. 원대부터 서교옥천산(西郊玉泉山)의 샘물은 베이징의 주요 수자원이었다. 특히 청조 궁궐에서도 옥천산 물을 마시는 물로 썼다. 그러나 강희제 이후에 베이징 서쪽은 황가 원림을 지으면서 수원이 바닥나기 시작했다. 결국, 베이징으로 들어오던 대운하에 차질이 생기게 되었고, 새로운 수원 개발이 시급했다. 베이징 근교 물을 끌어다가 이화원 호수를 채운 것이 문제였다. 이렇게 엄청난 사태를 초래하며 만들어진 것이 지금의 이화원이다. 이화원은 베이징에서 가장 큰 인공 호수이며, 인공 저수지인 셈이다. 이처럼 거대한 황가 원림을 만들면서 베이징에 물 부족 사태를 만들었다. 이화원 호수의 크기를 보면 베이징의 물 부족 사태가 얼마나 심각했을지 짐작할 수 있다. 그러나 이화원의 넓은 호수는 물이 넘칠까 두려워 제방을 쌓았다. 이화원 동쪽 문에서 왼쪽으로 가면 호수 옆에 청동으로 만든 소 동상을 볼 수 있다. 이것이 바로 물을 눌러준다는 벽사의 상징물이다. 고대에 신우(神牛)가 진수(鎭水, 물을 누른다)의 힘을 가졌다고 믿었기 때문이다. 또한, 청동으로 만들어진 신우는 그 당시 조각 예술의 걸작으로도 높은 평가를 받는다.

이화원 신우

원명호에는 세 개의 작은 섬이 있다. 이는 인간 세상의 경치를 비유한 것이며 이것은 천일 합일을 표현한 것이다. 경직도가 있는 곳은 이화원의 서북쪽에 있는 섬으로, 건륭제가 비단 염색을 이곳에서 만들도록 했다. 그리고 곤명호와 옥천산의 물줄기가 서로 만나는 곳이어서 논농사도 짓게 하고, 비단 제조에 필요한 양잠도 생산하도록 했다. 그래서 이곳에 '경직도(耕织图)'라는 섬을 만들었다. 이런 엄청난 인공 호수를 만들면서 건륭제는 또 다른 현실 세계를 추가하고 싶었던 모양이다. 만수산의 동쪽에는 문창제를 모신 문창각, 만수산의 서쪽 숙운첨(宿云檐)에는 무제관우(武帝关羽)를 모신 건물이 각각 있다. 동서 문무를 대조적으로 배치해 균형을 맞추었다. 대칭 구조는 중국 건축 특징이다. 이것은 문치무공(文治武功) 문무쌍전(文武双全)을 상징한다. 또한, 남호도에는 용왕묘가 있는데, 물이 있는 곳에는 용이 있다고 믿었고, 남쪽 봉황대에는 봉황이 있다고 믿었다. 황권 시대에 용과 봉황이 빠질 수는 없다.

『万寿山昆明湖记』의 기록에 따르면, 옹산 서호를 만들 때 세 가지 목적이 있었다. 첫째는 수리를 좋게 하는 것이며, 둘째는 수군의 훈련이며, 셋째는 황태후의 60세 생일을 위한 것이었다. 건륭제는 모친의 생일을 축하하기 위해 절을 지었다. 사람들은 이에 매우 놀랐다고 기록하고 있다. 건륭제는 옹산을 만수산으로 이름을 바꾼 것도 황태후의 60세 생일을 축하하기 위해서였다. 건륭제 16년 음력 11월 19일 숭경황후(崇庆皇后) 60세 생일 축하 행사를 만수산에서 열었다. 이 축하연에 이탈리아 공정기사 랑스닝(郞世宁)이 참여했다. 만수산 불향각(佛香阁)의 양쪽에는 종교 건축물이 있다. 서쪽에는 보운각(宝云阁) 동쪽에는 전륜장(转轮藏)이 있다. 그 당시 이 두 건물은 현재와 같이 하도급을 주고 만들었다. 말하자면 입찰 경쟁을 통해 만들어졌다는 말이다. 2007년 가장 현대적인 관측 기술로 두 사찰을 관측한 결과 두 건물의 고도가 완전히 일치한다고 밝힌 바 있다. 그 당시 어떻게 이처럼 한 치의 오차도 없이 정밀하게 지을 수 있었는지 놀라울 따름이다. 그만큼 정성을 들였다는 말이다. 특히 보운각은 전체가 동으로 만들어진 건물로 외부 조형뿐 아니라 내부 장식까지 매우 정교하다는 평가를 받았다. 무게는 507톤이나 되며, 오랜 세월만큼이나 외부는 녹이 슬어 검은색과 갈색으로 변했다. 이 청동 정자는 관심을 두고 찾지 않으면 그냥 지나칠 수 있다. 철로 만든 정자는 그 자체만으로도 독특할 뿐 아니라 그 정밀함에 감탄하게 된다. 보운각 내부에는 그 당시 공정에 참여했던 공인들의 이름이 일일이 동판에 기록되어 있다고 한다. 가까이 가 보았지만, 내부 진입이 불가능해 볼 수 없었다. 이것은 바로 하도급을 주면서 문제가 발생하면 책임을 묻겠다는 뜻으로 해석된다. 암튼 놀라운 것은 그 당시 황가 건축에 하도급을 주었다는 사실이다. 건륭제가 이화원 공정을 위해 얼마나 고민하고 심혈을 기울였을지를 짐작하게 하는 부분이다.

곽여정(廓如亭)은 남호도의 십칠공교(十七孔桥)의 동쪽 끝에 있는 정자다. 면적은 130m²로, 24개의 원형 기둥과 16개의 방주(方柱)가 첨탑 형의 지붕을 지탱하고 있다. 곤명호에 있는 3개의 작은 섬은 동해의 봉래(蓬莱), 영주(瀛洲), 방장(方丈)의 세 선산을 말하며, 인간이 사는 세계를 비유하고 있다. 그리고 이화원의 대극루가 있다. 극을 좋아하는 서태후를 위해 후에 만든 건물이다. 이화원 동문으로 들어가서 오른쪽으로 호수를 따라 걸으면 대극루를 만난다. 호수와 연결하여 만들었고, 재료는 대리석이며, 모양은 배 모양이다. 이 대극루는 후에 광서제 때 건축되었다. 높이는 21m나 된다. 지금까지 중국에서 가장 완전하게 보존된 서태후의 희극 무대이다. 당시 원림 설계자인 뢰정창(雷廷昌)은 연합군에 의해 파괴된 이화원을 복구할 때 고민이 많았다고 한다. 먼저 자금이 부족했고, 건물들 또한 파손이 너무 심했기 때문이다. 지금 있는 대극루는 그 때 복구된 것이다. 그 당시 파괴되었던 모든 건축물은 원림 설계자 뢰정창에 의해 복구되었다. 그러니 거의 원형에 가깝게 복원되었다고 보면 된다. 이처럼 이화원에는 서태후의 흔적이 많이 남아 있다.

환관 왕승은과 경산공원

경산공원(景山公园)은 베이징시 서성구 경산서가 44호(北京市西城区景山西街44号)에 있다. 경산은 자금성 뒤에 있는 산을 말하며, 자금성의 북쪽에 있는 황가 원림이다. 높이는 45.7m며, 높이 94.2m다. 공원의 면적은 23ha이다. 그중 잔디와 꽃으로 만들어진 면적이 1100m²로 규모가 상당하다. 경산공원은 요대 때부터 있었던 공원으로 1000년의 역사가 있는 곳이다. 중국은 이미 중점 문물 보호 단위로 정하여 보호하고 있다. 이곳은 국가 4A급 관광지로 평일에도 찾는 사람이 많다. 원래 이곳은 용정하(永定河)와 하도(河道)를 잇는 고도(故道)로 알려져 있다. 용정하는 베이징의 모친하(母亲河)라고도 불리며, 산서(山西) 내몽고(内蒙古) 하북(河北) 베이징(北京) 천진(天津) 등 다섯 개 성을 거쳐 발해로 통한다. 경산은 요대 때 만들었다는 작은 섬 행궁(行宫, 북해 고원 내의 경화도(琼华岛))을 만들 때 나온 흙을 쌓아서 만든 산이다. 흙산이라 하여 토산이라고도 불렀고, 만들어진 산이라 하여 가짜 산이라고도 불렀다. 그리고 청대에는 석탄을 쌓아 놓는 곳이었다 하여 메산(煤山)이라고도 불렀다.

경산공원에는 평소에도 많은 사람이 찾는다. 경산공원에는 기왕루(绮望楼), 오방정(五方亭), 수황전(寿皇殿), 영사전(永思殿), 목단원(牡丹园) 등 볼거리도 많다. 또한, 계절에 따라 피는 꽃 구경을 오는 사람도 많다. 이곳을 찾는 사람들은 제일 먼저 비운의 운명을 살다 간 숭정황제(崇祯皇帝, 明思宗朱由检)를 떠올린다. 그는 1628~1644년, 16년간 황제 자리를 지켰다. 그러나 그는 결국 명의 마지막 황제라는 비운의 황제가 되었다. 명 말 이자성이 자금성을 쳐들어오자 나라를 다시 구할 방법이 없다고 생각한 그는 궁의 비들을 모두 자진하도록 명령하고, 직접 두 딸을 죽이는 비운의 아버지가 되었다. 그리고 그는 환관 왕승은(王承恩)과 함께 이곳 경산에서 목을 매었다. 이때가 1644년 4월 25일이다. 평소에 아첨 떨던 대신들은 어디로 갔는지 보이지 않고, 오직 환관 왕승은(王承恩)만이 그의 마지막을 지켰다고 한다. 한때는 천하를 호령하던 황제가 이렇게 죽어 갔다. 마지막으로 환관은 그의 책임을 다하기 위해 숭정황제의 죽음을 확인한 후, 그 또한 옆에 있는 나무에 목을 매었다. 그래서 사람들은 마지막 황제의 최후를 지켰던 환관 왕승은(王承恩)을 충신이라 말한다. 경상공원에는 숭정황제가 마지막으로 목을 맸던 자리에 '명세종액처(明世宗缢处)'라는 비문이 새겨져 있다. 그의 죽음과 함께 276년간 화려했던 명대는 영원히 역사 속으로 사라졌다. 원래 숭정황제가 목을 맸던 화이수(槐树, 회화나무)는 너무 오래되어 베이고 없다. 이 또한 누구에 의해 베어졌다는 설과 병이 들어 베었다는 설이 전할 뿐이다. 지금은 새로운 나무가 그 자리를 지키고 있다. 세상에 영원한 것은 없다는 극히 평범한 진리를 일깨워 준다.

대부분 황가 원림이 그렇듯 경산공원 또한 시민들을 위한 훌륭한 쉼터가 되고 있다. 낮에 오면 운동을 하며 한가하게 시간을 보내는 사람들을 볼 수 있다. 베이징은 건조한 날씨와 모래바람으로 생활하기에 좋은 환경은 아니다. 이런 환경을 고려할 때 베이징 중심에 넓은 공원이 있다는 것은 그나마 다행이다. 공원에는 운동 기구를 설치해 두어 누구나 즐길 수 있다. 이는 15년 전부터 전국적으로 시행한 국가 정책의 하나다. 운동 기구는 전국 어디서나 볼 수 있다. 사용자가 많은 것을 보면 성공적이다.

경산공원은 베이징의 중추선 중심에 있으며, 규모가 비교적 작은 공원이다. 공원을 찾는 사람들은 대부분 장·노년층, 혹은 퇴직한 사람들이다. 중국은 퇴직이 한국보다 빠른 편이다. 일반 공무원은 남자 만 60세 여성 만 55세이며, 기업은 남성 60세 여성은 50세가 되면 퇴직한다. 퇴직이 한국보다 5~6년은 빠르다. 이들은 대부분 퇴직 연금으로 생활한다. 중국이 한때는 '한솥밥 시대'를 살았다. 함께 일하고 평등하게 분배받던 시대를 그렇게 불렀다. 그 시대를 살았던 사람들은 퇴직 후에도 국가가 책임을 졌다. 그러나 지금은 아니다. 경제 논리는 철저한 자본주의다. 그래서 더 치열하게 창업에 뛰어들고, 부를 창출하기 위해 노력한다. 국가는 더 이상 개인의 노후를 책임지지 않는다는 말이다. 기업과 개인에게 그 책임을 넘겼기 때문이다.

나는 종종 공원을 찾는다. 그때마다 공원에 온 그들과 얘기를 나눈다. 적어도 내가 만난 사람들은 퇴직 후의 생활에 만족하고 있었다. 퇴직 연금도 충분하다고 했다. 과거 직종과 직급에 따라 연금 액수는 달라도 만족도는 높다. 이제 공원이 이런 퇴직자들에게도 좋은 쉼터가 되고 있다. 그들은 이곳에서 다양한 모임도 가입하고, 노후를 멋지게 보내고 있다. 일 년에 한두 번은 해외여행도 한다며 자랑한다. 나를 의식해서인지 한국도 몇 번을 갔다며 한국에 대해 아는 척도 했다. 황가 원림은 이제 인민들의 놀이터 쉼터의 역할을 제대로 하고 있다.

그리고 경산공원에는 1947년 만들어진 3개의 패루가 있다. 패루는 수황전(寿皇殿)을 중심으로 만들어졌다. 이 패루는 등급 중 가장 높은 등급이며, 4기둥 3칸 9지붕(4柱3间9楼)으로 되어 있다. 패루를 건물처럼 여겨 칸을 두어 등급을 표시했다. 처음에 나무로 만들었는데 물이 침투하여 부식되어 1947년에 진흙으로 재건축한 것이다. 지금의 모습은 2007년에 다시 수리를 거쳤다. 패루 옆에는 24마리의 신수(神兽)가 있다. 궁궐 장식에 사용되는 대표적인 동물 장식이다. 중국 사람들은 기린이나 사자는 영물로 인식한다. 이들 영물이 거대한 패루 기둥을 지탱해 준다고 믿고 있다. 패루를 지켜 주는 상징물이다.

황가의 사당 수황전

경산공원의 대표 건물은 바로 수황전이다. 경산공원에 오면 아름다운 경관 때문에 수황전을 놓치기 쉽다. 경산공원의 대표 볼거리는 수황전이라는 것을 잊지 말기 바란다. 패루가 둘러싸고 있는 대문을 들어가면 중앙에 보이는 건물이 바로 수황전(寿皇殿)이다. 수황전은 청대 황가의 조상 제사를 지내던 사당이다. 태묘는 위폐가 있고, 수황전은 제사를 지내던 장소다. 많은 사람이 혼동하는 부분이다. 건륭제 14년 1749년에 건립되었다. 편액은 만한(满汉)문으로 되어 있고, 안에는 역대 청대 황제들의 화상이 있다. 수황전은 수미좌 기단 위에 건축된 최고 등급이다. 경산공원에서 수황전의 위치는 북쪽에 있고, 등급이 가장 높다. 수황전 입구에 있는 세 개의 패루는 동, 서, 남쪽에 각각 세워졌는데, 수황전을 둘러싸고 있다. 특히 수황전의 패루는 수황전 건물과 동급으로 취급한다. 패루를 하나의 건물로 본다는 말이다. 건축물이 중축에 놓인다는 것은 가장 중요하다는 말이다. 경산공원의 수황전과 경산공원 꽃대기에 있는 만춘정 그리고 자금성(태화전)은 베이징의 중축 선에 있다.

수황전 패루

수황전을 들어가면 왼쪽에 작은 건물이 있는데 향을 피우는 분향로(焚香炉)다. 이곳은 제사를 지낼 때 향과 은박지 그리고 지전(纸钱)을 태우던 장소다. 중국 사람들은 지금도 청명절이나 사람이 죽게 되면 지전이나 은박지를 태우는 소지 풍속이 있다. 옆에는 과거 제사를 지내던 장소를 전시실로 만들었다. 특히 지붕 마루에 사용되었던 기물들이 눈길을 끌었다. 수수(垂兽)는 지붕 꼭대기에 있는 용마루 장식을 부르는 말이다. 이 장식은 등급이 가장 높은 궁궐 장식이다. 1983년 5월 수황전을 수리할 때, 지붕의 중앙 용마루에서 상자가 발견되었는데, 그 속에서 금은전 24매, 원보(금·金, 은·银, 동·铜, 철·铁, 석·锡) 5종과 곡물, 명주실이 나왔다. 모두 붉은 비단으로 된 하다(哈达)에 싸여 있었다고 한다. 하다는 티베트족과 일부 몽골족들이 경의나 축하를 표시할 때 신에게 바치거나 귀한 사람에게 선사하는 긴 스카프이며, 주로 흰색이 많다. 금은전의 정면에는 한자로 '天下太

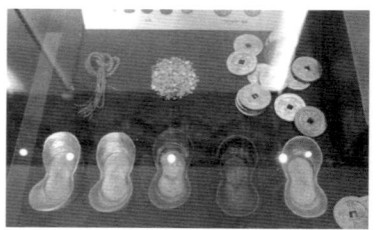

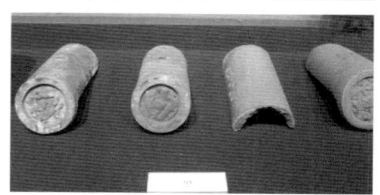

지붕의 기물

平' 자를 새기고, 뒷면에는 만문(滿文)으로 새겼다. 이 물건들은 천하태평(天下太平), 금은만고(金银满库), 오곡풍등(五谷丰登)을 상징한다. 그리고 지붕 용마루 양 끝에는 치문(鸱吻·zhiwen) 혹은 망새로 장식했다. 이들 장식은 권력의 상징이면서 기능성 장식이다. 기와 색깔은 중국 황실의 상징인 황색이다.

손중산과 중산공원

중산공원(中山公园), 베이징시 중심에 있는 황가 원림 중 하나다. 중산공원은 자금성 남쪽, 천안문 서쪽에 있고, 자금성과는 벽을 사이에 두고 있다. 면적은 23만km²이며, 명·청대 양대에 걸쳐 사직단(社稷坛)에 제사를 지냈던 황가 원림이다. 요대에는 이곳에 흥국사(兴国寺)라는 절이 있었는데, 원대에 오면서 만수 흥국사(万寿兴国寺)로 이름을 바꾸었다고 한다. 지금은 보이지 않는다. 경산공원에 있는 사직단은 명 영락 18년(1420년)에 황제가 토지 신과 곡물 신에게 제사를 지내던 곳이다. 사직이란 토지와 국가를 말한다. 명 영락 19년(1421년)부터 1,300여 번의 제사를 지냈던 곳이다. 제사 형식은 모두 유교적 절차를 따랐다. 그러나 19세기 중반, 아편 전쟁을 계기로 중국의 유교는 차츰 힘을 잃어 갔다. 본격적으로 신해혁명(辛亥革命)이 전개되면서 봉건 체제의 모든 것을 부정했다. 그 후 문화 대혁명이 시작되면서 낡고 오래된 것은 모두 버려야 한다는 계몽을 시작했다. 조상 위폐는 후손들이 직접 불태웠다. 제사도 지내면 안 되었다. 과학적으로 설명되지 않는 모든 것은 미신으로 보았고, 타파 대상이 되었다. 그 후 중국에서 유교적인 색채는 오랫동안 사라졌다. 그러나 최근 10여 년을 전후로 중국에 새로운 유교 바람이 일고 있다. 그 대표적인 예가 공자 되살리기다. 학교마다 공자 동상을 세우고 세계 곳곳에 공자 아카데미를 만든 것도 그런 의미다.

중산공원은 1914년 북양 정부 시절부터 시민들에게 개방되었다. 1925년에는 손중산이 죽었을 때 지금의 중산당(中山堂)에서 제사를 지냈다. 손중산은 중국 근대 역사상 가장 존경받는 인물로 중국 국부로 알려진 인물이다. 손중산을 기념하기 위해 1928년 그의 이름을 따서 중산공원으로 고쳤다. 공원 내에는 사직제단(社稷祭坛), 중산당(中山堂), 정자, 격언청(格言听), 혜방원(蕙芳园), 당화오(塘花坞) 등 많은 건축물이 있다. 중국 건축물은 『周礼』에 따라 '좌조우사(左祖右社)'의 원칙에 따랐다. 그리고 중국 공원에서 볼 수 있는 오래된 고수도 볼거리다. 요대부터 있었던 측백나무와 소나무들은 그 연수만큼이나 강한 기가 느껴진다. 고수들은 모두 이름표를 달았다. 붉은색은 300년 이상, 그 이하는 녹색 이름표로 표시를 했다. 고수를 감상할 때 이름표를 보고도 연수를 아는 방법이다. 베이징에 있는 고수들은 당대에 심어진 것도 있고, 요, 금, 원, 명, 청대에 심은 것이다. 현자들이 미래를 보고 대규모 식목을 했음이 분명해 보인다. 그러지 않고서는 이런 고수들이 존재할 리가 없다. 베이징은 6개 왕조가 머물렀던 고도다. 고수가 많은 것은 이상한 일이 아니다. 중국 사람들은 고수를 '活的文物', 즉 살아 있는 문화유산이며, 역사의 증거라고 말한다.

베이징시가 진행한 제2차 고수명목(古树名木) 조사에 따르면, 베이징시 전역에 분포된 고수는 18,235주라고 밝혔다. 나이가 가장 오래된 것은 약 3500년이며, 그중 300년 이상의 1급 고수는 2,310주다. 지금 있는 고수는 당, 요, 금, 원, 명, 청대에 심은 것이다. 이미 이들 고수는 사진과 바코드를 만들어 전집으로 보관하고 있다.[4]

고수를 보는 것도 중국 원림(공원)을 즐기는 또 다른 맛이고 즐거움이다.

2018년부터 공원 보호를 명목으로 인원 제한을 두고 있다. 입장료는 성인 일인당 런민비 3원이다. 중산공원은 1988년 국무원이 전국 중점 문물 보호 단위로 지정했고, 2002년에는 베이징시에서 가장 잘 운영되는 공원으로 지정했다. 봄, 여름에는 고수들이 내뿜는 무성하고 짙은 녹색 공원을 감상할 수 있어 찾는 사람이 많다.

---

4 출처: '北京娱乐信报', 2002년 11월 4일

또한, 공원의 운치를 더하는 정자와 건축물에서도 중국 전통의 맛을 느낄 수 있다. 아름답다. 오래 머물고 싶은 곳이다.

지단공원과 묘회 이야기

지단공원(地坛公园)은 베이징시 동성구 안정문외대가(北京市东城区安定门外大街)에 있다. 지단공원은 명 세종 가정제(嘉靖帝, 1522~1566년) 때 만들었으며, 1530년 5월 북쪽에 단을 만들고 이름을 지단(地坛)이라 불렀다. 다른 말로 방택단(方泽坛)이라고도 부른다. 제단 모양이 사각형이기 때문이다. 이는 하늘은 둥글고, 땅은 네모라는 중국 고대 건축법의 원리를 따른 것이다. 1951년 4월 네모 모양의 연못을 만들고 그 앞에서 토지신에게 제사를 지냈다. '동지에는 하늘에 제사 지내고(冬至祭天) 하지에는 땅에게 제사를 지낸다(夏至祭地)'라는 말은 이로 인해 생겨났다. 제수에는 송아지(犊·du), 돼지(豕·shi), 양(羊), 사슴(鹿) 등의 짐승을 올렸다. 황제는 제사를 지내는 동안 재궁(斋宫)에서 머물렀다. 재궁은 명대를 이어 청대 순치(顺治)제, 강희(康熙)제, 옹정(雍正)제, 건륭(乾隆)제, 가경(嘉庆)제가 제사를 지내기 전에 머물렀던 곳이다. 황지실(皇祇室)은 토지신의 신위를 모셔둔 곳이다. 토지신은 오악(五岳), 오진(五镇), 사해(四海), 사독(四渎·du), 오릉(五陵)을 말한다. 명·청 양대에는 해마다 지신에게 제사를 지냈다.

최근에는 이곳에서 묘회가 열린다. 묘회는 춘절이나 중추절에 열리는 대규모 축제다. 묘회가 열리는 곳은 많으나 그중 지단 묘회가 규모가 크고 사람도 많다. 그렇다면 묘회란 무엇이며 어떻게 시작되었을까? 묘회는 전통 시장과 비슷하다. 먹을거리 놀거리 구경거리가 한 공간에 있고 사람도 많기 때문이다. 묘회의 시작은 동한 시기로 알려져 있다. 불교와 중국의 토종 종교인 도교가 성행할 때, 불교 사찰이나 도교 도관에서 제사를 지내는 사람들이 몰려들었다. 이때 이들을 상대로 장사를 하려는 사람들이 사찰이나 도관 앞에 몰려들었다. 이것이 지금 묘회의 시작이라고 보는 사람이 많다. 시간이 흐르면서 가무와 잡기까지 등장하면서 더욱 확대되었고, 사람들도 더 많이 몰려들었다. 명·청 시대는 묘회의 목적이었던 제사나 종교 활동은 줄어들고, 오히려 물건을 사고파는 사람과 이를 구경하는 사람들이 더 많아졌다. 시간이 흐르면서 제사와는 상관없이 시장 형태가 이루어졌는데, 지금의 묘회가 되었다.

현재 중국의 묘회 활동은 전국적인 형태다. 중국은 땅이 넓고 다민족 국가다. 국가는 적극적으로 묘회를 확장하고 활성화하고 있다. 이런 장을 통해 전통문화를 알리는 것이다. 지단 묘회는 1985년에 처음 시작되어 해마다 진행되는 축제인 셈이다. 한마디로 중국식 문화 축제다. 최근에는 신문이나 TV를 통한 홍보도 활발하다. 가끔 중추절에도 묘회가 열리지만 춘절 묘회가 가장 크다. 보통 정월 초하루부터 5일간 진행된다. 해마다 찾는 사람들도 늘고 있다.

눈에 띄는 것은 가족 단위가 많은 것도 이 묘회의 특징이다. 나 또한 최근 몇 년간 묘회를 찾았다. 시민들의 위생도 질서도 많이 좋아졌다. 베이징시가 지속해서 음식 위생을 감시한 결과다. 볼거리도 해마다 늘어나고 있다. 해마다 지단 묘회를 찾는 사람의 수는 100만 명이 넘는다. 중국은 앞으로도 이런 기회를 통해 중국 문화를 알릴 모양이다. 사람들의 볼거리를 위해 국가는 인간문화재가 만든 공예품도 전시하고, 시민들의 체험 공간도 만들었다. 잊혀 가는 옛 것을 알리고 지키기 위해 국가는 애를 쓴다.

지단공원 입구

지단묘회

지단공원과 패루 이야기

지단공원 서문 입구에는 화려한 패루가 있다. 패루는 문형(門形)의 건축으로 패방(牌坊)이라고도 한다. 패루는 옛날 사당을 짓고 난 부속물로 지었다고 하여 건물 일부로 보는 경우가 많다. 베이징의 모든 원림 입구에는 패루가 있다. 패루는 권력의 상징물이다. 패루는 원래 봉건 사회에서 공헌을 한 사람이나 과거 급제를 한 사람, 충과 효를 다한 사람, 정절을 지킨 사람들의 공적을 기리고 널리 알려 교훈으로 삼고자 세운 것이다. 그래서 보통 마을 입구에 세워 사람들이 볼 수 있도록 했다. 이는 한국과도 상통하는 부분이다.

중국은 대부분 중요 건물 입구에는 패루가 있다. 고대 패루는 아무나 패루를 세울 수 있는 것이 아니었다. 패루는 권력의 상징 수단이었다. 패루는 묘(廟·사당)와 사(祠) 특히 황실의 건축물에는 반드시 패루를 만들어 세웠다. 사찰이나 황실 조상 제사를 지냈던 경산공원, 황실 조상의 위패를 모셔두었던 태묘, 황실에서 하늘과 땅에 제사를 지냈던 천단공원, 지신에게 제사를 지냈던 지단공원에서만 패루를 볼 수 있는 이유다. 패루도 건축 형식에 따라 방을 나누었는데, 보통 한 칸, 두 칸, 세 칸, 다섯 칸으로 나누었다. 재료는 보통 목조와 석재를 사용했다. 현재 만들어지는 패루는 대부분 미적 경관을 위해 세워지는 경우가 많다. 그리고 재료 사용에도 변화가 생겼다. 시멘트로 밑을 고정하고 머리 부분만 목재로 한 것이 많다. 바닥 부분을 목재로 하면 부식되거나 벌레가 먹기 때문이다.

패루는 최근 마을 입구에서도 볼 수 있다. 패루는 높고, 화려한 단청을 입힌 것이 일반적이다. 마을을 진입하는 사람들에게 마을 입구를 알리는 푯말이기 때문이다. 패루는 보통 마을 입구에 세우기 때문에 대문과 같은 역할을 한다. 중국 사람들은 대문을 중요한 공간으로 여겼다. 복이 대문을 통해 들어오고 나간다고 믿었기 때문이다. 그래서 중국 사람들은 대문을 높고 크고 화려하게 만든다. 대문은 집에 거주하는 주인의 신분과 부의 측도를 알리는 공간이라는 인식 때문이다. 중국 사람들은 돈을 벌면 제일 먼저 대문부터 화려하게 만드는 것도 그런 이유다. 지금도 농촌에 가면 집의 크기에 비교해 대문이 넓고 높은 것을 볼 수 있다. 패루 또한 최근 마을 입구에 세우고 있다. 이 또한 최근 유행처럼 번지고 있다.

태양신과 일단공원

일단공원은 베이징시 조양구조 외일단북로 6호(北京市朝阳区朝外日坛北路6号)에 있으며, 베이징의 중심이다. 일단공원은 국가 3A급 관광지이며, 2006년 5월 25일 명·청대의 고건축물로서 전국 중점 문물 보호 단위(全国重点文物保护单位)로 지정했다. 이곳은 명소지만 외국인은 보이지 않는다. 대부분 공원 주위의 시민들이다. 일단공원은 명·청 양대 황제가 대명 신인 '태양'신에게 제사를 지냈던 장소다. 명·청 양대에 걸쳐 춘분(春分)이 되면 태양신에게 제사를 지냈다. 제수용으로 송아지(犊·du), 소(牛), 양(羊), 돼지(豕·shi)를 썼다. 『明会要』의 기록에 따르면, 황제는 제사를 지낼 때 홍색 옷을 입었다고 한다. 홍색은 태양의 상징이기 때문이다. 일단(日坛)은 조일단(朝日坛)이라고도 불렀다. 원래 명대 때 이곳은 군사 정보를 수집하던 정보기관이었다가 명 가정 9년(嘉靖九年,

1530년)에 수리하여 제단을 만들었다. 서쪽에는 제단을 만들고 황제가 들어오는 동쪽 문에서부터 제단까지 어로를 걸어 들어갔다. 현재 이곳은 자물쇠로 잠겨 있어 제단 안을 들어갈 수 없어 조금 아쉬웠다. 제단은 서쪽을 향하고, 한백옥석으로 만든 제단 위에 있다. 제단 바닥은 시대마다 달랐다고 하는데, 명대에는 태양의 상징인 홍색 유리로, 청대에는 홍색 바닥을 없애고 벽돌로 사각형을 만들었다. 태양신에게 공식적으로 제사를 지낸 시기는, 명융경원년(明隆慶元年, 朱載垕, 1567年)으로 본다. 그 후로도 명 숭정(崇禎), 청 건륭(乾隆), 가경(嘉庆), 도광(道光)제를 이어 태양신께 제사를 지냈다. 마지막으로 제사를 지냈던 시기는 도광제 23년(1843년)으로 전한다. 그 후 제사를 소홀히 하면서 이곳 또한 관리가 소홀해졌다. 최근 중국이 문화재에 관심이 높아지면서 다시 관리하고 보호에 나섰다. 문화재 보호는 사람들의 인식 변화에서 시작되는 일이다.

공원을 돌다 보면 그 당시 제수용 짐승을 잡았던 재생정(宰牲亭)과 주방 건

일단공원 제단

물도 볼 수 있다. 황제가 제사를 지내기 위해 환복을 하던 곳, 제사 용품을 보관하던 곳, 신을 모셔 두었던 건물들이 아직 남아 있다. 그러나 개방이 되지 않아 내부를 볼 수 없어 아쉬웠다. 그나마

문틈으로 한백옥석의 옛 제단을 볼 수 있어서 허탈한 마음을 달랠 수 있었다. 앞으로 시간이 더 지나면 국가가 수리하여 외부에 공개할 것이라는 기대를 해 본다. 일단공원은 이화원과는 비교할 수 없이 작은 공원이다. 그러나 주변 사람들에게 휴식 공간이 된다니 위안이 된다. 건조하고 먼지 많은 베이징에서 이런 공원이 있다는 것만으로도 행복한 일이다.

달신과 월단공원

2019년 11월 13일 집을 나서려니 5~6급 바람이 불어 제법 쌀쌀한 날씨다. 베이징 날씨는 바람이 불면 눈을 뜨기조차 힘들다. 먼지와 황사까지 겹치면 그야말로 문밖을 나오지 않는 것이 좋다. 그러나 물러설 수 없다. 중국 짬밥이 얼마

월단공원

인데. 오늘은 청대 황제가 달에게 제사를 지냈다던 월단공원을 향했다. 위치는 서성구월단북가 6호(西城区月坛北街6号)에 있다. 월단공원(月坛公园)의 원래 이름은 석월단(夕月坛)이며, 옛날 달에게 제사를 지내던 곳이다. 명 가정 제9년(明嘉靖帝九年, 1530년)부터

월단공원 시민들

명신(明神, 태양)과 하늘의 별에게 제사를 지냈던 곳이다. 그러다 청 말이 되면서 사라졌다. 그 후 국민정부 시절에는 이곳에 일본군들이 주둔하기도 했다. 지금 월단공원에는 다른 원림에 비해 고목이 적은데, 그 이유가 일본군들이 나무를 베어 내었기 때문이라고 한다. 진실을 밝힐 수는 없으나 입구 표지판에 그렇게 기록하고 있다. 지금의 모습은 중국인민공화국이 성립된 후, 서서히 수리와 보수를 거친 것으로 보인다. 당시 문화 대혁명이 시작되면서 월단공원 내의 모든 건축물도 함께 파괴되었다. 그 후 1969년 공원 내에 텔레비전 위성 철탑을 세우면서 모조리 사라졌다고 한다. 실제로 제단이 있었던 자리에 철탑이 아직도 남아 있다. 그 당시 제단 앞에 있었던 석 대가 남아 있어 제단 자리라는 것을 확인할 수 있었다. 그 당시 종과 같은 철로 된 물건은 모조리 무기를 만드는 공장으로 갔고, 제사를 지내던 제단 주위는 담벼락을 허물고 개인 주택을 지었다. 1958년 한솥밥 시대의 영향은 곳곳에 남아 있다. 한솥밥 시대는 1958~1960년 마오쩌둥이 소련식 공업화가 초래한 사회·경제적 문제를 해결하기 위해 주도한 생산력 증대 운동이다. 집안의 솥과 농사를 짓던 농기구도 모조리 무기를 만드는 공장으로 갔던 시대 이야기다.

베이징은 계획도시다. 자금성을 기준으로 주요 건축물은 중축 선을 따라 건축되었고, 동서 대칭 구조다. 서쪽에 월단공원, 동쪽에는 일단공원이 있다. 동쪽의 일단공원은 태양에게 제사를 지내던 곳이며, 월단공원은 달에게 제사를 지내던 곳이다. 월단공원의 제단은 사라지고 없다. 다행히 일단공원의 제단이 남아 있어 제단의 형태를 알 수 있다. 월단과 일단은 위치만 다를 뿐 제단의 형태는 비슷하기 때문이다. 1978년 문화대혁명이 끝나고 정부에서는 월단공원에 나무와 꽃을 심고 호수를 조성하여 시민들의 휴식 공간이 되었다. 베이징의 모든 황가 원림이 시간의 차이를 두고 모두 대중에게 개방되었다. 월단공원도 마찬가지다. 2006년 5월 25일 월단공원을 전국 중점 문물 보호 단위로 지정했다. 이 시점을 기준으로 중국의 중점 문물이 엄청나게 늘어났다. 그동안 누구나 출입할 수 있고 만질 수 있었던 많은 문화재가 쇠창살로 둘러쳐지고 쉽게 만질 수 없도록 했다. 중국이 문화재에 대한 인식이 달라졌기 때문이다. 중국이 문화재와 문화 보호에 관심이 높아진 것은 무엇보다 2005년 한국 강릉 단오제 세계 무형 문화유산 등재와 무관하지 않아 보인다. 이 일로 중국은 각성하는 계기가 되었다. 문화를 바라보는 시각이 달라졌다. 그 후 베이징에는 많은 문화재가 전국 중점 문물로 지정되고 보호되기 시작했다.

원명원 이야기

2019년 3월 봄이다. 어제 단비가 내린 탓인지 공기가 깨끗하고 상쾌하다. 햇볕도 제법 따뜻하다. 이런 날 집에 있으면 후회할 것 같아 물과 과일 카메라를 들고 길을 나섰다. 아침 러시아워가 적용되어 차비가 많이 나왔다. 중국은 웨이신(微信) 프로그램, 디디추싱(滴滴出行) 앱을 이용하면 원하는 곳으로 데려다준다. 편리하다. 이런 앱을 이용하지 않고 무작정 택시를 기다렸다간 언제 차를 탈지 모른다. 그만큼 애플리케이션 사용이 보편화되었다. 차량도 원하는 대로 6인승, 4인승, 보통, 고급 등 다양하다. 선택의 폭이 넓다는 말이다. 차량의 종류는 일반 택시와 콰이처(快车)가 있다. 콰이처는 일반 개인이 영업하는 차량으로 사고가 발생하면 법적 보호는 받기 어렵다. 결제 방식은 차를 부를 때 사용했던 핸드폰으로 자동 결제되는 시스템이다. 내릴 때 그냥 내리면 된다. 그리고 중국은 카드를 거의 사용하지 않는다. 이런 상황을 보면, 중국은 새로운 기술을 받아들이는 속도가 우리보다 빠른 편이다. 중국에서 잘 살아가려면 이런 신문물도 빨리 학습하고 적응해야 한다. 그렇지 못하면 일상생활도 불편해지기 때문이다. 콰이처와 일반 택시 모두 웨이신 결재가 가능하다. 콰이처는 중간에 고객과 기사를 연결해 주는 플랫폼이 따로 있다. 비용 일부는 중간 플랫폼이 가져가는 방식이다. 요금은 콰이처가 일반 택시보다 조금 저렴하다. 그러나 사고의 위험을 고려하면 일반 택시를 이용하는 것이 좋다고 말하는 사람도 있다. 만일을 생각해서다. 그러나 일일이 그런 것을 따지는 중국 사람은 거의 없다. 예약과 결제 시스템은 편하고 시간도 절약된다. 만약 통장에 잔액이 없거나 지급이 안 되었다면 다음에 이용할 때 제약이 따른다. 웨이신은 은행과 연동되어 있어서 요금 문제로 다투거나 요금을 안 내었다고 걱정하는 기사는 없다. 중국 웨이신은 한국뿐 아니라 해외 어디서나 이용할 수 있는 편리한 결제 방식이다. 중국의 소비 결제방식의 변화는 정말 빠르다. 그리고 편리하다. 중국은 매일 변하고 있다. 중국에서 현금 보기가 힘들어진 것도 이런 결제 방식 때문이다.

원명원

드디어 원명원에 도착했다. 원명원(圓明园)은 베이징시 해정구 청화서로 28호(北京市海淀区清华西路28号)에 있는 황가 원림이다. 강희제 때부터 옹정 2년(雍正2年, 1724년)까지 지어진 대표적인 원림 중 하나다. 청 왕조가 막을 내릴 때까지 많은 황제가 가장 많이 머물렀던 곳이기도 하다. 원명원을 설계한 사람은 뇌김옥(雷金玉)이라는 사람이다. 그가 자금성을 수리할 때 그 모습을 지켜본 옹정제가 그에게 원명원을 설계하도록 했다. 건축할 때 가장 많이 신경을 썼던 부분은 역시 중축 선이다. 원명원도 자금성도 중축 선을 따라 건축한 것이 특징이다. 베이징 중축 선은 원대도(元大都)에서 시작되었으며, 명·청대까지 중축 선을 따라 동서 대칭 구조를 기본으로 하였고, 건축물 또한 동서 대칭으로 설계했다. 그래서 베이징의 대부분 주요 건축물은 이 중축 선상에 놓여 있고 대칭을 이루고 있다. 명·청대 베이징의 중축 선은 남으로는 용정문(永定门), 북으로는 종루(钟楼)로 이어져 있고, 직선거리는 7.8km이다. 북쪽 중추 선은 베이징 북삼환(北三环)의 북신로(北辰路)를 이어 사환(四环)으로 이어진다. 이 북쪽 중축 선상에는 2008년 개최된 올림픽 주경기장(鸟巢, 냐오차오)이 있다. 베이징 올림픽 경기장을 지을 때 이미 중축 선을 고려한 것이다. 베이징의 중축 선은 경산공원 정상에 있는 만춘정(万春亭)과 경산공원의 수황궁(寿皇宫, 황실 조상의 제사를 지내던 사당), 그리고 자금성, 올림픽 주경기장이 모두 중축 선상에 놓여 있다. 수황궁은 원래 경산공원의 동북쪽에 있었는데, 중축 선을 따라 100여m 옮겨 온 것이다. 중축 선에 놓인다는 것은 등급이 가장 높다는 뜻이며, 권력의 상징이자 힘의 상징이고 영원함의 상징이다. 지금도 중국은 중축 선을 지키려고 애쓰고 있다.

원명원은 전형적인 중국 전통 원림 형태를 갖춘 곳이다. 그러나 원명원 또한 1860년 파괴되는 아픔을 겪었다. 중국 사람들은 만약 이 원명원이 소실되지 않았다면 자금성과 더불어 중국 최대 박물관이자 도서관이 되었을 것이라고 말한다. 그래서 안타까운 심정을 드러내는 사람도 많다. 현재 과거를 알리고 애국심을 기르기 위한 학생들의 애국 교육 기지로 활용하고 있다.

원명원은 '원명원, 장춘원, 기춘원'으로 나누는데, '원명삼원'이라고 부른다. 원명원은 청대 가장 큰 황가 원림이며, 베이징의 서북쪽에 있고 이화원과 인접해 있다. 그리고 원명원 주위에는 별이 달을 감싸듯 작은 원림들을 많이 만들었다. 그리하여 원명원을 만원지원(万园之园)이라고도 부른다. 원명원의 총면적은 3.5km²이며, 건축 면적은 20만m²이며, 경관도 아름답다.

원명원은 청왕조의 기질과 깊은 관계가 있다. 17세기 중엽, 만주족이 중원을 차지하여 청 왕조를 세웠다. 원래 청대 통치자는 동북 지방에서 기후가 시원한 환경에서 살았던 유목민이었다. 그들이 바로 누르하치와 황타이지다. 그들은 베이징 날씨에 적응하기 어려웠을 것이다. 베이징 지역이 약간 분지형으로 여름은 무덥고, 겨울은 건조하기 때문이다. 특히 강희제 초기에는 자금성이 불타면서 방화를 목적으로 성벽을 높이 쌓았다. 이 또한 호방한 기질의 만주족들에게 자금성은 답답했을지도 모른다. 그래서 강희제 초년부터 곳곳에 원림을 만들었다. 지금의 원명원은 몇 차례의 보수와 수리를 거쳐 복원된 형태다.

강희제 48년(1709년)에 창춘원을 강희제 넷째 아들 윤진(胤禛)에게 하사했다. 원명원이라는 말은 강희제가 붙인 이름이다. 강희제가 하사했다는 편액에는 원명(圓明)이라고 적혀 있다. 원(圓)은 인품과 덕이 충만하고 부족하지 않은 사람이 되라는 뜻이며, 명(明)은 정치 업적을 빛내는 황제가 되라는 뜻이다. 한마디로 원명은 봉건 시대 통치자가 가져야 할 명군으로서의 이상적인 모습을 담고 있다. 원명원의 남쪽 문으로 들어가면 먼저 기춘원이 보인다. 중간에 창춘원과도 통한다. 4~5월이 되면 연못에 있는 연꽃과 수련을 보려고 많은 사람이 이곳을 찾는다. 중국 원림의 구성 요소를 보면, 일반적으로 호수와 고수, 그리고 화려한 단청의 건축물 그리고 정자가 있다. 이런 조합은 전형적인 중국식 원림의 모습이다. 그리고 동쪽을 향하면 서양루를 만난다. 서양루 앞에는 미로가 있고, 미로 뒤에 있는 하얀색 건물이 바로 서양루다. 서양루는 원명원의 동쪽 끝에 있으며, 서양의 바로크 양식을 한 석제 건물이다. 이 서양루를 바라보는 중국 사람들의 시선이 왠지 따갑다. 중국 사람들은 원명원이 보존되었더라면, 아시아에서 가장 큰 박물관이 되었을 것이라며 안타까워한다. 모든 건축물이 흔적 없이 불타버렸기 때문이다. 원명원은 청대 황제들의 별궁이었다. 실제로 청대 가장 번성기였던 강희제 용정제 건륭제가 많은 시간을 이곳에서 보냈다. 원명원은 자금성과 가까이 있다. 호탕한 기질의 만주족이 옹벽으로 쳐진 자금성에서의 생활이 답답할 때 이곳을 찾아 마음을 달랬을 것이다. 원명원은 서북쪽으로는 산들이 병풍처럼 처져 있어 공기도 맑다. 원명원에서 보낸 시간을 보면 용정 12년에 355일을, 건륭제 126일, 도광제 260일이다. 함풍제는 1860년 피서 산장으로 가기 전까지 7년 동안 이곳에서 지냈다고 하는데, 연평균 217일이라고 한다.

원명원에 새겨진 비석 설명 중에, 청 건륭제 24년(1759년)에 건립되었다는 대수법(大水法)이 인상적이다. 대수법이란, 중심 건물 앞에 사자 머리 모양을 한 분수가 7개 있었는데, 물의 양에 따라 물이 퍼지는 모습이 달랐다고 한다. 분수가 퍼지는 모습이 마치 커튼처럼 보인다 하여 물커튼(水帘·shuilian)이라 불렀다. 중앙에는 타원형으로 된 국화 모양의 분수가 있고, 못 중심에는 꽃사슴 뿔에서 물이 뿜어져 나와 팔방으로 흩어져 나가도록 설계되었다. 양쪽에는 동으로 만든 10마리의 개가 있고, 개의 입에서 사슴이 있는 곳을 향하여 물이 분사되는 형상이다. 개가 꽃사슴을 사냥하는 모습을 연출한 것이다. 이것을 중국어로 엽구축록(猎狗逐鹿)이라고 한다. 청대에 이곳은 자연림이었고, 동물들이 뛰어노는 곳이었다. 그리고 이곳에서 활쏘기와 수렵도 즐겼다. 오랜만에 찾은 원명원이다. 10년 전과는 다른 모습이다. 내가 처음 이곳에 왔을 때는 아무것도 없었다. 그러나 최근 조금씩 옛 모습을 찾아 다듬고 있다. 사라졌던 석대 조각도 몇 개씩 가져다 놓았다. 건물들도 단청을 입혀 일부 복원되었다.

벚꽃과 옥연담

2019년 3월 23일 날씨가 화창하다. 옥연담 또한 베이징시해정구서3환중로10호(北京市海淀区西三环中路10号)에 있는 황가 원림 중 하나다. 옥연담은 베이징을 대표하는 벚꽃공원이다. 그래서 벚꽃 철이 되면 옥연담 벚꽃 소식이 제일 먼저 TV나 인터넷을 통해 알려진다. 평소에는 입장료가 2원이다. 그러나 봄 벚꽃 철, 3~4월이 되면 10원의 입장료를 받는다. 그러나 옥연담은 외국인들에게는 다소 낯선 곳이다. 2010년 4A급 공원으로 승격되면서 시설이나 환경도 더 좋아졌다. 동문 입구에는 국빈들이 머무는 어조대 호텔이 있고 CCTV 탑이 바라다보인다. 동서 너비는 1,820m, 동북의 거리는 11,106m다. 전체 면적은 136.69ha다. 규모가 이화원의 1/2 면적이라고 하지만 절대 작지 않은 공원이다. 옥연담은 금나라 때 만들어졌으며, 베이징의 서북쪽에 있는 비교적 오래된 공원이다. 청 건륭 38년(1773년)에 이곳에 땅을 파서 호수를 만들고, 향산에서 물을 끌어와 채웠다. 하단부에는 물을 가두어 호수를 만들고, 동쪽에는 황제가 순행 시에 머물도록 이궁을 지었다. 1958년에는 이곳에 원림 수산 사무실을 만들어 수산 양식을 시작했다. 1960년 이후부터 일반인에게 개방했다. 1980년부터 옥연담 공원을 '옥연담어린이공원'으로 부르며, 일부 공간을 청소년 활동 기지로 활용하고 있다. 1990년 이후에는 이곳에 2,000여 묘의 벚꽃을 심었는데 지금 그 효과를 보고 있다. 봄이 되면 많은 사람이 벚꽃을 보기 위해 이곳을 찾고 있기 때문이다. 무엇보다 옥연담 호수는 물이 맑고 유난히 쪽빛이 인상적이다. 물가에 앉아 직접 물을 만질 수 있을 정도로 호수가 낮은 것도 특징이다.

베이징에 있는 공원이나 원림들은 대부분 황가를 위해 만들어졌다. 황가 원림으로 지어졌기

옥연담

때문에 규모도 크다. 원래 베이징에 있는 원림들은 황제들의 휴식를 위해 만든 행궁(行宮)이었다. 풍수가 좋고 물과 나무가 있는 좋은 환경에는 곳곳에 황가 원림을 지었다. 중국은 건물을 크게 짓고 웅장하게 만드는 것을 국가의 통치 수단으로 여겼다. 원림도 마찬가지 아니었을까? 크고 화려하고 웅장해야 황가의 권위가 지켜진다고 여겼던 모양이다. 사실 옥연담은 한국인들이 모여 사는 왕징과는 정대각 선상에 있다. 찾아오기가 쉽지 않은 거리다. 그러나 지하철이 연결되

면서 접근성이 좋아졌다. 오래 살았다고 베이징을 다 아는 것은 아니다. 마음먹고 찾아보아야 알 수 있다. 옥연담은 또 다른 황가 원림을 느낄 수 있는 곳이다. 봄의 벚꽃보다 마음을 설레게 한 것은 넓은 호수의 쪽빛 물이다. 해가 넘어갈 즈음 멀리 바라다보이는 석교와 쪽빛 물이 쉽게 가시지 않는다. 또 가 보고 싶은 베이징 명소다.

천신과 천단

2019년 5월 16일 천단공원(天坛公园)을 찾았다. 천단은 명·청대 황제들이 하늘에 제사를 지내던 장소다. 베이징 제단 중에 천단이 가장 먼저 만들어졌다. 황제 스스로 천자라 칭하고, 하늘과 통할 수 있는 천단을 만들어 하늘과 통하고자 했다. 중국 역사 속에서 하늘은 양이며 높고 귀한 존재로 여겼고, 반대로 땅은 음이며 낮고 천한 존재라 여겼다. 그러므로 하늘, 천자, 어버이, 남자는 양(陽)과 동류로 보고, 땅, 신하, 아들, 여자는 음(陰)과 동류로 보았다. 동중서(董仲舒)[5]는 이러한 이치가 정치, 윤리, 예의 같은 모든

---

[5] 동중서(B.C.179~B.C.104) 전한 시기 유학의 대표적 인물로 한경제(汉景帝) 때에 유가 경전을 강의하는 스승이라 하여 박사로 불렸다. 현재 전하는 저서로는 『춘추번로(春秋繁露)』, 『한서(汉书)』, 『동중서전(董仲舒传)』에 기재된 '거현량대책(举贤良对策)'이 있다. 이것들은 모두 동중서의 철학 사상 연구의 직접적인 자료라는 점에서 중요하다. 『중국 문화의 이해』, 을유 문화사, 1950, p92. 한대의 동중서는 하늘을 통해야 천인의 감응을 받을 수 있으며 장기적인 정권을 유지할 수 있고 하늘과 사람이 서로 통할 때, 즉 천일 합일(天人合一)이 될 수 있다고 보았다. 이것은 중국 문화뿐 아니라 중국 철학의 기본정신이며 중국 문화의 특징이라 할 수 있다.

분야에서 기초가 되어야 함을 『춘추번로』에서 주장하고 있다. 천지가 만물 인간을 생육하는 일이나 인간이 자신이 나온 근본인 천지에 제사하는 것, 신하가 군주를 섬기고 백성이 충성을 다하는 것 모두 양을 높이고 음을 낮추는 양존음비(陽尊陰卑)의 우주 원리에 부응한다고 여겼다. 이러한 음양 사상이 황제를 천자로 만들고, 황제의 권위를 최고로 만들어 버리는 굳건한 사상이 되었다. 하늘에 대해 더 궁금한 것이 있으면, 김일권 님의 『동양 천문사상 하늘의 역사』를 참고하기를 바란다.

2019년 5월 16일 천단공원(天坛公园)을 찾았다. 천단은 명·청대 황제들이 하늘에 제사를 지내던 장소다. 베이징 제단 중에 천단이 가장 먼저 만들어졌다. 황제 스스로 천자라 칭하고, 하늘과 통할 수 있는 천단을 만들어 하늘과 통하고자 했다. 중국 역사 속에서 하늘은 양이며 높고 귀한 존재로 여겼고, 반대로 땅은 음이며 낮고 천한 존재라 여겼다. 그러므로 하늘, 천자, 어버이, 남자는 양과 동류로 보고 땅, 신하, 아들, 여자는 음과 동류로 보았다. 동중서는 이러한 이치가 정치, 윤리, 예의 같은 모든 분야에서 기초가 되어야 함을 『춘추번로』 곳곳에서 주장하고 있다. 천지가 만물 인간을 생육하는 일이나 인간이 자신이 나온 근본인 천지에 제사하는 것, 신하가 군주를 섬기고 백성이 충성을 다하는 것 모두 양을 높이고 음을 낮추는 양존음비(陽尊陰卑)의 우주 원리에 부응한다고 여겼다. 이러한 음양 사상이 황제를 천자로 만들고, 황제의 권위를 최고로 만들어 버리는 굳건한 사상이 되었다. 하늘에 대해 더 궁금한 것이 있으면, 김일권 님의 『동양 천문사상 하늘의 역사』를 참고하기를 바란다.

천단공원은 세계 문화유산으로 지정되어 세계 사람들이 가장 많이 찾는 곳 중 하나다. 현재 국가급 5A 관광지이며, 전국 문명 관광 시범 지역이다. 위치는 베이징시동성구천단동리갑1호(北京市东城区天坛东里甲1号)에 있다. 전체 면적은 273km²이다. 천단공원은 명 영락제 18년(1420년)에 건립되었고, 청 건륭제와 광서제 때 재건되었다. 명·청대 황제가 이곳에서 풍년을 기원하며 하늘에 제사를 지냈던 곳이다. 건축물들은 황제의 권위를 상징하듯 위엄이 있고 웅장하다. 천단이라는 명칭은 기곡(祈谷)과 원구(圜丘)의 두 제단을 통칭하여 부르는 말이다. 제단은 두꺼운 이중벽으로 둘러싸고 있으며, 단은 내와 외로 구분한다. 제사를 지내는 곳은 내단이며, 내단의 사방에는 문이 있다. 두 개의 제단을 잇는 석대는, 길이 360m 너비 28m 높이 2.5m의 벽돌로 만들어졌다. 이것을 '신도(神道)' 혹은 '해만대도(海墁大道)' 또는 '단벽교(丹壁桥)'라고 부른다. 이것은 하늘에 이르는 길이 길다는 것을 상징적으로 보여 주는 것이다.

천단은 원구(圜丘)단과 기곡(祈谷)단을 통칭해서 부르는 말이다. 원구단(圜丘坛)은 남쪽에 기곡단(祈谷坛)은 북쪽에 있으며 남북 중축 선에 있다. 원구단 내의 주요 건축물은 원구단과 황궁우(皇穹宇)가 있고, 기곡단 내에는 기년전(祈年殿) 황건전(皇乾殿) 기년문(祈年門)이 있다. 기년전 내부에는 기둥이 많은데, 각각 의미가 있다. 4개의 기둥은 4계절을, 12개의 기둥은 일 년 12달을 뜻한다. 제단은 이중으로 되어 있고, 내외 계단이 있으며, 제단의 벽은 남쪽은 사각형 북쪽은 둥글다. 이는 천원지방(天圓地方)의 의미다. 땅은 직사각형이며, 하늘은 둥글다는 것을 표현한 것이다.

기년전

천단의 전체 구조를 보면, 제사를 지내는 제단이 있는 원구단이 중심이고, 나머지 건축물들은 모두 제사를 위한 준비 공간이다. 원구단은 남쪽 중축 선상에 있는데, 이곳에서 하늘에 제사를 지냈다. 천단에는 큰 건물 외에도 72개의 방이 있고, 제물을 준비하던 신주(神廚), 제물을 잡는 제생정(宰牲亭)이 각각 따로 있다. 내부 제단 중 남쪽에는 '재궁(齋宮)'이 있다. 이곳은 황제가 제사를 지내는 동안 머물던 곳이다. 재생정(宰牲亭)은 동문에서 들어가면 오른쪽에 있는데, 제수에 필요한 짐승을 잡던 곳이다. 제수용 짐승은 천단공원 서남쪽에 공간을 두고 따로 길러서 사용했다. 모든 제수는 제단과 가까이 있는 공간 안에서 만들어 올렸다. 그만큼 신선한 재료를 정갈하게 올렸다는 말이 된다. 동문으로 들어가서 먼저 재생정을 본 후, 긴 장랑을 따라가면 오른쪽에 제수 음식을 만들었던 북신주(北神廚)가 나온다. 준비된 음식들은 마지막으로 황제의 확인을 받은 후 제수상에 올렸다.

고대 중국 사람들은 모든 자연에는 신이 있다고 믿었고, 그 신과 인간이 혼합체이기를 원했다. 그것을 천신이라 여겼고, 시간이 흐르면서 하나의 신앙이 되었다. 사람들은 당 태종 주원장 건륭제 강희제 칭기즈칸과 같은 뛰어난 황제들은 모두 천명을 받아 이 땅에 왔다고 믿었다. 중국 황제들이 하늘에 제사 지냈던 역사는 상조(商朝, 기원전 1500~1046년)라고 전한다. 그 이전에도 있었는지 아무도 알 수 없으나, 고고학적 연대를 확인할 수 있는 시기가 상조 시기이기 때문이다. 이때부터 하늘에 제사를 지내는 일은 가장 중요한 일이었다. 황제는 스스로 천의 아들이라 여기며, 나라의 운명을 책임져야 한다고 여겼다. 황제는 유일하게 하늘과 통할 수 있는 자로 하늘에 빌면 모든 것이 이뤄질 것이라 믿었다.

고대 제왕들은 자신을 '천자'라고 칭하고, 그들 자신도 하늘을 받들었다. 그리고 제단을 만들어 하늘과 땅의 신에게 제사를 지냈다. 가정 제9년(1530년, 嘉靖九年)에 가정제는 "옛사람들이 말하기를 원구(圓丘)에서 천신에게 제사를 지내고 방구(方丘)에서는 지신에게 제사를 드립니다. 구(丘)는 둥글고 높으니 하늘과 같습니다"라는 대신들의 말을 듣고 제단을 만들었다. 그 후 황제는 하늘과 땅에 제사를 지냈다. 그 후 남쪽에 둥근 원구단을 지어 하늘에 제사 지내고, 북쪽에 방택단(方泽坛)을 지어 땅에게 제사를 지냈다. 가정 제 13년(1534년)에 원구를 천단이라 하고, 방택을 지단이라 불렀다. 지단은 지금의 베이징시 안정문외(安定门外)에 있는 지단공원(地毯公园)을 말한다. 지금 우리가 볼 수 있는 천단공원의 원구단과 지단의 방구단은 천원지방(天圆地方)에 따른 것이다. 하늘은 둥글고 땅은 네모라는 뜻이다. 천단공원에는 청색 유리기와와 지단공원의 황색 유리기와는 하늘은 푸르고 땅은 황색이라는 천청지황(天青地黄)을 상징한다. 하늘이 있으니 땅이 있다고 보았다.

천단공원은 1900년 팔국 연합군이 이곳에 사령부를 설립했다. 표지판에는 그 당시 그들에 의해 제사 용품들도 수탈되고, 건축물과 수목들도 모두 파괴되고 베어졌다고 적어 놓았다. 현재 우리가 보는 천단공원은 1949년 중화인민공화국 성립 후, 정부의 투자로 복원된 모습이다. 천단공원에는 200년 이상 된 고목 2,000여 그루가 넓은 공원을 채우고 있다. 그중 측백나무 군락은 볼만하다. 비록 고수가 많이 베어졌다는 기록은 있지만 지금 관리되고 있는 고수들만 보아도 놀랍고 부러울 정도다. 어떻게 언제 심었는지는 정확히 알 수 없으나 베이징의 대부분 황가 원림에서 볼 수 있는 것은 고수다. 이는 중국이 고수에 대한 별도의 관리가 있었기에 가능한 일이라 생각된다. 천단공원은 1961년 국문원에 의해 '전국 중점 문물 보호 단위'로 지정되었고, 1998년 '세계 문화유산'에 등록된 유명 관광지다. 2007년 5월 8일 국가 여행국에 의해 국가가 지정한 5A급 관광지로 국가와 시 정부의 보호와 관리를 받고 있다. 여름에 가면 천구단 앞에 핀 장미 정원도 볼거리다. 천단공원은 관광지 중 최고 등급을 자랑한다. 베이징에 있는 많은 황가 원림이나 고대 제단들은 모두 복원을 마쳤다. 국가의 엄청난 투자가 있었기에 가능한 일이다.

21세기를 살아가는 지금도 중국 사람들은 중국이 최고라고 믿고 있다. 2019년 10월 1일 건국 70주년 행사에서도 중국이 세계 최고라는 것을 만방에 알리는 데 성공했다. 무엇보다 2009년 중국 건국 60주년과 달라진 것에서도 알 수 있다. 이번 행사에서는 무엇보다 과시의 수단으로 신무기를 대거 등장시켰다. 그중 가장 인상적인 것이 바로 동펑(东风) 41호 미사일이다. 이들 무기는 그동안 선보이지 않았던 신기술로 만들어진 새로운 무기다. 70주년 행사는 과거 그 어떤 행사보다 내용도 풍부하고 규모도 컸다. 내가 중국에 살면서 보아 왔던 20~30년 전과는 비교도 할 수 없다. 70주년 행사 참여 인원만도 60주년 행사 때와 비교하여 최소 5배는 많을 것이다. 중국은 이번 기회에 군사력과 경제력 그리고 인민의 지지를 받는 국가의 힘을 세계에 알린 셈이다. 이제 중국은 무서울 것이 없다. 경제 성장률 세계 최고를 자랑하는 중국이 무엇이 두렵겠는가? 2019년도 경제 성장률 6.1%라고 발표했다. 경제 불황이라는 떠도는 소문과는 달리 중국이 여전히 고속 성장을 하고 있고 발전 가능성이 있음을 보여 주었다. 이날 시진핑 주석은 세계 평화를 안정적으로 지켜나가겠다는 강한 메시지를 세계에 선포했다.

중국은 1911년 쑨원(1866~1925년)이 주도한 신해혁명 전까지 중국은 夏, 商, 周, 秦, 漢, 隋, 唐, 宋, 元, 明, 靑에 이르기까지 그들은 독자적인 '왕조(王朝)'의 명칭을 사용하였다. 그 후 새로운 중국 중화인민공화국이 건국되면서 중화라는 말을 사용하기 시작했다. '중화'는 '세계의 중심'이라는 의미를 뜻한다. 중국은 국민의 단결이 필요할 때 사용하는 단어들이 있다. 바로 '중국(中國)', '중화(中華)', '화하(華夏)'가 그것이다. 중국 인구 14억이다. 이 거대한 국가가 지금도 화합을 강조하는 데는 그만한 이유가 있다. 최근 홍콩 사태가 그 한 예일 것이다. 중국은 내적으로는 단결과 화합을, 외적으로는 세계의 최고가 되고자 하는 강한 메시지를 중화라는 이름에 담고 있다. 황제 시절에는 황제가 하늘과 통하고 하늘과 동등한 위치에 있다고 믿었다. 그리고 황제는 세상의 풍운우사(风云雨水)를 통제할 수 있는 전능자였다. 그러나 이런 전능한 황제도 하늘에 제사 지내는 일에는 극히 경건했다. 하늘에 제사를 지내는 날이면 목욕재계하고 음식도 가리고 잠자리도 가렸다. 그만큼 황제가 자연의 존재를 믿고 의지했다는 말이다. 황제는 자신의 권력이 아무리 하늘을 찔러도 자연이라는 거대한 존재 앞에서는 순응했던 것이다. 황제는 유일하게 하늘에 제사 의식을 행할 때, 바닥에 황토를 깔고 향을 피웠다. 이 또한 경건함의 표현이었다. 황제는 유일하게 하늘에 제사 지내는 일에 온 정성을 쏟았다. 하늘과 통할 수 있는 유일한 사람이 황제 자신이라 믿었기 때문이다. 동시에 황제 자신도 자연의 도움이 필요한 나약한 인간이었다.

명대 황릉에 들지 못한 황제들

2019년 5월 오랜만에 명대 황제들의 무덤인 십삼릉(十三陵)을 찾았다. 베이징에 오면 반드시 찾는 관광코스 중 한 곳이다. 황제의 무덤을 이야기하려니 아는 것이 없다. 자료를 찾아가며 공부하는 마음으로 정리를 해 볼 생각이다. 십삼릉은 풍수학적으로 명당 중의 명당으로 알려진 곳이다. 이 명당에 들지 못한 황제가 있다니 궁금했다. 명대 황제는 총 16명이다.

1대 태조 주원장(1368~1398년), 2대 혜종 주윤문(1398~1402년), 3대 성조 주체(1402~1424년), 4대 인종 주고치(1424~1425년), 5대 선종 주첨기(1425~1435년), 6대 영종 주기진(1435~1449년), 7대 대종 주기옥(1449~1457년), 8대 영종 주기진(1457~1464년), 8대 헌종 주견심(1464~1487년), 9대 효종 주우당(1487~1505년), 10대 무종 주후조(1505~1521년), 11대 세종 주후총(1521~1567년), 12대 목종 주재후(1567~1572년), 13대 신종 주익균(1572~1620년), 14대 광종 주상락(1620년~1개월), 15대 희종 주유교(1620~1627년), 16대 사종 주유검(1627~1644년)이다.

  우리는 중국 문화를 말할 때 크고 웅장하고 화려한 것이 중국 문화의 특징이라고 정리했다. 십삼릉 또한 예외는 아니다. 무엇보다 무덤을 관광 상품화한다는 것도 놀라운 일이다. 나는 이곳을 20년 전에 찾은 적이 있다. 그 당시 지하 무덤을 보고 그냥 무덤이려니 예사로 지나친 기억이 있다. 이런 무덤을 나는 세 번째 찾았다. 20년 전의 모습과는 좀 더 정비되고 보완된 모습이었다. 국가와 베이징시가 지속해서 수리와 보수를 한 결과 들어가는 입구부터 모든 것이 더 정돈된 듯했고, 부장품도 새롭게 바꾸어 놓았다. 중국이 문화 보호에 얼마나 애를 쓰는지 알 수 있었다. 현재 중국은 역사적 흔적이 조금이라도 남아 있는 곳이면 관광 상품화하고 있다. 먼 미래를 생각하는 중국이다. 그 외에 예술품에 대한 시각도 달라졌다. 최근 국가급 임모 예술가들은 일 년에 한 작품씩을 임모한다는 인터뷰를 보았다. 임모 작품을 전시한다는 말이다. 유물이 훼손되는 것을 막기 위한 것이다. 만약 진품이 훼손되면 임모 작품으로 원작을 대신하겠다는 뜻으로 들렸다. 아무리 역사적 의미가 있다 해도 시간을 이길 수는 없기 때문이다. 중국은 미래를 이미 준비하고 있다.

  십삼릉의 위치는 베이징시창평구천수산(北京市昌平区天寿山) 산기슭에 있다. 총면적은 120여km²이다. 십삼릉은 동·서·북이 산으로 감싸듯 하고, 남으로는 길게 평지가 연결되어 있어 길지 중의 길지로 알려진 곳이다. 능은 명대 영락 7년(1409년)에 만들기 시작하여, 명대 최후 황제인 숭정(崇祯)황제까지 약 230년의 역사가 이 십삼릉에 잠들어 있는 셈이다. 그중 가장 큰 능은 장릉(长陵)이다. 장릉은 영락제(永乐帝)인 주체(朱棣, 1360년 5월 2일~1424년 8월 12일)의 무덤이다. 영락제는 명대 제3대 황제이며 묘호(庙号)는 명성조(明成组)이며, 익호(谥号)는 명문제(明文帝)이다. 그는 1402년에 황제가 되어 22년간 황제의 자리에 있었다. 남경에서 지금의 베이징 자금성으로 1420년에 수도를 옮긴 황제이기도 하다. 그는 주원장의 넷째 아들이다. 그는 십삼릉에 들어온 첫 번째 황제가 되었다. 그다음으로 큰 무덤이 정릉(定陵)이다. 정릉은 명대 13대 만력제(万历帝) 주익균(朱翊钧(1563년 9월 4일~1620년 8월 18일)의 무덤이다. 만력제는 1572년에 등극하여 48년간 가장 긴 기간 동안 황제 자리에 있었다. 정릉은 1958년에 9월 6일 신화 통신사에 의해 정릉이 발굴되었다는 소식이 전해졌다. 정릉은 지하 27m 깊이에 있으며, 만리제와 두 황비가 합장되어 있다. 이 무덤은 신중국 성립 후 국무원의 비준에 따라 발굴된 첫 번째 무덤이다. 또한, 십삼릉에서 유일하게 개방된 무덤 중 하나다. 이곳에서 발견되었던 문물들은 모두 3,000여 개라고 알려져 있다. 정릉을 나오다 보면 그중 일부만 전시하고 있다. 그러나 진위는 알 수 없다.

정릉(만력제무덤) 입구

그렇다면 명대 황제가 16명인데 13개의 무덤만 있을까? 왜 3명은 죽어서 이곳에 들어오지 못했을까? 3명의 황제는 누구일까? 먼저 명대 초대 황제 주원장이다. 명대 개국 황제 주원장은 수도를 남

정릉 내부

경으로 정하고 그곳에서 죽음을 맞이했다. 그의 무덤은 남경(南京) 자금산(紫金山) 부근에 있다. 그의 아들 주표의 무덤도 부근에 있다는 기록이 있는데 이미 훼손되어 사라졌다. 두 번째 황제는 주원장의 장손인 주윤문이다. 그는 홍무제(주원장) 31년(1398년)에 황

제가 되었으나 4년간 자리를 지키다가 삼촌 주체(영락제)에게 자리를 내주고 사라졌다. 그의 행방에 대해서는 다양한 설만 있다. 어떤 사람들은 궁정이 불타면서 함께 타 죽었다는 설과 민간인 신분으로 살았을 것이라는 설이 있다. 드라마 속에서는 스님이 되어 살아가는 것으로 그려진 작품도 있다. 그러나 그의 죽음이 밝혀졌을지라도 그 당시 수도가 남경이었기 때문에 당연히 베이징 십삼릉에 묻히기는 어려웠을 것이다. 베이징으로 수도를 옮긴 것은 영락 19년 1420년이기 때문이다. 만약 가능했다 하더라도 영락제가 주윤문(朱允炆)을 십삼릉에 안치하도록 허락하지 않았으리라는 것이 사람들의 생각이다.

그리고 또 한 명의 황제는 형제의 난으로 결국 폐위되고 말았던 황제 주기옥이다. 명 영종(英宗)인 주기진이 황제로 있을 때 환관의 말을 듣고 황제의 신분으로 직접 몽골족과 싸우는 전쟁에 참여하게 된다. 그 사이 황제의 자리를 공석으로 둘 수 없다는 대신들의 말을 듣고 동생인 주기옥이 황제로 등극하면서 비극은 시작된다. 바로 황제의 난이 시작된 것이다. 그러나 주기진은 전장에서 동생 주기옥이 황제로 등극했다는 소식을 듣고 분개하면서 복수심을 갖는다. 그 후 1년 만에 돌아와 복위에 성공한 주기진(朱祁镇)은 동생 주기옥(朱祁钰)을 황제에서 폐위시킨다. 그래서 죽어서도 폐위된 황제는 십삼릉에 들어갈 수 없다는 규칙에 따라 능에 묻힐 수 없었다. 장례 또한 황제가 아닌 등급을 낮춘 왕의 신분으로 치렀다. 그러나 속이 깊은 주기진의 아들 주견심(朱见深)이 황제로 등극하면서 삼촌 주기옥을 다시 황제로 복위시키고, 동시에 왕릉을 황릉으로 바꾼다. 그러나 이 모든 것은 그가 죽은 후에 이루어진 것이라 결국 황릉에는 들어가지 못했다.

그리고 또 한 명의 황제는 명대 마지막 황제 숭정황제(崇祯皇帝) 주유검(朱由检, 1610~1644年)이다. 그는 묘호 명사종(明思宗), 시호 명열제(明烈帝)다. 그는 1627년에 등극하여 17년간 황제로 있었다. 그는 명이 멸망하게 되자 자금성 뒤에 있는 경산공원의 나무에 목을 매고 자살한다. 그는 결국 명을 지키지 못했다는 오명으로 황릉에도 들어가지 못한 불운한 황제로 남았다. 결국, 그는 비(妃)인 전시(田氏)의 무덤 옆에 묻혔다. 이로써 명 십삼릉에 묻힐 수 없었던 황제는 주윤문, 주기옥, 주유검이다. 여기서 역사는 빛내는 것보다 오점을 남기지 않는 것이 중요하다는 교훈을 얻는다.

북해공원과 섬 경화도

무더운 여름이 지나고 다시 베이징 시내 유적지 탐방을 시작했다. 목적지는 베이징 중심의 황가 원림인 북해공원이다. 디디다처(嘀嘀打车)를 타고 편하게 북해공원 북문에 도착했다. 북해공원(北海公园) 또한 중국 고대 황가 원림이다. 베이징 중심에 있으며, 경산공원 서쪽, 자금성의 서북쪽에 있다. 북해공원의 전체 면적은

북해공원 입구

북해공원 호수

71ha로 상당히 크다. 이곳 또한 요·금·원나라 때 황제가 쉬어 가던 행궁이었다. 명·청 대에는 특히 자금성과 가까운 거리에 있어 황제가 자주 찾았던 곳이다. 북해공원 입구 소개 글을 보니 가장 오래되고 가장 완전한 황실 원림이라고 소개하고 있다. 신해혁명이 일어나고 청이 무너지면서 북해공원도 10여년 동안 폐쇄되었다가 1925년 8월 1일 정식으로 개방했다. 그 후에도 중국의 문화 대혁명 기간 문을 닫았다가 끝난 후 2년이 지나서 개방했다. 북해공원은 현재 중국 전국 중점 문물 보호 단위로 보호하고 있다.

금(金) 왕조가 요(遼) 왕조를 멸한 뒤 금 왕조 정원 원년(貞元元年, 1153년)에 완안량(完顏亮), 즉 해릉왕(海陵王)이 수도를 옮겼는데, 남경(南京)을 진중두(金中都, 금 왕조의 도성)라고 불렀다. 그 당시 남경은 지금의 베이징이다. 그 당시 북종판양(北宗汴梁) 지역, 지금의 하남성 개봉(河南开封)에 고대 한족 원림인 간악원(艮岳园,

송대원림)이 있었다. 북해공원에 있는 섬 경화도(琼华岛)는 이 간악원을 모방하여 만들었다. 사용된 돌들은 간악원에서 운반해 온 것이다. 실제로 돌들은 검고 구멍이 나 있으며, 모양이 독특하다. 원조(元朝) 원년부터 시작되어 8년 동안(1264~1271년) 후빌리에는 세 차례 경화도를 확장했다. 그리고 광한전(广寒殿)을 세웠다. 지금은 없어졌지만 광한전이 있던 곳은 지금의 경화도 꼭대기 백탑 자리다. 후에 금 왕조는 요 왕조의 원림을 바탕으로 태녕궁(太宁宫)을 지었다. 지금의 경산공원과 북해공원 일대를 말한다. 태녕궁은 중국 원림 건축의 원리인 '일지삼산(一池三山)'을 따랐다. 그 후에도 황가 원림과 주택 원림을 지을 때 일지삼산의 원리를 따랐다고 한다. 일지(一池)는 태액지(太液池)를 말하며, 삼산(三山)은 신화 속 바닷속의 봉래(蓬莱), 방장(方丈), 영주(瀛洲) 등 세 신선이 산다는 산을 말한다. 북해공원뿐 아니라 이화원도 일지삼산의 원리에 따라 지었다고 기록하고 있다.

당시 이곳에는 천m가 넘는 긴 철로가 자금성과 연결되어 있었다고 한다. 자희태후가 이곳에 놀러 올 때 환관이 기차를 끌고 이곳까지 왔다고 한다. 중국 청대 역사에서 자희태후만큼 존재감을 보이는 사람도 드물 것 같다. 사람들에게 잘 알려지지는 않았지만, 중국 역사상 최초의 기차가 아니었을까. 북문을 들어와 오른쪽으로 돌다 보면 정심재(靜心斋)가 나온다.

정심재

　정심재(靜心齋)는 석동굴과 다리 호수 나무 정자가 있고, 휴식 공간이 있는 아름다운 곳이다. 정원에는 가운데 호수가 있고 사방으로 거랑(走廊, 복도)을 만들어 통하도록 했다. 정심재 양쪽에는 흰색의 병이 각각 놓여 있는데, 이 병에는 100여 명의 남아가 놀고 있는 모습이 그려져 있다. 이는 황제의 다복다귀(多福多貴) 다자다손(多子多孫)을 상징한다. 정심재의 동쪽에 있는 서재는 건륭제가 휴식을 취하거나 정사를 보던 곳이다. 때로는 태자들도 이곳에서 책을 읽었던 곳이다. 서재 앞에는 작은 연못이 있는데, 이곳 이름이 정심재다. 태자들이 공부할 때 마음의 안정을 찾게 한다는 뜻이다. 건륭제 또한 연못에 비친 자신의 모습을 보고 마음을 다잡

앉다는 이야기도 있다. 이런 건륭제의 모습을 보고 자기 자신에 대한 요구가 엄격했던 황제라고 말하기도 한다. 정심재를 걸어 나와 조금 더 가면 서천범경(西天梵境)이 나온다. 명대 건축된 사당이다. 사당의 대표 건축물인 천왕전(天王殿)에는 중루와 고루가 있으며 오래된 홰나무가 있다. 그리고 천왕전 입구에는 배가 나온 미륵불이 모셔져 있다. 중국에는 미륵불의 배를 만지면 평생 평안하게 산다는 풍속이 있다. 이 때문에 미륵불의 손과 발, 배 부분은 사람들의 손길로 빛이 난다. 얼마나 많은 사람이 이곳에서 그들의 소원을 빌었을까. 사당 양쪽에는 사천왕상이 있고, 그들의 손에는 법기가 들려 있다. 법기는 풍조우순(风调雨顺)을 상징한다. 이는 백성들이 평안하고 아무 탈 없이 살고, 풍년을 기원한다는 의미다. '풍조우순(风调雨顺·fengdiaoyushun)'은 지금도 중국 사람들이 춘절 인사로 많이 쓰는 말이다. 그리고 공원을 따라 걷다 보면 우뚝 서 있는 경화춘음비(琼华春阴碑)를 만난다. 비에는 건륭제가 썼다는 시가 새겨져 있다. 비석의 글 내용에서 건륭제가 농사짓는 일에 관심이 많았음을 짐작하게 한다. 그리고 서천범경(西天梵境), 구룡벽, 천복사(阐福寺)를 돌았다. 중국의 건축물은 일단 웅장하고 화려한 것이 특징이다. 이곳 또한 마찬가지다. 우리 건축의 특징을 한마디로 소박함, 우아함, 아담함, 정교함이라고 한다면 중국은 일단 크고 웅장하고 수적으로 많다. 이것은 중국 문화의 특징이다.

북해공원의 또 다른 볼거리는 구룡벽이다. 구룡벽은 일종의 영벽으로 악귀를 막아 주는 벽이다. 길이는 30m며, 높이가 3.5m다. 건륭제 37년에 영수궁을 개조할 때 만든 것이다. 구룡벽의 재료는 유리(琉璃)에 채색을 넣은 벽돌을 사용했다. 중국 사람들은 상징적으로 이런 건축물을 만들어 복을 추구하고 악귀를 쫓고 존귀를 표현하고자 하였다. 종류로는 일용벽, 오용벽, 칠용벽, 구룡벽 등이 있다. 그중 최고 등급은 자금성의 구룡벽이다. 구룡벽은 고대 황궁과 사찰 앞에 만들었던 존귀의 상징이다. 구룡벽의 설계와 장식에서도 그 의미를 찾을 수 있다. 구룡벽은 황제의 상징인 9와 5라는 숫자로 설명할 수 있다. 9는 양수 중 가장 높은 수이며 5는 양수 중 중간의 수이다. 그래서 황제를 95 지존이라고 부르기도 한다. 지금도 남아 있는 대표적인 구룡벽으로는 산동성 대동에 있는 구룡벽, 자금성 내의 구룡벽, 북해공원 내의 구룡벽이 있다. 이들은 중국의 3대 구룡벽이다. 그리고 길을 따라 걷다 보면 화려한 건축물 천복사(闡福寺)를 만난다. 공원 내에 있는 건축물 중 규모가 가장 크다. 천복사는 건륭제 11년에 건축되었다. 입구 만불루(万佛楼)에는 만 개가 넘는 금불과 보물들이 있었다고 하는데, 1900년 팔국연합군이 가져갔다는 이야기와 그 후 1919년에는 위안스카이 부대가 밥을 해 먹다

자금성 구룡벽

가 불이 나서 전부 탔다는 이야기도 있다. 현재 모습은 2002년에 재건된 것이다.

그리고 북해공원에는 섬 경화도가 있다. 경화도는 섬이었다가 다리가 연결되면서 바깥과 연결되었다. 그 당시 공원을 만들 때 호수를 파서 나온 흙으로 만든 산이 지금의 '경화도(琼华岛)'이다. 경화도(琼华岛)는 경도라고도 부른다. 경화도는 순치 8년(清顺治八年, 1651年)에 지어졌다. 주요 건축물로는 법륜사(法轮殿), 정각전(正觉殿), 보안전(普安殿), 종고루(钟鼓楼) 그리고 작은 건물들은 복원을 거쳐 지금의 모습이 되었다. 경화도는 북해공원의 남문에서 석제 다리를 건너면 된다. 그리고 바로 앞에 불교 사찰인 용안사(永安寺)가 있다. 원래 백탑사라 불렀는데 청 건륭 8년(清乾隆八年, 1743年)에 영안사(永安寺)라고 고쳤다. 이곳은 부처를 모신 불당과 라마신을 모신 불당이 앞뒤로 연결된 독특한 구조다. 정상에는 라마교 백탑이 있다. 이곳 경화도의 상징물이다. 이곳에서 밑을 바라보면 베이징 중심이 한눈에 보인다. 명만력 7년(明万历七年, 1579年)에 천 년의 역사가 숨 쉬던 '만수산(万岁山)'과 주요 건축물들은 모두 소실되고 후에 모두 증축되었다. 명은 1644년 이자성(李自成)이 베이징을 진격해 오고, 숭정황제(崇祯皇帝)가 경산공원에서 자진하면서 명대의 역사는 막을 내린다. 명이 멸망한 후 1651년 민족의 화합을 위하여 청세조복임(清世祖福臨, 1643~1661年)이 서장라마뇌목한(西藏喇嘛恼木汗)의 요구를 받아들여 장족식의 백탑(白塔)을 이곳에 건축했다. 섬에 라마 불탑을 세웠기 때문에 한때는 산의 이름을 백탑산(白塔山)이라 부르기도 했다. 백탑은 청초기에 만들어진 라마교식 탑이다. 탑의 상부는 원형이고 하단은 사각형이다. 보통 중국 사람들이 알고 있는 '천원지방(天圓地方)'을 표현한 것이다. 상부의 원형은 하늘을 상징하고, 기단부의 사각형은 땅을 상징한다. 이처럼 복원을 할 때도 세심한 신경을 썼음을 짐작할 수 있다. 탑의 정면에는 금강문이 있는데 이는 길상여의(吉祥如意)를 상징한다. 현재의 백탑은 두 번의 지진으로 파괴되었다가 재건된 것이다. 중국이 이처럼 파괴된 건축물을 꾸준히 복원하고 있는 것은 미래의 관광 자원이기 때문이다.

남문을 향해 나오면 오른쪽에 단성이 있다. 단성은 둥근 벽돌로 옹벽을 쌓아 만든 세계에서 가장 작은 성이다. 원대 때 이곳은 작은 섬이었다. 단성은 궁전의 중심이며 북해공원의 심장에 해당한다. 사실 성이라고 하기에는 너무 작아 지나치기 쉽다. 그러나 눈여겨볼 필요가 있다. 단성 바닥을 이루는 반석은 위는 넓다가 밑으로 갈수록 좁아지는 T 자형인데, 이는 배수를 고려한 것이다. 그리고 단성에서 가장 볼만한 것은 이곳 역사와 함께한 고목이다. 단성(团城)에는 승광전(承光殿)을 중심으로 동쪽에는 금나라 때 심었다는 소나무 괄자송(栝子松)이 있다. 이미 800년이 넘은 노송이다. 나무의 키는 20여m이며, 둘레가 3.18m나 된다. 건륭제가 공원을 거닐다가 이 나무 밑에 서면 바람이 불어와 더위와 땀을 식혀 주었다 하여 건륭제는 '차음후(遮荫侯)'라고 이름을 지었다. 또 한 그루는 수백 년이 되었다는 백피송(白皮松)이다. 나무의 높이는 30여m며 둘레가 5m나 된다. 보기만 해도 하늘을 뻗어 있는 백피송의 모습이 예사롭지 않아 보인다. 건륭황제는 이 나무를 보고 장군이 투구를 쓴 것 같다 하여 '백포장군(白袍将军)'이라 이름 지었다. 나무가 하늘로 길게 뻗은 모습과 나무에 있는 백색점이 마치 군복을 입은 군인을 닮았기 때문일 것이다. 이름도 그럴싸하다. 그리고 중국에는 귀한 소나무가 많은데, 그중 백피송(白皮松)은 중국 북방 지역에서 볼 수 있는 희귀종이다. 중국은 공원 어디에서나 고수들이 많다. 연령대가 최소 100년 300년 심지어 600년이 넘은 고수들이다. 이런 고수들을 만날 때면 왠지 중국이 너무 많은 자원을 가졌다는 생각에 부러움마저 든다. 단성(团城)은 북해공원 남문의 서쪽 담과 바로 연결되어 있어 처음 이곳을 찾는 사람들은 지나치기 쉽다. 나 또한 최근에 알게 된 곳이다. 단성은 베이징성의 중심에 있고, 고궁(故宫), 경산(景山), 중남해(中南海), 북해(北海) 사이에 있는 작은 성곽이다. 단성에 올라 보니 자금성이 눈앞에 있다. 그 당시 왜 베이징의 심장이라고 했을지 단성에 올라 보니 알 것 같다.

1368년 명태조주원장(明太祖朱元璋)이 남경에 대도를 만들고 나서, 원래 대도였던 지금의 베이징을 '北平'이라 불렀다. 주원장이 죽고 난 후, 그 당시 북평을 지배하던 주체(朱棣, 영락제)가 '정난의 변(靖难之役)'을 일으켜, 조카 주윤문(朱允汶)의 자리를 뺏어 황제가 되었다. 그 후 주체는 남경에서 사는 것이 두려웠던지 수도를 북평(北平)으로 옮겨 왔다. 이때가 1421년 영락제 19년 되던 해다. 명대는 북해공원을 원나라 때의 모습을 기본으로 보수 확장하고 그 형태를 그대로 유지하려고 했다. 영락제는 비록 그의 조카를 쫓아내고 황제가 되었다는 비판은 피하기 어렵다. 그러나 그의 정치 능력은 뛰어났다. 영락제는 경제적 번성, 강력한 국력, 문무를 고루 갖춘 신하들과 함께 강대한 나라를 만들어 나갔다. 후에도 명천순 2년(明天順二年, 1458年)에 공원의 북쪽에 '태소전(太素殿)'을 지었는데 '피서량전(避暑凉殿)'이라 불렸다. 이름으로 보아 여름에 더위를 피하고자 지었던 것으로 보인다. 이 당시 이 궁전을 짓는데 3,000여 명의 노역을 썼고 은 20만 냥을 사용했다고 하니 얼마나 거대한 공정이었는지 알 수 있다. 그리고 동쪽에는 '응화전(凝和殿)'이 있고, 서쪽에는 '영취전(迎翠殿)'이 있다. 단성(団城)의 서쪽에 있는 석교(石桥)를 구공석교(九孔石桥)라고 고치고, 금오옥충동교(金鳌玉虫东桥)라고 불렸다. 지금은 용안교라고 부르고 있다. 용안교는 원래 목재 다리였는데, 양쪽에 석재 다리를 연장하여 육지와 통하도록 했다. 다리 중앙은 목조이며, 양쪽에는 목조 난간을 만들었다고 하여, 단공목교(単孔木桥)라 불렸다가 후에 태액교(太液桥)라 불렸다. 이렇게 연결된 다리는 지금 단성과 경화도를 이어 주고 있다.

청고종홍력건륭제(清高宗弘历乾隆帝5~36年, 1741~1771年)는

거의 30여 년 동안 북해공원을 수리하고 증축했다. 경화도는 현대 중국 역사 드라마에서도 종종 등장한다. 건륭제는 이화원뿐 아니라 베이징의 원림 대부분이 그의 손을 거쳤다. 그는 특히 강남을 좋아하여 강남의 원림을 모방하였고, 정자와 누각 그리고 건축물을 추가 증축하면서 국고도 많이 낭비했다. 청 말기에 광서제(光绪, 11~14年) 때는 자희태후가 해군 경비를 이용하여 이화원 증축과 수리에 사용했다는 이야기는 잘 알려진 사실이다. 그러나 광서제 26년(1900년)에는 팔국 연합군이 베이징을 침범했을 때 원명원뿐만 아니라 북해공원 또한 참변을 당했다. 현재의 모습은 대부분 원형을 바탕으로 보수와 증축된 것이다.

베이징 십찰해 이야기

베이징 중심은 산이 없는 평지다. 외곽으로 1시간 반은 차를 타고 나가야 산을 볼 수 있다. 베이징에 공원 녹화율 91%를 성공시킨 데는 이런 이유가 있다. 베이징 중심에 있는 원림은 대다수가 황가 원림이다. 나무와 호수 정자가 있는 원림은 이제 시민들의 휴식 공간이다. 허허벌판 베이징에 원림이 있어 다행이다. 과거에 황가 독점물이었던 어떻든.

베이징에 살면서 가장 많이 찾는 곳 중 하나가 바로 십찰해(什刹

海)다. 십찰해는 베이징의 중심에 있는 호수이며, 후해 전해 서해와 연결되어 있어 후삼해(后三海)라고도 부른다. 대조적으로 전삼해(前三海)는 북해(北海), 중해(中海), 남해(南海)를 이른다. 후해는 동으로는 지안문외대가(地安门外大街), 서쪽으로 신가구대가(新街口大街), 남쪽으로 평안대가(平安大街), 북으로는 북2환(北二环)으로 둘러싸여 있다. 총면적은 146.7ha이며, 그중 수면이 34ha, 녹지 면적이 11.5ha이다. 이곳은 700년 전 13세기에 원대도(元大都)가 형성될 당시, 외부에서 끌어온 물을 모아 두었던 곳이다. 그리고 수도 베이징으로 운송되는 모든 물자가 모이는 종착점이었다. 그래서 베이징고해항(北京古海港)이라고도 불렀다. 이곳은 역사적으로 번화가였고, 지금도 상가들이 모여 있는 베이징 중심지다. 그러나 평일에는 조용하여 산책하기에 좋다. 그 밖에 사대부들의 전통 주택도 볼만하다. 자금성이 가까이 있어 대부분 권력형 주택들이 모여 있다. 공친왕푸(恭亲王府), 순친왕푸(醇亲王府), 송경린고가(宋庆龄故居), 곽말약고가(郭沫若故居)가 대표적이다. 지금 이곳은 밤에도 대낮처럼 밝고 사람들로 북적거린다.

후해

후해 전해 서해는 물이 있고 위치적으로 편리하여

권문세가들이 몰릴 수밖에 없는 환경 조건이다. 가까이에는 자금성이 있다. 생활 환경으로는 최상의 조건이다. 그야말로 베이징 중심 명소다. 길가에는 식당가가 많아 먹을거리도 풍부하다. 폭두(爆肚), 로자(卤煮), 관장(灌肠)은 중국 사람들이 즐겨 먹는 대표 서민 음식이다. '날개 달린 것은 비행기 빼고 다 먹고, 네 발 달린 것은 책상 빼고 다 먹는다'라는 중국 말이 있다. 그만큼 중국 사람들의 먹거리는 풍부하고 다양하다는 말이다. 국가는 역사와 전통을 가진 식당에 라오쯔하오라는 상표를 주고 있다. 국가의 명예를 걸고 전통을 살리겠다는 강한 의지의 표현이다. 유명한 라오쯔하오 식당에서 식사하려면 긴 줄을 서는 일은 흔한 일이다. 때로는 일면 불식의 타인과도 합석할 때도 있다. 그만큼 사람이 많기 때문이다. 중국 인구 14억이다.

베이징 중심에 있는 호수들은 인공으로 만든 호수다. 후해는 베이징의 중심에 있고, 지안문과 가까이 있어 북해와 연결되어 있다. 역사적으로 호수 주위에 절을 짓고 관료들도 호수 주위에 몰려 살았다. 전하는 바로는, "先有什刹海,后有北京城"라는 말이 있다. 베이징성이 형성되기 이전에 십찰해가 있었다는 말이다. 후해는 원래 있었던 호수인데, 원대 중심 도시가 되면서 더욱 확장되었다는 것이 정설이다. 그중 서해(西海)는 후해와 조금 떨어져 있는데 덕성문내대가(德胜门内大街)에 있으며, 적수담(积水潭)이라고도 불린다. 중국 사람이라면 모르는 사람이 없을 정도로 유명한 곽수경(郭

守敬)의 기념관도 이곳에 있다. 곽수경은 천문(天文), 수리(水利), 측량(測量), 역법(历法), 산술학(算学), 천문예기(天文仪器) 등에 종사했던 사람으로 중국의 영웅으로 추대받는 인물이다. 그는 물이 부족한 원대도(元大都) 베이징성에 옥천산(玉泉山), 용정하(永定河) 그리고 백부옹산하(白浮瓮山河)에서 물을 끌어왔다. 그리고 그는 호수로 통할 수 있는 경항대운하(京杭大运河)를 열었던 인물이다. 경항대운하는 세계에서 가장 긴 고대 운하(运河)로 알려져 있는데, 베이징과 저장(절강)의 항저우(杭州) 간 운하로 천진(天津), 하북성(河北省), 산동성, 강소성(江苏省)과 절강성(浙江省)의 4개 성과 1개 시를 지나고 있다. 그리고 해하(海河)·황하(黄河)·회하(淮河)·장강(长江) 및 전당강(钱塘江)의 5대 수계를 연결하며, 전체 길이가 1,794km에 달한다. 운하 일부는 기원전 5세기에 만들어진 곳도 있으며, 604년 수의 양제(炀帝)가 수도를 장안(长安)에서 낙양(洛阳)으로 옮기고 다음 해인 605년 베이징에서 항주(杭州)를 연결하는 운하의 건설을 6년에 걸쳐 완성하였다. 베이징의 물 이야기를 하면 곽수경이 빠질 수 없는 이유다. 그는 베이징 사람들의 가장 중요한 물 문제를 해결했다. 그래서 그는 베이징 사람들이 추앙하는 대표적인 영웅이다. 오늘은 베이징 중심 십찰해를 걸었다. 베이징 십찰해에 오면 항상 들르는 빵집이 있다. 한국 빵집이다. 이 층에는 편안한 앉을 자리도 있다. 지친 다리를 쉬어가는 나의 공간이다.

궁궐 자금성

경산공원에서 바라본 자금성

베이징은 원·명·청의 수도로 약 700년의 역사를 자랑한다. 베이징에는 많은 문화유산이 있지만, 봉건 군주의 집이었던 자금성을 빼놓을 수 없다. 자금성(紫禁城)은 베이징시 동성구(北京市东城区), 천안문 중심에 있다. 1961년 전국 중점 문물 보호 단위로 지정되었고, 1987년에는 명청황가궁전(明清皇家宫殿)이라는 이름으로 세계 유산에 등재된 황궁이다. 2007년에 국가 5A급 관광지로 지정되었고, 세계인들이 가장 많이 찾는 명승지다. 자금성은 세월이 흘렀지만, 지속적인 보수와 수리를 거쳐 지금의 모습이 되었다. 자금성은 원의 수도인 대도(大都)의 기초 위에서 만들어졌고, 명의 3

대 황제인 성조 주체(成祖朱棣) 영락제(永乐帝) 때 건축되었다. 자금성은 1421년부터 1911년 청대 선통제(宣统帝)까지, 491년 동안 명·청대 24명의 황제가 거처했던 세계 최대의 궁전이다. 건설 시기는 1406년에서 1420년 완공까지 약 14년이 걸렸다. 규모는 동서 753m, 남북 961m, 천안문(天安门) 광장의 1.7배가 되는 72.5만m² 넓이이며, 건축 면적이 15만m²에 이른다. 성을 둘러싼 성벽은 높이 10m, 두께 7.5m, 총 길이는 약 3km나 된다. 성벽의 네 모퉁이에는 높은 성루가 하늘을 향해 우뚝 솟아 있고, 성벽 주변으로는 52m 너비의 통자하(筒子河)가 흐르고 있다. 고궁에는 남쪽의 오문(午門), 동쪽의 동화문(东华門), 서쪽의 서화문(西华門), 북쪽의 현무문(玄武門: 神武門)의 4개의 문이 있으며, 현재 오문이 고궁 박물관의 정문이다. 오문은 남향을 향하고 자오(子午)라 하여 오문이라 부른다.

오문

좌측 오문

자금성의 건물 배치는 음양오행에 따랐다. 북쪽에 건물을 앉히고 남쪽을 바라보는 좌북조남(坐北朝南)의 배치다. 건물을 북쪽에 앉히는 것은 북쪽의 음기를 막고 거센 바람을 막기 위해서다. 중국 베이징의 사합원 또한 기본적으로 좌북조남을 따랐다. 사합원에서는 북쪽이 등급이 가장 높다. 북쪽에 조상의 위패를 모시고, 가족 중에 가장 연장자가 거주한다. 그다음으로 동쪽이 높고 서쪽이 낮은 배치다. 이는 유교의 위계질서가 건축물에 적용된 형태다. 사람은 건축물의 등급에 따라 거주하는 사람이 정해진다. 자금성과 일반 서민 주택인 사합원 모두 건물이 놓이는 배치 형태는 같다고 말할 수 있다.

왜 베이징 고궁을 자금성이라 불렀을까?

옛날 사람들은 천상을 믿었다. 하늘에는 태미원(太微垣) 천시원(天市垣)이 있었고, 그 중앙에 자미원(紫薇垣)이 있다고 믿었다. 태미원은 사자자리를 중심으로 이루어진 별자리며, 자미원은 천시원과 더불어 삼원이라 불렀다. 그중 중앙에 변하지 않는 자미원이 있다고 믿었는데 이를 천자에 비유했다. 그리하여 땅 위에 천자가 있는 곳을 자궁(紫宮)이라 불렀고, 천자가 있는 황궁을 세계의 중심이라 여겼다. 황제가 있는 곳이 곧 하늘의 자궁(紫宮)이라 여겼다. 자미원은 金, 木, 水, 火, 土의 오행 중 土에 속하며 하늘의 중심이며, 땅 중심에는 자금성(紫禁城)이 있어야 한다고 믿었다. 그러므로 자금성은 베이징 중심에 있어야 하고, 천자인 황제는 땅의 중심에 있어야 하므로, 베이징의 중심에 자금성을 지었다. 또한, 자금성의 자(紫)자는 고대에 자색을 말하며 길상의 색으로 여겼다. 황제가 거주하는 곳은 웅장하고 커야 위엄과 권위가 있다고 하여, 높은 성벽을 쌓고 건물은 높고 크게 만들었다. 또한, 자금성의 금(禁)은 궁에서 생활하는 황제와 비, 내관, 궁녀 외에는 출입을 금한다는 뜻이다. 자금성을 철옹성으로 만든 데는 이런 이유가 있다.

자금성(紫禁城)은 크게 외조(外朝)와 내정(內廷)으로 나눈다. 외조는 국가적인 행사와 의식이 치러지는 공간으로 오문(午門)에서 보화전(保和殿)까지를 말한다. 내정은 전과 궁으로 나누며 전조후침(前朝后寢)의 원리를 따랐다. 전은 정치하는 공간이며, 후는 생활공간이다. 자금성은 이처럼 공적 사적 공간을 완전히 분리하여 배치하였다. 여성의 내정 간섭을 두려워했을까? 그럴 수도 있다. 역사에서 여성의 정치 개입, 그리고 그들 간의 시기와 질투로 피를 부르는 일이 많았던 것을 보면 말이다.

주요 대전으로는 태화전(太和殿), 중화전(中和殿), 보화전(保和殿)이 있고 이를 삼대전(三大殿)이라 부른다. 그리고 내전에는 황후와 궁녀들이 일상생활을 하던 사적 공간인 후삼궁이 있다. 후삼궁은 건청궁(乾清宮), 교태전(交泰殿), 곤령궁(坤宁宮)을 말한다. 그리

태화전

건청궁 사진

고 그 뒤편에는 동쪽과 서쪽에 각각 6개의 궁이 있는데 이를 동서육궁이라 부른다. 동서육궁은 한 번 궁궐에 들어오면 영원히 이곳을 벗어날 수 없었던 황제의 여인들이 생활하던 공간이다. 비극으로 유명을 달리했던 많은 여성의 원혼이 서린 곳이기도 하다. 동육궁은 왕실의 유물이 전시된 진보관을 비롯하여 주로 후궁들이 거처하였던 경인궁(景仁宮), 승건궁(承乾宮), 종수궁(钟粹宮), 경양궁(景阳宮), 영화궁(永和宮), 연희궁(延禧宮)이 있다. 서육궁은 서태후의 침실이었던 저수궁(儲秀宮)을 비롯하여 영수궁(永寿宮), 익곤궁(翊坤宮), 함복궁(咸福宮), 장춘궁(长春宮), 계상궁(启祥宮) 그리고 건륭제의 서재로 사용된 양심전(养心殿)이 있다. 저수궁은 효흠현황후(孝钦显皇后, 자희태후)가 입궁한 후 머물렀던 곳이며, 동치제를 이곳에서 낳았다. 그리고 후에는 청조가 끝날 무렵 부이(溥仪) 아내이자 청대 마지막 황후 완용(婉容)이 머물렀던 곳이다.

자금성을 들어서면 정면에서 바라다보이는 웅장하고 하늘을 찌를 듯한 건물이 보인다. 바로 오문이다. 오문 위에는 오봉루라 불리는 다섯 개의 누각이 하늘을 향해 서 있다. 중앙에 있는 가장 큰 누각은 황제 전용 공간으로 황제의 출병 의식, 조서 반포 등의 의식을 치렀던 곳이다. 그중 양쪽에 있는 누각은 종루와 고루인데 황제가 오문을 통과할 때마다 이곳에서 종과 북을 쳐서 알렸다. 오문은 황제만이 출입할 수 있었지만, 예외가 있었다. 황후가 처음 궁에 들어올 때 이 오문을 통할 수 있었다. 또한, 일반인의 출입이 허용된 예도 있었다. 보화전(保和殿)에서 과거 시험을 치른 후 시험에 합격한 자들이 퇴장할 때 오문을 통했다고 한다. 오문 동쪽의 문은 관료가, 서쪽의 문은 왕들과 제후들이 사용하였는데, 황제를 제외한 나머지 대신들은 가마나 말을 탈 수 없었고, 걸어서만 들어갈 수 있었다. 오문을 통해 동쪽으로 들어가면 자금성의 서고라 할 수 있는 문연각이 보인다. 이곳에는 건륭제 때 기효람과 대신들이 편찬한 세계 최대의 백과사전인 『사고전서』가 보관된 곳이다. 그리고 자금성 입구 오문을 들어서면 삼대전인 태화전(太和殿), 중화전(中和殿), 보화전(保和殿)이 차례로 있다. 그중 태화전은 황제가 정치 업무를 보았던 가장 권위적인 공간이다. 당연히 이 삼대전은 자금성의 중축에 놓여 있다. 건축물이 중축에 놓인다는 것은 건물의 중요 정도를 말한다. 대전 중에서는 태화전이 등급이 가장 높다. 삼대전은 모두 한백옥석으로 된 3층 기단 위에 놓여 있다. 3층 기단과 한백옥석은 모두 황제 전용물로 최고 권위의 상징물이다. 황제가 머무는 곳은 높고 넓고 웅장해야 하기 때문이다. 봉건 시대의 건축물은 황제의 권위를 극대화시키는 최고의 상징물이었다. 자금성에서 태화전이 그 으뜸이다.

자금성 건물은 명 영락(永乐)제 4년(1406년)에 건축을 시작하여 영락제 18년(1420년)에 완공했다. 영락제는 1403년에 이곳 베이핑(북평)을 베이징으로 고치고 수도를 옮길 준비를 했다. 그리고 천하를 호령할 수 있는 최고의 궁궐을 짓도록 명령했다. 무려 14년이라는 세월이 걸렸다. 1421년 영락제는 드디어 베이징 자금성에 입성했다. 기술이 발달한 지금 보아도 절대 뒤떨어지지 않는 어마어마한 규모다. 영락제는 웅장하고 화려하게 지어 힘을 과시할 필요가 있었다. 영락제는 그의 정적들을 소탕하고 명실상부한 황제로서 자리를 굳건히 하는 데 성공했다. 자금성은 황제가 거처할 황제의 집인 만큼 최고 권위를 알리는 수단으로써 손색이 없었다. 그러나 자금성이 완성된 후 몇 개월이 되지 않아 화재가 발생했다. 첫 번째 화재는 영락제 19년(1421년) 5월 9일 발생했다는 기록이 있다. 이때 주요 3대전이 전소되었다. 지금까지도 화재의 원인을 밝히지 못했다고 하니 영원히 미제 사건으로 남았다. 이 화재로 영락제는 불안했을지도 모른다. 주원장의 장손이자 어린 조카인 주윤문(朱允汶)을 폐위시키고 황제가 되었으니 말이다. 그 후에도 화재는 자금성을 괴롭히는 걱정거리였고 두려움의 대상이었다. 무엇보다 자금성 전체가 목제 건물인 것을 고려할 때 걱정은 당연했다. 1923년 건복궁(建福宮)을 포함하여 청조가 물러날 때까지 총 40여 차례나 화재가 발생했다고 기록하고 있다. 그중 영락제를 이은 가정제(嘉靖帝) 때는 화재가 더 잦았다고 한다. 그중 가장 큰 화재로는 황후가 머물렀던 방에서 시작된 불은 방 14칸을 전소시킨 사건이다. 베이징 전역에는 화신묘(火神庙)가 많은데 이런 화재와 절대적인 관계가 있어 보인다. 이때 타 버린 삼대전과 건청궁은 약 20년 뒤 정통 6년(1441년)이 되어서야 재건되었다. 재건이 늦어진 것은 그 당시 천문학적인 경비 때문이라고 하니, 자금성 건축에 얼마나 많은 경비가 들어갔을지 알 만하다. 이런 과정을 볼 때, 그 당시 궁에서 생활하는 사람들에게 화재는 그야말로 공포 그 자체였음이 분명해 보인다. 자금성은 명·청대의 황궁이다. 그런데도 화재를 피할 방법은 없었다. 이유는 지붕, 문, 창문 등 모든 것이 목재로 지어졌고, 지붕도 공기를 통하기 위해 목재를 깔아 지붕을 올렸기 때문이다.

그래서 자금성에는 화재 방지를 위한 장치가 필요했다. 대표로 수강(水缸, 물항아리)이 그것이다. 수강은 화재를 대비한 것이다. 한국 경복궁의 드므와 같은 기능이다. 그러나 실제로 불이 났을 때 사용된 적은 없다고 한다. 화재가 발생하면 순식간에 타 버리기 때문에 수강의 물로는 감당이 되지 않았을 것이다. 그리고 또 다른 화재 방지 장치로는 각 대전의 천장에 있는 조정(藻井, 자오징) 장식이다. 조정은 원래 건축물에서는 천장 구조물이 드러나는 것을 덮기 위한 기능성 장식이다. 그러나 시간이 흐르면서 원형 팔각형 사각형 등의 모양을 갖추고 거기에 꽃무늬로 조각하고 채색을 넣었다. 특히 자금성 궁에 있는 조정에는 용을 넣어 장식했다 하여 용정(龙井)이라고 부른다. 조정이 만들어진 위치는 실내의 상방 부분이다. 사용된 장식에는 릉(菱, 마름의 줄기), 연꽃 등 수중 식물을 많이 사용했다. 이는 물과 불이 상극이기 때문이다. 화재를 막겠다는 주술적 의미라고 할 것이다. 고대 의술이 발달하지 않았을 때 가족이 아프면 아무 근거 없이 성황당에 가서 빌었던 것과 같은 의미다. 방법이 없을 때 인간은 자연에 의지하였고, 그 자연에 상징성을 부여하였다. 무엇보다 베이징 하면 역사적으로 화재 이야기가 많은 것은 베이징 날씨와도 관계있다. 봄과 겨울에는 심하게 건조하고 바람이 많다. 특히 베이징의 겨울은 건조한 날씨와 거센 바람 때문에 화재가 발생하면 막을 길이 없다. 그러므로 인간은 화재를 극복하기 위해 사물에도 장식으로 상징성을 부여했다. 자금성 천장에 있는 조정 장식도 그중 하나다.

  태화전은 황제의 집무실이다. 태화전 지붕 양식은 중첨무전정(重檐庑殿顶)으로 다섯 개의 용마루가 있고, 겹처마로 되어 있다. 너비는 11칸 깊이는 5칸으로 자금성에서 가장 규모가 높고 크다. 국가적 큰 행사나 황제의 즉위, 황태자의 탄생을 위한 축하 의식, 새해와 동지의 제사 의식, 조서반포 등 국가의 중요한 행사들을 진행하던 장소다. 그래서 다른 건물보다 화려하고 근엄한 분위기다. 자금성 건물 중 등급이 가장 높다. 장식 또한 최고 등급을 사용했다. 대표적으로 태화전의 기단은 3단이며 재료는 하얀 한백옥석이다. 한백옥석은 황실과 일부 사찰에서만 사용하였던 귀한 돌이다. 이 또한 권위의 상징물이다. 건물에 사용한 기둥은 모두 72개로 9의 배수다. 9는 양수 중 최고 수이며, 단수 중 가장 높은 수이다. 황제를 95 지존이라 부르는데, 이 또한 양수 중 최고 큰 수인 9와 중간의 수 5를 두고 하는 말한다. 하늘 아래 최고라는 뜻이다. 그리고 중앙에는 6개의 기둥에 용이 승천하는 모양의 금박을 새겼는데 황제를 상징한다. 기둥에 새긴 황색 금박도 사람들이 일일이 손으로 박아 넣었다고 하니 그 노고가 엄청났을 듯하다. 실제로 보니 더 실감 난다. 얼마나 많은 인력과 시간이 들었을지 알 것 같다.

태화전 3층 기단

그리고 권위의 상징물 홍색 기둥이 있다. 자금성 궁에 사용한 두꺼운 홍색 기둥이 그것이다. 기둥의 재료는 가장 귀하다는 진스난무(金丝楠木)를 사용했다. 그리고 황제가 앉는 자리를 용의(龙椅)라고 부르며, 황제를 상징하는 아홉 마리의 용으로 장식했다. 이는 자금성 장식 중 황제의 권위를 극대화한 장식이라 말할 수 있다.

그리고 태화전을 포함한 삼대전 부근에는 자객이 들 것을 고려하여 나무를 심지 않았다. 이는 중국의 보통 주택 마당에 나무가 있는 것과는 다른 부분이다. 황제의 생명에 위험이 있다면 사전에 피해야 할 일이다. 또한, 건물 바닥에도 견고한 특수 제작된 전돌을 사용했다. 전돌은 두드리면 맑은 소리가 날 만큼 단단하게 구웠으며, 전돌 속의 공기층도 없앴다. 그리고 놀라운 일은 또 있다. 하나의 전돌을 만드는 시간은 720일이 소요되었으며, 그 원가를 친다면 황금 일량(一两)에 상당하다고 밝혀졌다. 사람들은 글자 속에 금(金) 자가 있어서 전돌 속에 금을 섞은 것은 아닌가 오해하기도 했다. 황궁이니 그런 오해도 있을 듯하다. 그러나 그것은 절대 아니다. 전돌을 만드는 데 시간과 노력이 많이 들었고 금만큼의 가치가 있기 때문이다. 그리고 무엇보다 황제가 사용하는 것이니 진주안(金砖)이라 불렀다. 중국 장식의 특성상 가장 귀한 것은 모두 황제 전유물이었다. 황제의 권위를 위해서도 일반 서민과는 확실한 차별이 필요했기 때문이다. 그리고 태화전 외부 바닥을 14층 전돌로 쌓았다는 사실이 밝혀져서 사람들을 놀라게 했다. 땅으로 자객이 들 것이 두려웠던 것일까. 이는 자금성을 청소하던 청소부에 의해 처음으로 알려졌다. 태화전에는 해시계와 장수의 상징인 청동학, 청동 거북 장식이 있다. 이들 장식은 모두 권위의 상징이며 영원함의 상징이다. 태화전의 영원함은 결국 청 왕조의 영원함이기 때문이다.

 그리고 자금성은 총 980개의 건축물로 이루어져 있고 모두 목조건물이다. 자금성에 사용한 목재는 진스난무(金丝楠木)를 사용했다. 진스난무는 서남부의 사천성에서 자라는 귀한 나무로 알려져 있다. 진스난무는 자금성과 태묘 그리고 일부 왕푸에만 사용할 수 있었다. 일반 서민들은 진스난무를 사용할 수 없었다. 진스난무는 권력의 상징물이었다. 그렇다면 왜 자금성과 태묘 등에 진스난무를 사용했을까? 다른 나무도 많은데 말이다. 전문가들의 말을 빌리면, 황제가 좋아했기 때문이라는 것이 그 첫째 이유다. 그리고 두 번째 이유는 나무 자체가 강하고 향이 있어 쉽게 부패하지 않고, 벌레가 먹지 않기 때문이다. 자금성 기둥은 모두 진스난무로 만들었고, 기둥에 홍색 칠을 했다. 이는 고궁의 위엄과 존귀를 표현한 것이다. 황색과 홍색은 자금성을 대표하는 색으로 길상과 권위를 상징한다. 오직 황제를 위한 색이며, 황제만이 사용할 수 있었다. 장식의 수량에도 최고 양수인 9의 배수를 사용했다. 이처럼 자금성에는 장식을 통해 절대 권력을 표시하였고, 황권이 영원하기를 바랐다.

중화전은 태화전 바로 뒤에 있는 정사각형의 건물이다. 보통 건물은 직사각형인데, 중화전은 정사각형인 것이 독특하며, 자금성 건물 중 뚜렷한 기능이 없었다고 알려져 있다. 중화전은 황제가 태화전에서 치러지는 각종 의식이나 행사를 치르기 전과 후에 잠시 머물렀다 가는 곳이었다. 또한, 황제가 천단, 지단, 선농단에 제사를 떠나기 전이나 제사를 지내고 돌아와서도 이곳에서 쉬었다고 한다. 이렇게 볼 때 중화전은 비록 태화전 보화전과 함께 한백옥석 삼층 기단 위에 놓여 있지만 뚜렷한 기능은 없었다고 볼 수 있다. 그리고 보화전이 있다. 보화(保和)라는 용어는 역경에서 나온 말로 우주 간 만물의 화목을 유지한다는 뜻이다. 보화전 또한 태화전 중화전과 함께 몇 차례의 화재로 소실되었다가 재건되었다. 다른 대전과 달리 보화전의 면적은 폭이 9칸, 깊이가 4칸으로 면적은 1,240m²이다. 내부는 기둥을 없애고 내부 공간을 넓게 활용한 것이 특징이다. 중앙에 있는 보좌(宝座) 위에는 건륭제가 군왕으로서 천하의 최고 준칙을 세운다는 의미의 '황건유극(皇建有极)'이라고 쓴 친필 현판이 걸려 있다. 명대에는 이 보화전에서 국가적인 행사가 있을 때 황제가 옷을 갈아입었던 장소다. 청대에는 황제가 매년 마지막 날인 제석(除夕)이나 정월 15일이 되면 보화전에서 각 지방 대신들을 불러 놓고 술을 대접하며 연회를 베풀었다고 한다. 청초기에 후삼궁(后三宫)이 수리되기 전 순치제, 강희제가 이곳에서 생활했으며, 순치제의 결혼식도 이곳 보화전에서 치렀다고 한다. 건륭 54년(1789년)에는 과거 시험인 전시(殿试)도 이곳에서 치렀다고 한다. 보화전의 뒤편에는 용이 여의주를 쫓아 구름 사이로 승천하는 모양의 대리석 장식은 과거 시험에 합격하여 출세한다는 의미로 해석한다.

그리고 중축 선을 따라가면 후삼궁이 나온다. 후삼궁은 황제의 사적 공간인 내정(內廷)을 말하며 건청궁(乾清宮), 교태전(交泰殿), 건영궁(坤宁宫)이 이에 속한다. 후삼궁 중 건청궁이 제일 앞에 있으며, 황제가 황후와 생활하던 침궁이 이곳에 있다. 건청궁의 대청(大厅) 안의 보좌(宝座) 위에는 '정대광명(正大光明)'이라고 쓴 편액이 있다. 그 편액 뒤에는 차기 황제를 지명하는 전위조서(传位诏书)를 넣어 둔 곳이다. 그리고 이곳에서 발생한 명대의 유명한 이야기가 있다. 바로 홍환안(红丸案, 붉은 알약) 사건이다. 이야기는 명 만력제와 장자 주상락(朱常洛)의 황제 계승 문제로 시작되었다. 원래 만력제는 주상락을 궁녀에게서 얻은 자식이라 하여 좋아하지 않았다. 그래서 그가 비록 장자이지만 그를 황제로 삼을 생각이 없었다. 그러나 만력제의 어머니 이 씨는 아들 만력제에게 나도 궁녀

출신이라며 장자(주상락)의 황제 계승을 적극적으로 권한다. 그러던 중 만력제가 갑자기 죽고, 대신들 간에 갈등이 생기면서 파가 나뉜다. 그러나 장자 계승을 지지하는 대신들과 황후 이 씨의 도움으로 주상락이 황제가 된다. 그가 태창제(泰昌帝) 광종이다. 그러나 그가 왕 위에 오른 지 28일 만에 갑자기 죽음을 맞는다. 그의 갑작스러운 죽음과 정귀비(郑贵妃)가 주었던 홍환안(红丸案, 붉은 알약)이 문제가 된 것이다. 정귀비는 만력제의 사랑을 받았던 황귀비이며, 만력제 셋째 아들 주상순(朱常洵)의 친모다. 이 사건이 바로 이 건청궁에서 일어났던 유명한 홍환안(红丸案) 사건이다. 원래 건청궁은 외국 사신 접대나 내정에서 일어나는 의식을 담당했던 장소다. 그리고 황제가 죽으면 시신을 잠시 이곳에 안치하기도 했다. 청대에 오면서 옹정제(雍正帝)가 즉위한 후 침소를 건청궁에서 양심전(养心殿)으로 옮겼다. 옹정황제는 많은 시간을 양심전에서 보냈다. 중국 사극 드라마 '견환전(甄嬛传)'에서도 옹정황제의 양심전 생활이 그려진다. 한국에서 '옹정황제의 여인'으로 번역되어 방영된 것으로 안다.

그 밖에 동서육궁은 후궁과 비들의 사생활 공간이다. 극히 폐쇄적인 공간으로 여성들 간의 비극적인 사건이 비일비재하게 일어났던 곳이다. 이곳에서 얼마나 많은 여성이 죽음을 맞았는가는 중국의 사극 드라마에서도 종종 그려진다. 그리고 자금성 중축 선을 따라 북쪽으로 가면 가장 아름다운 어화원(御花园)이 나온다. 이곳은 황제와 황후가 여가를 즐기며 휴식을 취하던 곳이다. 이곳에는 기암괴석으로 만들어진 인공산이 있고, 명대 것으로 추정되는 고수들도 있다. 그리고 1924년 『기탄잘리』로 노벨 문학상을 받은 타고르가 방문했을 때 청 마지막 황제 부의와 사진을 찍었던 곳이기도 하다. 그리고 마지막으로 자금성의 북쪽으로 나가는 문을 현무문(玄武门)이라 불렀고, 후에 신무문(神武门)으로 고쳤다. 원래 현무(玄武)는 고대 사신(四神)의 하나로, 북방을 뜻한다. 중국의 전국 시대부터 진한시대(秦漢時代)에 걸쳐 정착된 것으로 동쪽은 청룡(青龍), 서쪽은 백호(白虎), 남쪽은 주작(朱雀), 북쪽은 현무(玄武)라고 했다. 한국 경복궁에는 기단 끝에 대리석으로 된 사신도가 놓여 있다. 명·청대 봉건 군주 시대의 마지막 황제들은 모두 이곳 선무문을 통해 자금성과 영원한 작별을 고했다. 명 마지막 황제 숭정제가 이 선무문을 나가서 경산에서 목을 매었고, 청대 황제 부의도 이 선무문을 통해 자금성을 떠났다. 그렇게 찬란했던 600여 년의 왕조 시대는 영원히 막을 내렸다. 자금성은 현재 일일 8만 명이라는 인원 제한을 두고 관광객을 받고 있다. 베이징시의 이런 조치는 자금성을 보호하고 훼손을 최소화하겠다는 뜻이 있다. 또한, 문화재의 가치를 높이겠다는 야심도 있다.

자금성 장식과 상징성

중국 문화는 한마디로 상징 문화다. 생활 속에서 쉽게 볼 수 있는 건물이나 가구, 벽지, 소품, 의복, 집기, 액세서리 등에도 상징적 의미를 부여하기 때문이다. 특히 길상적 의미가 있다거나 복을 가져다준다면 미적인 문제는 다음 문제다. 상징성을 중시한다는 말이다. 예를 들면, 건물이나 소품 그릇 장식에 박쥐 문양을 많이 사용하는데, 이는 박쥐가 복의 상징으로 믿기 때문이다. 장식에 사용하는 모든 사물에 상징성을 부여하고, 심지어 숫자조차 상징성과 연결한다. 중국 사람들에게 상징 문화는 중국인들만의 표현 방식이며, 눈으로 읽는 또 다른 언어라고 할 수 있다. 중국인들은 어디를 가나 그들만의 화려한 타운을 만든다. 이 또한 중국인들만이 가지는 동일시 대상이다. 건물의 형태나 장식에서도 그들만의 독특한 장식을 사용하기 때문이다. 중국 문화의 특징은 한마디로 강렬하고 크고 화려하다. 그 속에는 반드시 그들만이 이해할 수 있는 상징적 의미가 있다.

자금성 장식하면 용을 빼 놓을 수 없다. 용은 중국 신화 속의 상서(祥瑞)러운 동물로서 원고(遠古) 시대에 일반 사람들이 번개나 비, 우레에 근거하여 상상 속에서 만들어 낸 일종의 환상적 신령을 말한다. 은(殷)대에 복사(복(卜辭)) 속에 많은 '용(龍)' 자(字)가 나타나는데, 용은 은 시대 사람들이 점복을 묻는 대상이었으며, 은나라 사람들이 숭배하는 백 가지 신(神) 중의 하나였다. 용의 문양은 원래는 신무(神武)와 역량(力量)의 상징이었으며, 후에 봉건 사회에서 '제덕(帝德)'과 '천위(天威)'의 표지가 되었으며, 이런 이유로 함부로 사용을 금하였다. 용은 대표적 중국 상징 문화이며, 가장 다양한 형태로 표현되었다. 종류는 비용(飛龍), 행용(行龍), 승용(升龍), 단용(団龍), 좌용(坐龍) 등 금색을 입힌 용의 형상, 궁전의 중앙에 위치한 금색의 용 조각물, 보좌(宝座) 뒤의 병풍에 그려진 금색의 용 도안 등은 모두 '용'을 형상화하여 황제의 권위를 상징적으로 나타내고 있다. 또한 보좌 주의의 배수관에도 리수(螭首, 전설상의 뿔 없는 용)의 형상이 그것이다. 왕권의 지고무상 권위의 장엄함을 의미하는 용의 표현 방법들은 상징 문화의 대표적 형태다.[6]

용은 상상의 동물이다. 봉황과 기린도 상상의 동물로 자금성의 대표 장식이며, 최고 권력의 상징이다. '거북이'와 '거북이 등껍질' 장식은 장수를 상징하며, 국가 황제의 영원을 상징한다. 자금성 기단의 리수(螭首) 장식 또한 권력과 힘의 상징이다. 그 밖에도 자금성에는 황제의 권력을 극대화하는 장식이 많다. 먼저 동구(銅龜)가 있다. 태화전 앞을 지키고 있는 동귀는 장수의 상징이다. 거북이는 바다와 육지를 오가는 파생 동물로 기아나 갈증을 견딜 수 있어 장수하는 동물로 알려져 있다. 동구의 속은 비어 있고 열 수 있도록

---

6 柳坡, 博溪, 『古宮觀瀾』, 紫禁城 出版社. 2009, p12

설계되었다. 이는 특별한 의식이 있을 때 향을 피우는 기능성을 고려한 것이다. 거북이는 갑각 동물로 용(龍), 봉(鳳), 린(麟)과 함께 영험한 동물로 인식되고 있다. 린(麟)은 고대 전설상의 동물로, 사슴을 닮았으며, 전신에 비늘이 있고, 꼬리가 있는 상상의 동물이다. 상서로움을 상징한다. 거북이는 실존 동물로 가장 오래 사는 동물로, 황권의 영원을 상징한다. 그리고 동으로 만든 동사자(銅獅子)가 있다. 동사자는 태화전 앞에 있는 장식으로 황권의 위엄과 기세를 상징한다. 동사자는 자금성에서 가장 큰 몸채를 자랑하며 장식물 등급도 가장 높다. 사자 장식은 잡귀를 물리치는 벽사의 의미도 담고 있다. 사자 장식은 다른 궁에도 대칭적으로 한 쌍씩 장식되어 있는데, 이 또한 잡귀가 집 안으로 들어오는 것을 막기 위함이다. 그리고 동학(銅鶴)이 있다. 학이라는 동물은 천 년 사는 길조(吉鳥)로 십장생의 하나이며, 장수의 상징이다. 학은 다른 동물에 비교해 외적으로 연약한 이미지로 여성적 온화함이 있다. 학은 선학(仙鶴)이라 부르며, 천수조(天壽鳥)라 부르기도 한다. 용 봉황 기린과 함께 학 또한 장수의 상징이다.

동사자

소사자(小獅子)는 동사자와 대조적으로 대리석으로 만든 장식이다. 전설에 의하면 석가모니가 탄생할 때, 한 손은 하늘을 향하고 또 다른 한 손은 땅을 가리키며, 사자처럼 입을 크게 벌려 "천상천하 유아독존"을 외쳤다고 한다. 이로부터 사자는 신성시되었고, 불법(佛法)의 위엄을 가진 상징물로 불리게 되었다는 이야기가 있다. 사자는 법을 지키며 잡귀를 물리친다고 믿었고, 신의 동물로 여겼다. 그래서 고대 건축물을 보면 사자가 많이 사용된 것을 알 수 있다. 특히 악귀를 물리친다고 믿어 중국 사람들은 대문 장식에 사용했다. 지금도 베이징을 돌아보면 대문 입구에 사자 장식이 많은 것도 이런 상징성 때문이다. 이처럼 자금성에는 사자, 용, 학, 거북이를 장식하여 황권의 힘을 과시하고자 했다. 또한, 황제와 황권이 영원하길 바랐다.

그리고 기능을 강조한 장식들이 있다. 대표적으로 정(鼎)이다. 정은 정로(鼎爐)라고도 부른다. 정은 최고 권위의 상징물로 황제가 정치하는 태화전 앞에 두었다. 정의 개수는 18개로 양의 최고 수인 9의 배수다. 전설에 의하면 우왕(禹, 하나라의 개국 군주)이 천하를 차지했을 때 9개의 정을 주조했는데, 그 후 정은 나라를 대표하는 상징물로 인식되었다. 정은 자금성에서 황제의 위엄과 업적, 강산사직(江山社稷)을 상징하는 대표적인 장식이다. 정은 최초에 음식을 만드는 그릇이었다가 후에 예기(禮器, 예식이나 의식에 사용되는 그릇)로 사용되었다. 그리고 동항(銅缸)이 있다. 동항은 동으로 만든 물항아리를 말하는데, 평소에 물을 담아 놓았다. 화재 시 사용하기 위한 방화용이다. 동항은 크기도 하지만 양쪽에 동물 머리 장식을 하고 있어 위엄이 느껴진다. 금색을 입힌 것은 청대 때 제조된 것이며, 철퇴로 두른 것은 명대 때 제조된 것이다. 그리고 일구(日晷, 해시계)와 가량이 있다. 일구는 시간을 알려 주는 기능성 장식이다. 황제는 시간까지 관장한다는 의미이며, 최고 통치자의 상징물이다. 그리고 리용(螭龍)이 있다. 리용은 전설 속 뿔 없는 용을 말하며, 리수(螭首)라고도 부른다. 리수는 태화전 중화전 보화전의 기단 장식이다. 리수는 용을 닮았다 하여 진화(镇火)용 기능 장식이다. 우기 때가 되면 리룡(螭龙)의 입에서 물이 뿜어져 나온다고 하는데 직접 본 적은 없다. 베이징에 폭우가 많지 않기 때문이다. 이처럼 자금성 마당에는 일구(日晷, 해시계), 가량(嘉量, 측량기), 동학(铜鹤), 동귀(铜龟)와 정(鼎, 청동 그릇), 리수(용 모양 장식)와 같은 장식이 있다. 일부는 기능을 겸비한 장식도 있지만, 기본적으로 황제의 권력을 극대화하기 위한 장식이다. 자금성의 장식은 모두 황제의 권위와 국가의 영원함을 위해 만든 것이라 보면 틀리지 않을 것이다.

그리고 자금성의 기단을 빼놓을 수 없다. 기단은 태화(太和)전, 중화(中和)전, 보화(保和)

동항

전을 받치고 있으며, 재료는 한백옥석이라는 하얀 돌이다. 기단은 고저(高低)에 따라 건축의 등급을 나타내며, 거주하는 사람의 존귀를 상징한다. 『大淸會典』에서도 '民公以下, 三品官員以上台階高三尺, 四品官員以下及房室台階高一尺'라 하였다. 삼품 이하는 3척을 넘어서는 안 되며, 사품 이하는 1척을 넘어서는 안 된다고 하였다. 자금성 태화전을 받치고 있는 기단은 '토' 자 모양이다. 고대의 오행 중 '土居中央'에 근거하여 태화전이 있는 기단을 '토(土)'자형으로 만들었다. 이는 태화전이 천하의 중심에 있어야 하고 천하의 중심에 황제가 있어야 한다는 상징적 표현이다. 무엇보다 자금성 기단은 일반 주택에서는 볼 수 없는 수미좌식 기단도 인상적이다. 원래 수미좌는 불교에서 불상 받침이었다. 수미좌는 수미산(須彌山)으로 불렸으며, 인도 불교 전설에서는 세계중심(世界中心)을 뜻한다. 수미산을 불상 받침으로 하는 것은 佛의 위대함을 표현하고자 함이다. 원래 수미좌의 구조는 주각(主角) 하방(下枋) 하효(下梟) 속요(束腰) 상효(上梟) 상방(上枋)으로 되어 있다. 수미좌가 중국에 들어온 후, 궁궐(宮闕,) 사찰(寺刹), 대전(大殿)과 같은 비교적 존귀한 건축물에만 집중적으로 사용했다. 특히 수미좌식 기단은 자금성 내에서도 최고 등급의 장식이다. 이 또한 황권을 극대화하려는 장식이라 할 수 있다.

그 밖에 자금성에는 식물 장식도 많다. 대표적으로 연꽃이 있다. 연꽃은 '존재'를 의미하는 인도의 상징이다. 연꽃은 진흙에서 피는 꽃으로 분홍색은 정열을, 백색은 청정을 상징한다. 이처럼 중국 장식에서 연꽃 장식을 많이 사용한 것은 만주족 선조들의 생활과 관계있다. 먹을 것을 찾아 옮겨 다녀야 했던 그들에게 '남긴다', '여유 있다'라는 개념은 그들의 생존과 깊은 관계가 있기 때문이다. 그리고 중국 사람들은 생선을 즐겨 먹는다. 이 또한 '여유 있다'라는 개념과 관계있다. 특히 손님을 청하거나 춘절과 같은 특별한 날에 생선이 빠지지 않는 것도 그런 이유다. 니엔위(鯰魚, 염어)의 니엔(鯰, 염)과 니엔(年, 년)이 동음이며, 리엔화(蓮花, 연꽃)의 리엔(蓮)과도 음이 비슷하여 리엔니엔여우위(連年有餘)라는 새로운 단어가 생겨났다. '해마다 여유롭고 풍족하다'는 말이다. 연꽃은 민간에서도 가장 많이 사용되는 장식이다. 그리고 자금성의 장식에는 여의두(如意头), 하엽정병(荷叶净瓶, 연꽃 화병)이 있다. 여의(如意)는 범어 아나율타의 번역어이다. 원래 여의라는 것은 승려가 독경, 설법, 법요를 논의할 때 강사가 사용하던 도구였다. 여의는 조형의 대칭 배치와 곡선(曲线)의 처리가 아름다워 미적으로 뛰어난 장식이다. 여의는 옥, 죽(竹), 뼈(骨) 등을 재료로 만드는데, 머리 부문은 영지(靈芝) 혹은 구름 모양이며 자루 부분은 약간의 곡선 형태다. 여의는 그 자체가 재물과 길상의 상징이라 하여 기물(器物)로 여겨진다. 그리고 루이(如意, 여의)의 발음 또한 기쁨(喜慶)을 연상한다 하여 널리 사용되고 있다. 황태자가 황후를 간택할 때도 마음에 둔 여성에게 여의를 건네는데, 여의를 받은 여성은 황후가 된다. 그리고 기단에는 독특하고 의미 있는 장식이 많다. 화병(花瓶·huaping)

장식은 평안(平安)을 뜻하며, 세세평안(岁岁平安), 행복안강(幸福安康)의 의미한다. 연꽃 화병 장식과 여의두(如意头) 장식은 '평안여의(平安如意)'를 상징한다. 중국 사람들이 가장 많이 사용하는 장식 중 하나다.

그 밖에도 권초(卷草)문 장식이 있다. 여러 가지 덩굴풀이 뻗어 나간 모양을 표현한 것인데, 그 기원은 고대 이집트로 알려져 있다. 권초문은 끝없이 이어진다는 의미로 'S' 자형이다. 운동감과 리듬감이 있어 살아 있는 느낌으로 활력을 상징한다. 권초문은 중국 전통 장식의 심미적 가치를 잘 표현한 장식이다. 중국 전통 장식은 선을 중심으로 이루어진 것이 많은데, 원시 시대 도자기의 기하 장식이나 후대의 동물 문양과 식물 문양에서도 그 특징을 찾을 수 있다. 선의 구성 방식으로는 원형, 곡선형, 나선형을 주로 사용하였으며, 일반적으로 'C'형과 'S'형으로 나눈다. 그리고 등롱형의 벽돌 장식이 있다. 벽돌 모양이 등롱(燈籠)처럼 생겨 그렇게 불렀다. 등롱 벽돌은 황색과 녹색이며 기단 장식에 사용하였다.

그리고 중국 사람들이 좋아하는 석류 장식이다. 석류는 홍색 백색 황색의 꽃을 피우는 과목으로 씨앗이 많아서 자손 번창을 상징한다. 석류(石榴), 불수(佛手), 도자(桃子)는 각각의 독특한 특성 때문에 다자(多子), 다수(多壽), 다복(多福)을 상징하며 '三多'라 부른다. 석류는 서민들의 마당에도 많이 심는 과실류다. 그리고 방성이 있다. 방성은 마름 나무의 양쪽이 서로 겹친 모양으로 우아함을 상징하며, 동시에 동심(同心), 승리(勝利)를 상징한다. 중국의 명절인 춘절이 되면 대문과 집 안에 홍색 실로 만든 방성 장식을 달아 두고 가정의 화목과 행복을 기원한다. 그리고 대나무가 있다. 대나무는 땅으로 나오기 전부터 가지가 곧다 하여 곧은 절개와 굽히지 않는 강함을 상징한다. 특히 대나무의 속이 비었다 하여 인간의 '고결한 품격'을 상징하며, 곧은 대나무는 군자에 비유했다. 대나무는 사군자(梅蘭菊竹)의 하나다. 그리고 대나무는 매화, 난, 소나무, 돌 등과 함께 있으면 '세한삼우(歲寒三友)', 우정장구(友情長久)라 하여 영원한 우정을 상징한다. 그리고 목단이 있다. 꽃 중에 부귀, 웅장함, 화려함, 온화함을 상징한다. 또한, 그 향이 진하다 하여 꽃의 왕으로 불리며, 경사스러운 꽃이라 하여 서화(瑞花, 길조의 꽃)라고도 부른다. 그리고 해수 문양이 있다. 동심원의 호(弧) 모양으로 마치 물고기의 비늘처럼 규칙적인 문양으로, 파도 모양을 닮았다 하여 해파 문이라고도 한다. 그리고 해당화가 있다. 연꽃, 모란, 해당화는 중국 사람들이 좋아하는 꽃으로 베이징 원림 어디에서나 볼 수 있다. 일반 주택에서도 흔하게 볼 수 있는 꽃이다. 특히 꽃 모양이 선명하고 뚜렷하여 생기가 넘쳐 보이는 특징도 있다.

 자금성은 황제의 집이다. 다양한 장식을 통해 국가와 황제가 영원하길 바랐다.

허선과 공왕푸

공왕푸(恭王府) 하면 사람들은 탐관오리 허선을 떠올린다. 공왕푸는 현재 베이징에서 유명한 관광지 중 하나다. 공왕푸는 베이징에서 자금성을 제외하고 가장 크고 화려한 집이라 해도 틀린 말은 아니다. 그만큼 화려하고 웅장하다. 청대 건륭제의 사랑을 받았던 대신 허선이 직접 택지를 하고 건축 한 집이다. 공왕푸는 허선의 집이라는 뜻으로 화저(和邸)라고도 부른다. 공왕푸는 건물과 화원의 구성과 배치가 잘되어 있고, 건물 내부 장식은 자금성과 맞먹을 정도로 화려하다. 허선은 이곳이 길지임을 알아보고, 그의 보금자리를 지었다. 허선이 아니었다면 이런 왕푸가 존재할 리 없다. 한 시대의 탐욕이 만들어 놓은 걸작이다.

공왕푸를 이해하기 위해서는 이 건물의 원주인이었던 허선(和珅, 1750~1799年)이라는 인물을 알아야 한다. 허선의 자는 치재(致斋·zhizhai)이며, 성은 뉴호록시(钮祜禄氏·niuhulushi), 만주 사람이다. 준수한 면모와 타고난 자질로 건륭황제의 총애를 한 몸에 받았던 청대 대신이다. 허선은 청대 역사상 가장 기이하고 전기적인 인물로 알려져 있다. 허선은 13세에 궁에 들어와 수학하고, 18세 때 대학사인 영염(英廉, 1707~1783年)의 손녀 풍시(冯氏)와 혼인한다. 그는 만어, 한어, 몽고어, 티베트어까지 섭렵한 수재로 알려진 인물이다. 19세 때부터 궁의 업무를 맡으면서 순탄대로의 길을 걸었다. 건륭제 41년은 허선에게 가장 황금기였다. 당시 허선은 군기대신(军机大臣), 내무부대신총관(内务府大臣总管)을 맡았으며, 일품 조정 관료가 되었다. 시위내대신을 수령하고 사고전서관의 총재가 되었으며, 이번원상수사(理藩院尚书事)를 겸했다. 그 시대 최고 권력을 모두 거쳤던 인물이다. 그러나 지금까지 사람들의 입에 허선이라는 이름이 오르내리는 것은 공왕푸 때문일지 모른다. 베이징 관광을 오면 반드시 들르는 코스기 때문이다. 무엇보다 화려한 저택을 보고 집주인을 떠올리지 않을 사람이 없기 때문이다. 허선은 건륭제의 사랑을 받았지만, 아들 가경제는 오랫동안 그를 눈엣가시처럼 여겼다. 가경제(嘉庆帝) 4년 정월 초 3일에 건륭제가 죽자, 허선의 말로도 예견되어 있었다. 가경제 4년 정월 초 8일에 허선은 감옥에 들어가서 10일 후에 자진한다. 그의 나이 49세다. 그가 죽자 그가 남긴 재물을 확인하니 국가가 15년간 받아들이는 세금과 맞먹었다고 한다. 한마디로 엄청난 탐관이었음이 만천하에 드러난 것이다. 시체도 수습할 수 없는 험한 최고형을 받을 수 있었지만 허선의 며느리이자 건륭제의 10번째 딸인 화효공주의 간청으로 자진하도록 하였다.

베이징에서는 황가를 구경하려면 공왕푸를 가면 된다. 황가의 건축과 원림 조각 장식 그리고 상징물 등을 모두 볼 수 있기 때문이다. 공왕푸는 이환(2环) 중심, 베이징시 서성구 전해서가 17호(北京市西城区前海西街17号)에 있다. 총면적 6.112ha이며, 볼

거리는 20여 개의 주요 건물과 화원, 정자, 인공산(강소성 태후에서 가져온 바위), 연못 그리고 강희제의 붓글씨를 새긴 '복(福) 자' 비석이 있다. 공왕푸는 2007년 국가 1급 박물관으로 지정하였고, 2008년에 대외 개방하였다. 2012년에는 국가 5A급 관광지로 평가받고 최고 관광지로 등록하였다. 현재는 다양한 전람실을 만들어 문화 활동과 전람 공간으로도 활용하고 있다. 청대왕푸 문화전, 공왕푸 역사전, 공왕푸 복 문화전, 공왕푸 종교 생활전이 있고, 희극 공연을 할 수 있는 공간도 있다. 그 밖에도 특별한 날에도 행사를 진행하고 있다. 복 문화 전시전, 중추절 행사, 시인들의 모임과 활동도 있다.

청대는 건축에 위계질서를 표현하였는데, 공왕푸가 대표적이다. 왕푸답게 내부 건물과 장식에도 일반 서민 주택과는 큰 차이를 두었다. 전체 건물은 중축 선을 기준으로 좌우 대칭이며, 주요 건물은 중축 선상에 두었다. 북쪽에 주요 건물을 두고, 동쪽과 서쪽은 서로 대칭이면서 차등을 두었다. 이는 동존서비에 따른 것이다. 중국 대부분 건축물은 북쪽이 가장 높고 동쪽, 서쪽, 남쪽의 순으로 차등을 두었다. 건물 입구의 계단 높이와 지붕 높이에도 차이를 두어 위계질서를 표현하였다. 건축물을 통해 존비와 서열을 확실히 나누었다는 말이다. 공왕푸는 중국의 명·청대 건축 특징을 그대로 담고 있다.

공왕푸 입구

공왕푸 은안전

공왕푸 호수

지금 우리가 말하는 공왕푸는 그 당시 왕푸 중 등급이 가장 높은 건축물이다. 은안전(銀安殿)은 중심 대전으로 공왕푸 건물 중 등급이 가장 높다. 왕푸의 등급에 따르면 은안전은 7칸으로 지어야 하는데, 그 당시에는 신하 허선의 저택이었기 때문에 5칸으로 줄여 지었다. 그러나 후에 용친왕이 거주하면서 등급을 높이기 위해 7칸으로 늘리려 했지만, 틀을 쉽게 바꿀 수 없었다. 그래서 친왕의 왕푸에 상응하는 등급을 높이기 위해 헐산정(歇山顶), 삼각육완릉화격심창문양(三角六椀菱花格芯窗纹样), 보보금격심창문양(步步锦格芯窗纹样), 오채금용채화(五彩金龙纹彩画)으로 장식했다. 이와 같은 지붕과 창문 그리고 채색 장식은 자금성에서만 사용할 수 있었던 최고 등급의 장식이다. 이런 장식들을 공왕푸에 사용한 것은 공왕푸 건축물의 등급을 왕푸 자격으로 높이기 위해서다. 중국 건축물 장식은 건축에 필요한 기능성뿐 아니라 주택에 거주하는 주인의 신분을 표현하는 수단이었기 때문이다. 절대 권력은 서민과 같아서는 안 된다는 그 당시 사람들의 사고를 읽을 수 있다.

그렇다면 공왕푸는 240년간 어떤 역사적인 변천을 거쳤을까? 공왕푸의 주인은 허선-허효, 공주-용린-공친왕으로 이어져 온다. 그 후 보인대학 시기와 건국 시기로 나눌 수 있다. 공왕푸는 건륭황제 41년(1777년)에 건립된 사가였다. 건륭 54년에 건륭은 자기가 가장 사랑하는 딸 화효공주와 허선의 아들 풍신안덕(丰绅殷德, 1755~1810年, 55세 사망)을 혼인시켰다. 화효공주(和孝公主)는 건륭제의 10번째 딸(도광 3년 49살 사망)로 생모는 왕시(汪氏)다. 공주는 건륭황제를 많이 닮았으며, 성격이 강하고 과감하여 태어나면서부터 건륭제의 사랑을 받았다. 비록 황후의 소생이 아니지만, 건륭황제는 벼슬과 토지를 하사할 때, '고륜화효공주'라는 이름도 함께 봉했다. 이는 친왕과 같은 등급이다. 고륜(固伦)이라는 말은 만주어로 '천하', '국가'라는 뜻으로, 청대 공주에게 봉해졌던 가장 높은 등급이다. 청대 황실 등급을 보면, 친왕(亲王), 군왕(君王), 세자(世子), 패륵(贝勒), 패자(贝子), 진국공(镇国公), 보국공(辅国公)으로 나눈다. 그러므로 건륭제는 화효공주에게 신하로서뿐 아니라 황실에서도 황제 다음으로 높은 등급을 하사한 셈이다. 그만큼 공주에 대한 사랑이 깊었음을 알 수 있다. 그런 딸을 며느리로 줄 만큼 신임했던 신하 허선이다. 그러나 허선의 부정한 행위를 알면서도 항상 눈감아 주었던 건륭제는 그의 죽음이 임박했을 때 허선이 남겨지는 것이 두렵지는 않았을까? 아들 가경제가 허선을 그토록 빨리 죽음으로 몰아간 것은 아버지 건륭제가 지시한 것은 아니었을까? 많은 의문을 가지게 한다. 세상의 부모는 남겨진 자식이 평탄하게 살아가길 바라기 때문이다. 가경제는 원래 허선을 싫어했고, 허선의 행위에 불만이 많았다고 알려져 있다. 그런 허선을 그대로 둘리 없었을 것이다. 그런 그가 아버지 건륭제가 죽자 허선을 단시간에 처리한 것을 보아도 짐작할 수 있다. 허선이 일찍 죽은 것에는 여전히 의문이 남는다.

그렇다면 공왕푸에는 어떤 사람들이 살았을까? 공왕푸를 거쳐 간 사람은 많다. 가경제(嘉庆帝) 4년 1799년에 허선은 탐관의 죄목으로 죽임을 당하고, 그의 재산을 몰수당한다. 가경제는 허선이 거주했던 서쪽 건물을 동모 동생인 용린(永麟, 건륭제의 17번째 아들)에게 하사한다. 중루와 동루는 공주와 허선의 아들 풍신안덕이 사용하고 있었기 때문이다. 1823년, 도광 3년, 고륜화효공주가 죽자

(49세), 공왕푸는 경왕 용린의 후손들이 차지한다. 공왕푸는 여전히 왕푸로서 격을 유지한다. 1851년 함풍(咸丰)년에는 용린의 6번째 아들을 왕푸에서 내보내고, 함풍제의 6번째 형인 공친왕(恭亲王, 혁흔(弈訢))에게 하사한다. 그 후로부터 지금까지 그의 이름을 따서 공왕푸라고 부르고 있다. 이때 공왕푸는 전체적으로 수리를 하는데, 지붕은 공친왕푸의 규모에 맞는 녹색 기와를 올렸다. 현재 공왕푸의 규모와 양식은 이 시기의 모습을 그대로 유지하고 있는 셈이다. 그러나 청이 멸망하자 공친왕(恭亲王, 1833~1898年, 65세)은 자신이 복위할 꿈을 갖고 공왕푸의 일부 자산을 팔기도 한다. 그 후 1912년 민국 2년에는 일본 산중상회(山中商会)의 산중정차랑(山中定次郞)에게 공왕푸에 있던 그림과 글을 포함한 많은 보물을 매도한다. 가구와 도자기 옥기 등 값나가는 많은 보물이 이렇게 흘러 나갔다. 또한, 1921년 청 왕조가 완전히 무너지자, 공친왕의 손자 보위(蒲苇)가 생계 문제로 공왕푸를 베이징 천주교회에 저당을 잡히고 80년대에는 이곳에 에어컨 공장이 들어온다. 모든 것이 남의 손에 들어갈 즈음 보위의 동부이모인 형제 보신여(溥心畬)가 공왕푸의 화원을 되찾는다. 그 후에도 보인대학(辅仁大学) 이 건물 일부를 구매하여 학교로 사용한다. 신중국 성립 후에는 중앙교육부에서 보인대학을 관리하고, 보인대학과 경사대(京师大)를 합병하여 베이징 사범대학을 만든다. 이곳은 베이징사범대학의 전신이다. 문화 대혁명 전후에는 공왕푸 건물과 화원은 각각 중국예술연구소, 중국음악학교 등 많은 기관 단체가 이곳을 점하고 있었다.

50년 세월 속에서, 공왕푸는 청왕조의 멸망, 민국의 혼란, 건국 초기의 모습을 모두 겪은 역사의 증인인 셈이다.

그 후 1982년, 국가는 공왕푸 구하기에 나섰다. 공왕푸를 전국 중점 문물 보호 단위로 지정하고, '공왕푸 관리처'를 만들어 관리하기 시작했다. 1988년 7월 8일, 6년의 수리 과정을 거쳐 공왕푸는 정식으로 세상에 모습을 드러냈다. 그러나 그때까지도 공왕푸를 점하고 있었던 다양한 기관들이 모두 빠져나가는 데는 오랜 시간이 걸렸다. 마지막으로 중국음악학교가 왕푸를 떠나면서 25년을 견뎌온 왕푸는 제 모습을 찾았다. 1982~2006년 동안 이루어진 공왕푸 구하기 프로젝트는 성공적이었다. 그 후 2008년과 2018년 또 한 번의 대대적인 증축과 수리를 거쳤다. 지속적인 보수와 증축으로 지금의 공왕푸는 왕푸의 위엄을 재현하는 데 성공했다. 사람들은 공왕푸를 두고 "一座恭王府, 半部淸代史"라고 한다. 공왕푸를 보고 중국 청대사를 읽는다는 말이다. 공왕푸는 중국 청대의 가장 화려하고 가장 실패한 역사를 모두 기억하기 때문이 아닐까. 현재 우리가 보고 있는 공왕푸는 청대 역사와 문화를 간직한 소중한 중국의 문화유산이다. 동시에 지금까지 남아 있는 가장 완전한 형태의 왕푸라고 할 수 있다.

그리고 공왕푸하면 빼놓을 수 없는 것이 장식이다. 그중 복(福)을 상징하는 박쥐 장식이 가장 많은 곳이다. 박쥐를 뜻하는 중국어 음

'蝙蝠·bianfu' 중 '蝠·fu'가 '복(福)' 자와 음이 같기 때문이다. 박쥐 장식하면 가장 먼저 떠올리는 곳이 베이징 공왕부(恭王府)인 이유다. 그래서 공왕푸를 '복지(福地)'라고도 부른다. 그만큼 건축물 전체에 박쥐 모양과 '복(福)' 자로 이루어져 있기 때문이다. 정원의 연못(园中水池), 가짜산(假山)도 모두 박쥐 문양으로 만들었다. 그래서 공왕푸를 '복지(蝠地)', '복산(蝠山)', '복정(蝠厅)'이라고 부른다. 그 밖에도 천방(穿枋), 창릉(窗棱, 창문), 작체(雀替), 연두(椽头, 서까래)에도 다양한 박쥐 문양을 새겼다. 그 숫자가 9,999마리다. 게다가 강희제(康熙帝)의 친필로 새긴 비석 '복자비(福字碑)'가 있다. 이를 포함하면 복이 만개가 되는데, 만복(万福)이 있는 곳이라고 하여 '만복원(万福园)'이라고도 부른다. 공왕푸는 만복이 깃든 곳이라는 말이다. 중국 사람들이 얼마나 '복'을 추구했는지 알 만한 사례다.

여기서 강희제가 썼다는 복자비에 관한 이야기를 잠깐 하고 가야겠다. 전하는 말에 따르면, 효장황태후(孝庄皇太后)가

공왕푸 박쥐 문양

60세 생일이 되기 전에 중병에 걸렸는데, 강희제가 옛사람들의 글씨체를 모방하여 '복(福)' 자를 바쳤다는 이야기가 있다. 복 자는 조

모의 건강 장수를 빌기 위한 것이었다. 복(福)의 글 획을 보면, '子', '才', '寿', '多', '田'을 모두 함축하고 있다. 그래서 복 자를 '多子', '多才', '多田', '多寿', '多福'의 상징물로 보았다. 인간이 누리고자 하는 모든 소망이 이 '복' 자 속에 있다고 보았다는 말이다. 효장황태후는 복 자를 받고 건강을 회복했다고 한다. 알려진 바에 따르면 강희제가 남긴 서체는 몇 안 되는데, 그중 하나가 이 '복(福)' 자라고 한다. 그래서 사람들은 이 복 자를 두고 '천하제일복(天下第一福)'이라고 한다. 지금도 춘절이 되면 중국 사람들이 가장 많이 선택하는 '복' 자 글씨체는 건륭제가 쓴 '복' 자체라고 한다. 중국 사람들은 복 자를 좋아한다.

공왕푸는 청대 역사를 담고 있는 의미 있는 장소다. 비록 대신 허선이 지었지만, 황가를 뛰어넘을 정도로 화려한 대저택 공왕푸다. 허선이 사용한 가구를 보고 가경제가 화를 냈을 정도로 화려하고 아름답다. 아직 개방되지 않아 직접 만져볼 수는 없었지만, 문틈으로 보이는 가구는 정교하고 화려하다. 공왕푸를 다 돌아보려면 최소한 3시간은 필요하다. 건륭제가 허선을 얼마나 아꼈을지 그의 저택을 보니 실감 난다. 방학이 되면 전국에서 몰려드는 인파로 공왕푸는 몸살을 앓는다. 최고의 왕푸를 건축한 허선, 그를 사랑한 건륭제. 드라마에서 그려지는 것처럼 그들은 환상적인 콤비였을까. 허선의 남다른 재치와 총명함을 건륭제는 사랑했다고 한다. 화려한 공왕푸를 보며, 허선을 향한 황제의 깊은 사랑이 느껴진다.

극근군왕푸

극근군왕푸(克勤君王府)는 순치년(順治年)에 건립되어, 다이산(代善)의 장자 위에투어(岳托)에게 하사한 집이다. 다이산은 패륵(貝勒)의 우두머리로 청을 세운 누르하치의 아들 황타이지가 왕이 될 수 있도록 도움을 준 인물이다. 여기서 패륵(贝勒)이라는 작위는 만주 귀족의 칭호로, 황실의 작위 중 하나이다. 일반적으로 세습되며, 부를 때는 중국어로 베이러예(贝勒爷)라고 부른다. 보통 중국어로 베이즈(贝子)와 베이러(贝勒)로 나누는데, 각각 황실 작위 1등급 3등급으로 구분된다. 극근군왕푸의 주인은 다이산-위에투어-나얼수(纳尔苏, 平君王)로 이어져 온다. 평군왕의 두 번째 아내는 조인(曹寅)의 장녀이다. 조인은 우리에게도 익숙한 『홍루몽(紅樓梦)』의 작가인 조설근(曹雪芹)의 조부이다. 그러니까 극근군왕푸는 조설근의 고모부 집이 되는 셈이다. 여기서 『홍루몽』을 잠깐 이야기해 보자.

조설근 사가

『홍루몽』은 부르는 이름도 『석두기(石頭記)』, 『금옥연(金玉緣)』 『금릉십이차(金陵十二釵)』, 『정승록(情僧錄)』, 『풍월보감(風月寶鑑)』 등 다양하다. 중국 청대의 대표 문학이다. 조설근이 썼다고 알려져 있으나 『홍루몽』이 세상에 나오기까지는 두 명의 공로자가 더 있다. 베이징 식물원 안에는 조설근이 머물렀다는 생가가 복원되어 있다. 그곳에서 그의 작품 세계를 다시 조명하는 계기가 되었다. 원래『홍루몽』의 80회 본까지 조설근이 썼으며, 나머지 40회는 고악(高鶚)이라는 사람이 썼다고 한다.『홍루몽』이라는 소설은 마지막 40회 본을 붙여서 모두 120회 본이다. 120회 본을 모아 1791년경 정위원(程偉元)에 의해 간행되었다. 그러므로『홍루몽』은 조설근 고악 정위원 세 명에 의해 세상에 빛을 본 작품이다.『홍루몽』은 현대 중국인이 가장 사랑하는 고전 소설이며, 지금까지도 중국을 대표하는 최고 작품이라는 평을 받고 있다. 1792년에『정을본』이 초간(初刊)된 이래, 100종 이상의 간본(刊本)과 30종 이상의 속작이 나올 만큼 문학도들의 주목을 받고 있다. 그만큼 배경이 튼튼한 작품이다. 한때는『홍루몽』의 작품 배경을 두고 논란이 있었는데, 결국 조설근 자신의 자전적 소설로 결론지었다. 경험하지 않은 내용을 이렇게 사실적으로 표현하기란 쉽지 않기 때문이다. '몰락'을 쓴 작가 위다푸(郁达夫, 1896~1945年)도 문학 작품은 모두 작가의 자서전이고 이는 절대적인 진실이라는 말을 남겼다.

『홍루몽』의 배경은 금릉(金陵: 南京)에 있는 가씨(賈氏)의 저택에서 일어나는 일상 이야기를 자세히 기록한 소설이다. 가장 중국적인 생활 모습을 잘 묘사하고 있어 청대 생활사를 연구하는 사람들에게는 가장 귀한 자료가 되고 있다. 또한, 독서광이었던 모택동이 중국 봉건 사회를 이해하려면『홍루몽』을 읽어야 한다고 했을 정도로 중국 근대사가 잘 그려진 작품이다. 『홍루몽』에 등장하는 성씨는 가(賈), 사(史), 왕(王), 설(薛)씨 4가의 혼인 관계를 통하여 가보옥과 임대옥의 비극적인 사랑을 잘 그려 내었다. 당시 상하층 관계의 사회 형태를 생동감 있게 그려 낸 시대적 대작이다. 작품 내용은 청대 귀족 가문의 가장 화려했던 시대에서 멸망에 이르기까지의 삶을 잘 그려 내었다. 등장인물은 정확하지는 않으나 대략 500명이 넘을 것으로 추정한다. 소설을 바탕으로 TV 드라마도 여러 차례 제작되었고 사람들의 관심과 사랑도 받았다. 남자 주인공은 가보옥(賈寶玉)이며, 여자 주인공은 몸은 허약하나 총명한 사촌 누이동생 임대옥(林黛玉)이다. 가보옥과 임대옥은 서로 사랑하는 사이다. 그러나 집안의 실세인 할머니 사태군(史太君)은 임대옥이 몸이 허약하다는 이유로 혼인을 허락하지 않고, 설보채라는 여인과 혼인을 시키면서 비극은 시작된다. 설보채(薛寶釵)는 가정적이면서 건강한 신체의 여성으로 임대옥과는 대조적인 인물이다. 임대옥은 결국 병을 얻어 죽음을 맞는다. 임대옥이 죽자 가보옥은 삶의 의지를 잃고 어디론가 사라진다. 후에 집안이 몰락한 후 가보옥은 아버지 가정(賈政)과 비릉(毘陵)의 나루터에서 만나지만, 보옥은 묵례만 하고 승려와 도사 사이에 끼여 홀연히 사라진다. 비극적인 소설이다.

저자 조설근(曹雪芹, 1715~1763年)은 본명은 조점(曹霑)이며 설근(雪芹)은 호(號)이다. 청나라 때 강희제(康熙帝)의 신임을 받던 관리이자 문인인 조인(曹寅)의 손자다. 그는 유복한 가정에서 태어나 유복한 유년을 보냈으나 부친 조부(曹俯)가 파직당하자 가문이 몰락하면서 13세부터 극심한 가난에 시달렸다. 만년에는 본인의 경험을 토대로 귀족 가문의 흥망과 사랑을 다룬 『홍루몽』을 10여 년에 걸쳐 집필했다. 그러나 결국 완성하지 못하고 죽고 만다. 중국인들이 가장 사랑하는 고전 소설인 『홍루몽』은 원래 조설근의 미완성 작품이다.

현재 극근군왕푸는 베이징 제2실험학교로 사용되고 있다. 현재 대외 개방이 되지 않아 안을 들여다볼 수 없어서 아쉬움이 남았다. 밖에서 보니 왕푸답게 규모가 크다. 명·청대의 대표 주택 사합원의 확장된 형태임을 짐작할 수 있었다. 현재 베이징에 남아 있는 몇몇 왕푸는 이처럼 국가 기관이나 교육 시설로 활용하고 있다. 오늘 극근군왕푸를 바라보면서 『홍루몽』을 공부하는 시간을 가졌다. 문학을 잘 모르는 내가 문학을 논하려니 낯이 뜨거워진다. 나 또한 공부하는 시간이었다.

만리장성(万里长城)

중국 하면 만리장성을 떠올리는 사람이 많다. 인간의 한계를 뛰어넘은 거대한 물체이기 때문이다. 2019년 11월 가을날 베이징에서 1시간 거리에 있는 수장성을 찾았다. 몇몇 아는 동생, 언니들과 함께하는 소풍이라 즐거웠다. 정문을 피해 평소 등산길을 택했다. 입구에는 동네 주민이 자기가 개발한 길이라며 1인당 런민비 10원을 요구했다. 중국에서 이런 일은 드물지 않게 보는 일이라 놀랄 일도 아니다. 우리는 그들이 요구하는 돈을 주고 장성을 향했다. 장성 입구에는 2m 높이의 철 사다리가 있었다. 10원의 가치는 이 철 사다리인 것 같았다. 우리 일행은 장성에 오르는 순간 감탄사를 토해 내기 시작했다. "이런 곳이 있다니!", "너무 아름답다!" 등등 모두 감탄사를 연발하며 장성을 걸었다. 장성의 들머리 부분에는 파괴된 장성도 일부 남아 있었다. 장성은 산을 향해 있고 60도 이상의 경사가 졌다. 오를수록 경사는 더 가파르다. 밑에서 보니 마치 하늘로 가는 길처럼 보였다. 장성에는 정말 우리 일행만 있었다. 그래서 더 좋았다. 중국은 어디를 가나 사람이 많기 때문이다. 운이 좋은 날이다. 우리 일행은 사진도 마음껏 남길 수 있었다. "자! 각자 추억의 사진 하나씩 남깁시다." 나는 언니, 동생들에게 말을 던지고 오늘 사진사를 자청했다. 모두 사진을 찍으며 비탈진 장성을 올랐다. 우리 중에는 거친 숨소리를 내는 사람도 있었지만, 모두 즐겁게 올랐다. 그래 뭐니 뭐니 해도 마음이 즐거우면 몸도 덜 피곤한 법. 첫 망루에 도착했다. 우리는 우리가 올라왔던 가파른 장성과 멀리 바라다보이는 호수를 보며 환희의 비명을 질렀다. 망루에는 망을 볼 수 있는 사각 모양의 구멍이 있었는데, 그곳에 각자 예쁜 얼굴을 내밀었다. 오래 기억될 작품들을 남긴 후 우리는 다시 장성을 따라 걸었다. 걷다가 아래를 보니 마을과 호수가 작은 장난감처럼 보인다. 오르기도 힘든 이런 장성을 어떻게 쌓았을까? 우리는 장성에 대한 많은 의문을 안고 한참을 올랐다. 오르고 오를수록 차가운 공기가 온몸을 상쾌하게 했다. 이렇게 힘들게 장성을 쌓았다니 믿기지 않지만 믿어야 했다. 실물이 눈앞에 있으니 말이다. 우리는 9시부터 오르기 시작하여 11시 30분이 되어서야 꼭대기 망루에 도착했다. 정상에서 가장 전망이 좋은 곳에 자리를 잡았다. 그야말로 아래 흐르는 수장성 호수와 건너편 장성이 한눈에 보이는 멋진 장소다. 우리는 준비해 온 맛난 김밥과 매운 족발, 과일, 과자, 빵, 커피, 차를 가방에서 꺼내 놓았다. 역시 우리는 한국인이다. 우리가 준비한 모든 것이 한식이다. 우리는 이날 이곳을 '장성 카페'라고 이름 지었다. 공기도 좋고 조용했다. 우리가 이 엄청난 장성을 독차지하는 순간이었다. 점심을 다 먹어 갈 즈음 영국인 20여 명이 우리와는 반대편 장성에서 올라왔다. 장성에서 만나는 외국인이다. 우리는 짧은 영어로 인사를 하며 서로의 국적을 알렸다. 주인이 없는 장성이다. 우리는 꽤 오랜 시간을 장성 카페에서 시간을 보냈다. 아주 옛날 우리의 존재를 알지 못할 때, 누군가는 이곳에서 목숨을 건 사투를 벌였을 터. 그곳에서 우리는 잊을 수 없는 추억을 만들었다. 우리는 모두 각자의 사정에 따라 중국에 온 한국인이다. 각자 시간은 다르겠지만 언젠가는 모두 돌아갈 것이다. 하지만 우리 모두 이 시간을 기억할 것이다. 중국 장성에서 가진 이 특별한 만남을.

우리는 저 멀리 뻗어 있는 장성을 바라보면서 궁금했다. 중국 조상들은 왜 이토록 험준한 산에 장성(长城)을 쌓았을까? 세상에는 이해 불가한 일들이 많지만, 중국의 장성도 그중 하나일 것이다. 장성을 다른 말로 만리장성(万里长城)이다. 길다는 말이다. 장성은 우주에서 보이는 유일한 인공물이라는 말도 있다. 그러나 이는 틀린 것으로 밝혀졌다. 그러나 이런 말이 나온 배경에는 장성이 산꼭대기 능선을

수장성

따라 지어졌기 때문이며, 길이가 길어서 생겨난 말일 것이다. 그만큼 특별한 인공 구조물이기 때문이다. 장성은 능선 중간마다 적군을 감시하기 위해 만든 망루와 누각이 있고, 중간마다 신호를 알리는 봉화대가 있다. 장성이 만들어진 곳은 험준한 산 능선과 협곡을 따라 만들어졌는데, 현시대의 고급 장비로도 쉽지 않은 공정임을 알 수 있다. 장성은 동쪽 산하이관에서 시작하여 서쪽으로는 간쑤성 자위관까지 약 3,000km나 된다. 장성을 만든 사람은 진시황제로 알려졌지만 실은 그 이전부터 존재했던 장성을 이어서 축적

한 것이다. 진나라가 통일하기 전에도 각 나라는 그들 국가를 보호하기 위한 장성을 쌓았다. 기원전 4세기에는 초, 연, 진, 한, 조, 위, 제 나라들도 이민의 침입을 막고자 성을 쌓았다. 지금 중국이 말하는 만리장성은 이때 지어졌던 장성도 포함하고 있다.

진시황은 기존의 장성을 이어 더 확장할 생각을 가졌고 그것을 실천했던 인물이다. 진시황은 황제로 있었던 기간 11년 동안 장성 쌓는 일을 멈추지 않았다. 과학의 힘을 빌릴 수 있는 지금도 절대 쉽지 않은 공정을 실행한 진시황의 추진력과 끈기가 놀라울 따름이다. 중국학자 중에는 지금도 진시황에 대해 자세히 안다고 말하는 사람이 없다. 그만큼 진시황 이야기는 여전히 신비로 가득하다. 그래서 그에 대한 평가를 한마디로 결론짓기는 어렵다. 그러나 분명한 것은 욕심이 많고 정치욕도 강했던 인물임에는 분명해 보인다. 진을 영원히 통치하고자 했고, 영원히 살고자 했던 흔적들이 있기 때문이다. 인간의 한계를 뛰어넘으려 했던 그의 욕심이 그를 빨리 죽게 한 것은 아니었을까? 그는 거대한 토목 공사를 시작하여 만리장성을 쌓고, 아방궁을 짓고, 거대한 능묘를 만들었다. 현재 중국은 진시황제에게 감사해야 할 것이다. 후손에게 평생 고갈되지 않을 위대한 유산을 남겼으니 말이다.

진시황은 기원전 221년 한, 위, 조, 연, 제, 초나라를 멸망시키고, 중국 역사상 최초로 통일 국가를 세웠다. 그는 그를 대적할 국가들이 생겨나는 것이 두려웠을까. 그 당시 흉노족을 막기 위해 장성을 쌓기 시작한 것이 만리장성의 시작이라고 한다. 천하를 통일하고, 통일된 국가를 영원히 지키고 싶었을 것이다. 그런 욕망이 불로초를 찾아다니게 했는지도 모른다. 그리고 빼놓을 수 없는 것이 진시황과 아방궁 이야기다. 진시황은 전국 시대의 여러 나라를 거의 2년에 하나씩 점령했는데, 그때마다 그 나라의 궁전을 본떠서 건물을 지었다. 점령한 나라가 진나라의 것임을 알리는 상징적인 의미였다. 그러나 그는 11년 동안 최고 권력자로 살다가 49세에 생을 마감했다.

　지금 남아 있는 만리장성은 대부분 명나라 때 건설된 것이라 한다. 진시황 시기에 지었던 장성은 대부분 흙으로 지었기 때문에 거의 소실되었다고 할 수 있다. 진시황이 죽고 한나라 황제 무제가 장성을 쌓았고, 그 후 북위와 수, 요, 금을 이어오면서 장성 쌓는 일을 멈추지 않았다. 명나라 개국 황제 주원장 또한 황제로 등극하자 제일 먼저 장성을 쌓았다. 주원장이 베이징을 수도로 정한 후에도 베이징을 이어 허베이성에 이르기까지 장성 쌓는 일을 멈추지 않았다. 장성을 오르면 봉화대와 망루가 많은데, 이는 대부분 명나라 때 만들어진 것이다. 1931년 3월 4일, 국무원은 장성을 전국 중점 문물 보호 단위로 지정했다. 1987년 12월에는 세계 문화유산에 등록되었다.

베이징에서 가장 많이 찾는 장성은 대체로 5곳이다. 산하이관(山海关), 무티엔장성(慕田峪长城), 스마타이장성(司马台长城), 지엔코우장성(箭扣长城), 황화쉐이장성(黄花水长城)이다. 이곳들은 내가 직접 올랐던 곳이다. 산하이관(山海关)은 천하제일관(天下第一关)이라고도 불린다. 위치는 하북성진황도시동북(河北省秦皇岛市东北)에 있고, 바다와 닿아 있는 장성이며, 길이는 2만 6천m다. 무티엔장성(慕田峪长城)은 베이징시 회유구(北京市怀柔) 경내에 있다. 1922년 베이징 여행국에 의해 최고 관광지로 뽑힌 곳 중 하나다. 2002년에는 4A급 풍경지로 지정되면서 찾는 사람들이 해마다 늘고 있다. 이곳은 한때 베이징을 방어하는 군사적 요충지였다. 스마타이장성(司马台长城)은 베이징시밀운구동북부(北京市密云区东北部)의 고북수진(古北口镇) 내에 있다. 이곳 장성은 보수가 가장 안 된 곳으로 장성의 원형을 볼 수 있는 곳이다. 중국 국가 문물국의 장성 전문가 나철문(罗哲文) 교수는 "中国长城是世界之最, 而司马台长城又堪称中国长城之最"라고 표현했다. 해석하면, "중국 장성은 세계에서 최고이다. 그 중 스마타이장성(司马台长城)이 최고다"라고 극찬을 했다. 최근에는 많은 장성이 수리 복구되어 원형을 보기 어렵다. 지엔코우장성(箭扣长城)은 베이징시회유구서북팔도하향(北京市怀柔区西北八道河乡) 내에 있다. 장성의 모양이 구불구불하여 W 자 모양을 하고 있는데, 마치 활시위를 당긴 것 같다 하여 붙여진 이름이다. 2019년부터 일부 구간이 수리되어 장성 애호가들이 많이 찾고 있다. 그러나 80도를 넘는 경사 구간이 있어 일반인들이 가기에는 위험이 따른다. 오

지엔코우장성

른쪽으로는 '마법의 성'이라 불리는 구간이 있는데, 보수가 전혀 되지 않아 길이 험하다. 일부 모험을 즐기는 사람이 오르기를 즐기나 가지 않는 것이 좋다. 현재 일반인들이 가장 많이 찾는 곳은 13릉에서 오르는 장성인데, 가장 안전하다. 그리고 베이징에서 가장 가깝고 쉽게 오를 수 있는 곳은 황화쉐이장성(黄花城水长城)이다. 우리는 수장성이라고 부르는데, 위치는 베이징시 회유구도하진(北京市怀柔区九渡河镇) 내 작은 마을에 있다. 수장성이라는 이름은 장성과 장성 사이에 호수가 있어서 붙여진 이름이다. 베이징 시내에서 1시간 정도 거리다. 가까워서 좋다.

중국 국가 문물과 측화 부문(文物和测绘部门)은 전국 장성 자원 조사 결과에서, 명장성(明长城) 총길이 8851.8km, 진한과 초기장성 길이는 10,000km, 전체 총길이는 2.1만km를 넘는다고 발표했다. 후에 추가된 분을 모두 포함하여 만리장성에 포함한 결과다.[7]

아름다운 노구교

2019년 3월 28일 날씨는 아직 쌀쌀하지만, 햇볕은 따뜻한 날이다. 오늘 답사 지역은 노구교(卢沟桥)다. 집과 거리가 멀어 오랫동

---

[7] KBS 프로그램 '세계는 지금 특파원 보고' 211회 방송분(2021년 4월 10일)에서, 만리장성 확장은 고구려 박작성을 중국의 만리장성으로 포함시키며 만리장성 늘리기라며 논박한 적이 있다.

안 미루어왔던 곳이다. 사진으로 보는 것과는 또 다른 느낌과 감동을 주는 다리, 노구교를 보는 날이다. 차를 내려 다리를 보는 순간 이렇게 아름다운 다리를 보다니, 멀리 온 보람이 있었다. 노구교를 다른 말로 마르코 폴로 다리(Marco Polo Bridge)라고도 부른다. 노구교 건립 시기는 남송(南宋) 순희 16년(淳熙十六年, 1189年) 6월에 건축을 시작하여 금명창(金明昌, 1192年) 6월에 완성되었다고 기록하고 있다. 3년이 걸린 셈이다. 금조 6번째 황제 장종(章宗, 1189년 1월 20일~1208년 12월 29일)이 광리(广利)라고 지었다가, 후에 영정호가 지나간다고 하여 노구교라고 고쳤다. 노구교의 역사적 의미를 살리고 다리의 아름다움을 유지하기 위해 1981년에 문물 보호 관리소를 만들고 관리에 들어갔다. 그 첫 번째 보호 조치로 1985년에 시 정부는 자동차 통행을 금지했고 2년 뒤 1987년에 다리를 복원시켰다. 이미 800년이 되었다. 그러나 이 아름다운 다리를 보면서 분노하는 중국 사람들이 많다. 1937년 7월 7일 일본인들이 이곳을 통해 중국 침략을 시도했기 때문이다. 중국 사람들이 이 노

노구교

구교를 역사의 다리, 예술의 다리, 영웅의 다리라고 부르는 이유다. 그때의 치욕을 기억하자는 의미다. 그리고 앞에 전쟁 박물관이 있다. 학생들의 애국 교육 기관으로 활용하고 있다. 중국은 역사 흔적이 있는 장소는 모두 애국 교육 기지로 활용하고 있다.

노구교는 베이징시 서남(北京市西南) 15km 떨어진 곳에 있으며, 봉태구영정하(丰台区永定河)에 있다. 영정하(永定河)는 전체 길이가 747km이며, 내몽고(内蒙古), 산서(山西), 하북삼성(河北三省), 베이징(北京), 천진(天津) 등 모두 43개 현과 시를 거쳐 흐르는 호수다. 노구교는 화북을 가르는 경계인 완평성(宛平城)을 바로 앞에 마주하고 있다. 완평성은 노구교 동쪽에 있으며, 명대 말 숭정 11년(崇祯11年, 1638年)에 건축되었다. 지금 노구교를 마주하고 있다.

노구교는 베이징에서 가장 오래된 석조 아치형 다리로 자태가 독특하다. 예술적으로 가치가 있고, 외형도 아름답다. 다리는 한백옥석으로 만들었으며, 동쪽 입구에는 건륭황제가 썼다는 호구효월(芦沟晓月) 글자를 새긴 비석이 있다. 이것을 백옥비(白玉碑)라고 부른다. 다리의 맞은쪽에도 비석이 있다. 중국 장식의 특징인 동서 대칭 구조다. 비석의 받침은 중국 전설 속의 비희(贔屃·bixi)로 알려진 거북 모양의 받침돌 위에 있다. 비희는 용의 아홉 아들 중 하나로 거북의 등은 용의 몸을 하고 있으며 무거운 것을 짊어지는 것을 좋아한다고 전한다. 중국 사람들에게 용은 최고 권위의 상징물이다. 중국 사람들이 보호하는 중요 문화재에는 용 장식이 많고 용과 관련된 이야기가 많다. 용은 9종의 동물을 조합하여 만든 상상 속의 동물이다. 사슴의 뿔, 낙타의 머리, 토끼의 눈, 뱀의 목, 대합의 배, 고기의 비늘, 매의 발톱, 호랑이의 손과 발바닥, 소의 귀로 만들어진 동물이 바로 용이다. 용은 인간이 범접할 수 없는 최고의 상징물이다. 중국 사람들은 지금도 스스로를 용의 후예라 칭하고, 세계 최고가 되고자 꿈을 꾸고 있다.

  중국 역사에서 베이징은 중요한 지역이다. 1153년 금조(金朝, 1115~1234年) 시기에 연경(燕京, 北京市宣武区西)을 수도로 정한 것에서도 알 수 있다. 금조 시기 연경은 지금의 베이징이다. 그 당시 각 성에서 연경을 들어오려면 노구교를 거쳐야 들어올 수 있었다. 명대 영락 10년(1412년)에서 가정 34년(嘉靖三十四年, 1555年)까지 모두 6차례의 수리를 거쳤고, 청대에 와서 강희원년(康熙元年1662年)에서 광서년(光緖年) 동안 총 14번의 수리를 거쳤다. 노구교를 직접 보고 나니 국가에서 왜 보호하려고 했는지 알 것 같다. 노구교는 정말 아름답다. 멀리서 보니 허허벌판에 노구교만 있다. 주변이 화려하지 않아도 좋다. 노구교 하나로도 충분하다. 독특한 건조 양식으로 한눈에도 조각가의 섬세함이 느껴진다. 다리의 전체 모양은 완만한 곡선이며, 안정감과 편안함까지 더한다.

다리에는 석사자 조각을 하였고, 곡선을 이룬 아치형 다리가 독특하다. 노구교는 북송 시대에 만들어진 다리다. 송대 건축이 비교적 자유로우면서 화려한 것이 특징인데, 그 여유로움이 석사자 장식에서 잘 드러나고 있다. 그 당시 북송과 이웃 나라들은 나라마다 세력을 높이려 할 때다. 금나라 또한 이러한 기회를 이용할 생각으로 수도를 연경으로 옮겼다. 그리고 교통을 편하게 하려고 이 노구교를 만들었다. 노구교는 오랫동안 베이징을 넘나드는 중요한 교통의 요충지며, 남방에서 베이징으로 들어오는 유일한 통로였다. 교통이 편리해진 지금 이곳이 베이징을 통하는 유일한 통로였다니 새롭다.

노구교 하면 다리 난간에 조각된 석사자 이야기를 빼놓을 수 없다. 석사자는 모두 502마리인데, 그 크기가 다르고 모양 또한 각양각색이다. 그러나 전쟁을 겪으면서 파괴되었다가 수리와 보수를 거쳐 지금의 모습으로 복원되었다. 그리고 석사자가 너무 많아서 생긴 재미있는 이야기가 있다. 석사자가 너무 많아 매번 셀 때마다 숫자가 달랐기 때문이다. 그 당시 건륭황제도 석사자를 세기 위해 이곳을 들렀다고 한다. 재미있는 이야기다. 문물 관리 종사자들도 노구교 석사자 수량을 셀 때마다 달랐다고 할 만큼 석사자가 많다. 앞에서 보면 2마리인데 뒤에서 보면 3마리. 석사자 조각이 많은 것도 사실이지만 모양도 각양각색이며, 크기 규모 자세까지 모두 다르다. 중국에서 가장 아름다운 다리를 꼽으라면, 나는 단연코 노구교라 말할 것이다. 석사자의 조각 자체가 가지는 예술적 가치도 있지만, 석사자의 표정에서 느껴지는 따뜻한 인간미 때문이다.

노구교는 11개의 아치를 연결하여 만든 다리다. 아치형의 지름은 12.35~13.42m로 아치형의 크기에 따라 조금씩 차이가 있다. 다리 몸체 중앙은 93.5m 솟아 있고, 양쪽으로 완만한 경사를 이룬다. 중앙은 높고 양쪽으로 갈수록 낮은 구조. 총길이는 266.5m며, 다리 너비는 7.5m다. 바닥은 돌바닥이며, 다리 양쪽 석난간에는, 남쪽에 140개 북쪽에 141개의 망주를 세웠다. 망주 간 거리는 약 1.8~2m가 되며 각 망주의 높이는 1.4m다. 다리의 몸체 부분은 석재 구조물이며, 핵심부에는 철퇴로 연결하였다. 다리 난간에는 예쁜 사자 가족들을 조각하였는데, 모습이 아주 사랑스럽다. 그야말로 아름다운 예술 작품이다. 엄마 아빠 사자와 아이 사자가 노니는 모습, 다소 익살스럽지만, 생동감이 있다. 석공은 분명 따뜻하고 아름다운 마음씨를 가졌으리라. 그렇지 않고서는 이렇게 아름다운 작품이 탄생할 수 없을 테니 말이다.

베이징에 살면서 멀다는 핑계로 미루어왔던 곳, 노구교. 나는 이곳을 보고 알았다. 진정한 중국의 명소는 이곳이라는 것을. 가 보지 않으면 후회할 베이징의 명소 중의 명소다.

베이징대학 훙루

2019년 2월 21일 겨울의 끝자락에 훙루를 찾았다. 훙루(红楼)는 5·4 운동의 발원지로 중국 사람들에게는 역사적 의미가 있는 곳이다. 훙루는 1916년부터 1918년 홍색 벽돌로 지었다 하여 북대훙루(北大红楼)라고 부른다. 한때(1916~1952년간) 이곳은 베이징 대학 기숙사였으며, 지금은 베이징대학 제1원이라고 부른다. 훙루는 근대사에서 리다자오(李大钊), 천두슈(陈独秀), 마오쩌둥(毛泽东) 등이 마르크스 주의와 민주 과학 진보 사상을 이끌었던 개혁의 장소다. 1919년 5·4운동이 바로 이 훙루에서 계획되고 이루어졌기 때문이다.

2019년은 5·4 운동 100주년을 맞는 해다. 평소에도 이곳은 많은 사람이 찾지만, 이날은 더 많다. 현재 훙루 건물은 1961년 3월 4일 전국 중점 문물 보호 단위로 지정했고 2016년 9월에는 중국 20세기 건축 유산으로 등록했다. 이곳은 일본이 북평(北平, 베이징)을 점령했을 때, 일본군 주둔지로 사용했다. 그런 의미에서 훙루는 중국 사람들에게는 또 다른 의미가 있다. 1918년 마오쩌둥이 처음 베이징에 왔을 때 약 반년간 이 훙루 도서관에서 사서 보조를 했다고 한다. 이 당시 우리의 독립운동가 신채호 선생도 이곳 도서관을 들러 책을 빌렸다고 한다. 1918년 초에는 리다자오(李大钊)가 이곳에 마르크스 연구소를 설립했다. 루쉰(鲁迅) 또한 베이징

대학 문학과 교수로 재직했다. 지금도 1층에는 그 당시 노신의 강의 모습을 재현해 놓고 있다. 그 당시 베이징에는 신조사(新潮社), 국민잡지사(国民杂志社), 신문학연구회(新文学研究会), 철학연구회(哲学研究会) 등 많은 단체가 있었는데 모두 이곳을 주둔지로 삼았다. 홍루 내부 전시된 사진에서 알 수 있다. 또한, 그 당시 유명한 잡지 『新潮』, 『国民』, 『每周评论』 등의 정기 간행물도 이곳 지하실에서 인쇄 발행했다. 홍루는 신문화 운동의 근거지로서 큰 의미가 있는 장소다.

5·4 운동은 중국 근현대사의 획을 긋는 중요한 사건이었다. 중국인들을 각성시키는 글이 『신청년』 잡지에 실리면서 불이 붙었다. 이전의 봉건 세력은 반과학적이고 귀신 놀음이라 여기며 과학과 민주를 요구하고 나선 것이다. 시대적 개혁 바람을 막을 방법은 없었다. 새로운 바람의 키워드가 민주와 과학이 되면서 공자 사상은 구사상이 되었고 더는 필요하지 않은 타파의 대상이 되었다. 공자 유가 사상은 이렇게 중국 사람들의 마음에서 생활에서 서서히 잊혀 갔다. 5·4 운동은 그런 의미에서 득과 실이 공존하는 역사적 사건이 아닐 수 없다. 홍루는 그런 역사적 사건을 몸소 겪었던 곳이다. 현재 애국 교육 실천 기지로 활용하고 있다.

3
베이징의 후통과 문화

변하고 있는 베이징

2019년 1월 10일 목요일, 날씨도 좋다. 새해를 맞는 날 베이징 시내 구경을 나섰다. 변화를 몸으로 느끼고 싶어서다. 중국은 해마다 새해가 되면 새로운 정책을 내놓는다. 이런 날 시내 거리를 걷는 것은 나의 습관이 되었다. 그중 사람들이 모여 사는 후통(골목) 구경이 제일이다. 왕징에서 404번 버스를 탔다. 버스는 베이징 중심 동즈먼이 종점이다. 동즈먼은 사람들로 붐비는 번화가다. 버스를 타는 즐거움은 차창 밖으로 베이징 거리를 구경하는 일이다. 새해 첫날이다. 버스 속 이야기도 많이 달라졌다. 중국 인구 14억. 쉽게 변할 것 같지 않던 중국의 변화가 눈에 보인다. 새해 아침 설레는 마음을 안고 버스 속 풍경을 구경한다. 중국 사람들과 함께하면서 중국을 이해하는 것은 중국을 이해하는 나의 공부 방법이다.

오늘 버스표를 받는 안내원이 보이지 않는다. 오랫동안 버스 문을 지키며 차비를 받고 승객들과 씨름을 하던 안내원이 보이지 않는다. 이번 시범을 시작으로 1~2년 사이에 사라질 버스 안내원이다. 혼잡하고 시끄럽던 버스 안도 조용하다. 무인 카드 시스템이 이미 작동 중이다. 한때는 차비 문제로 언성을 높였고 음식 먹는 냄새로 주위 사람들을 불쾌하게 만들었던 일도 사라졌다. 이 모든 것이 국가의 강경 정책이 만들어 낸 변화다. 중국은 국가 정책이 정해지면 일사천리로 실행되는 나라다. 중국이니까 가능한 일도 많다. 이런 변화 또한 중국이 잘살게 된 것과도 관계있을 것이다. 먹고사는 문제가 해결되지 않으면 그 어떤 것도 소귀에 경 읽기가 되기 쉽다. 최근 중국의 경제 발전 속도는 매우 빠르다. 더 놀라운 것은 중국 사람들의 태도에도 변화가 생겼다. 마치 지금의 모습이 오래전부터 있었던 것처럼 자연스럽다. 뭔가 변하고 있는 모습이다. 새로운 것을 받아들이는 것도 빠르고, 잊는 것도 빠른 중국 사람들. 눈에 보이지 않으면 이미 사라진 것이다. 아무튼, 최근 중국은 경제가 성장한 만큼 시민들의 의식 수준도 많이 성장했다. 대중교통 무인 카드 시스템 도입은 새로운 변화고 발전이다. 그런데도 익숙한 듯 잘한다. 이런 변화도 하루아침에 이루어진 것은 아닐 것이다. 단계를 밟으며 천천히 변화를 주는 것도 중국식이다. 중국의 만만디 행보다. 안내원이 없어지면서 빨간 완장을 찬 안전 관리 요원이 그 자리에 있다. 고용도 해결하고 안전 문제도 해결하니 좋은 일이다. 춘절 첫날 마주하는 홍색 완장과 안전 요원. 문화 대혁명을 겪었던 사람들에게 홍색 완장은 어떤 의미로 비쳤을까. 70~80년대 홍색 완장은 힘이고 권력이었다. 하지만 이제는 아니다.

새해 첫날 중국은 새로운 시도를 하고 있다. 한번 발표한 정책은 무조건 일사천리로 진행하는 중국이다. 중도 포기란 없다. 그러나 성공을 위해 실행 이전에 고심하는 것도 중국의 특징이다.

버스 옆자리에 중국 아주머니가 앉았다. 아주머니는 눈에 풍이 온 듯 불편해 보였다. 사람들에게 잘 알려진 둥즈먼 병원에 가는 중이라고 했다. 우리는 도착할 때까지 마치 서로 이미 알고 있었던 사람처럼 이야기를 이어갔다. 그녀는 평소에는 배드민턴과 수영을 즐긴다고 했다. 그런데 갑자기 풍이 와서 한 달 넘게 병원에서 침을 맞고 있다며 낯선 이에게 속내를 털어놓았다. 오늘도 침을 맞으러 가는 중이었다. 그리고 젊은 세대들의 생활 방식이 많이 변했다며 딸 부부가 사는 이야기를 꺼내 놓았다. 사위보다 딸이 능력이 있으니 딸이 가장 노릇을 한다며 시대가 변했다고 말했다. 딸 자랑을 하는 건지 아니면 사위의 무능력을 말하는 건지 알 수 없었지만 분명 변화가 생긴 것은 분명했다. 아주머니가 말하는 변화는 부부 중 능력이 있는 사람이 경제 활동을 하고 나머지 한 사람은 자녀를 돌본다는 말이다. 남자든 여자든. 과거 중국은 누구나 일을 하는 사회였다. 아주머니 시대가 그랬기 때문에 지금의 변화를 새로운 변화라고 말을 하고 있다. 중국은 남녀평등이라고 말하는 사람이 많다. 그 이유는 남녀 역할을 따로 구분하지 않기 때문이다. 나는 중국에서 30년을 살면서 여자라서 하면 안 된다는 말은 들어보지 못했다. 내가 본 바로는 남녀 모두 일하는 사회였기 때문이다. 내가 아는 중국은 여성이기 때문에 집안일을 해야 한다고 말하지 않는다. 집안일도 여자가 하는 것이 아니라 누구든 시간이 되는 사람이 한다. 식사 준비도 여성이 해야 하는 것이 아니라 집에 먼저 오는 사람이 한다. 내가 지금까지 만났던 많은 중국 가정이 그랬다. 오래전 일이지만 내가 아는 중국 남자 노교수는 우리를 초대해 놓고, 직접 음식을 만들어 우리를 대접했다. 평소에도 늘 하시는 일이라 이상할 것도 없었다. 이런 광경은 중국 가정에서 흔한 일이다. 중국은 남녀 모두가 일하는 사회다. 집안일을 하기 위해 직장을 그만두거나 자기 일을 포기하는 일은 극히 드물다. 그러나 오늘 내가 만난 아주머니는 이런 모습이 이제 변하고 있다고 말한다. 맞는 말이다. 중국이 많이 변했다. 이미 5년 전의 일이다. 직장을 가야 할 사람들이 아침 시간에 매일 나와 함께 운동했다. 궁금해서 물었더니 운동하고 아이 픽업하는 것이 일이라고 했다. 여성은 아이를 학교에 데려다준 뒤, 운동과 사우나를 즐기고 쇼핑하고 친구들과 식사와 차를 마신다. 저녁에는 아이를 학원에 데려다주고 데려오는 것으로 하루를 보낸다. 분명 전형적인 전업주부 역할이다. 이는 남편 한 사람의 능력으로 가정을 지탱할 수 있을 때 가능하다. 어쨌든 이 또한 변화된 모습이다.

한때는 경제적인 문제와는 별개로 남녀 모두 일하던 시절이 있었다. 아무리 작은 일이라도 일을 하는 여성이 많았고, 남녀 모두가 일했다. 그러나 이제 경제적인 문제가 해결되었다면 굳이 둘 다 일을 할 필요가 없다는 것이다. 가장 큰 이유를 묻는다면 자녀 교육이다. 한 자녀를 낳아 최고로 키우겠다는 것이 이유다. 이런 현상은 중국이 잘살아진 것과도 관계있으며, 전국적인 현상이다. 최근 시진핑 주석이 사교육 문제를 근절시키겠다고 선포했다. 이는 중국의 사교육 문제가 얼마나 심각한지를 정부가 알았기 때문이다. 이유야 많을 것이다. 그러나 분명한 것은 사교육 시장이 과대하게 확장된 것과 과대하게 비싼 비용 때문이다. 내가 아는 또 다른 30대 부부는 초등학교 아이를 좋은 시설에서 교육한다며 웬만한 과장급 봉급을 써 가며 사설 교육 기관에 보내고 있다. 그것뿐 아니라 개인 과외도 한다며 자랑 아닌 자랑을 했다. 그럴 필요가 있느냐는 나의 물음에 그렇게 해야 경쟁에서 살아남는다며 나의 물음을 무색하게 했다. 중국 사람들의 교육열을 오바마 전직 대통령은 뭐라고 할까 궁금해진다.

그러나 경제적으로 곤란하다면 문제는 달라진다. 부부 모두 일을 해야 한다. 그리고 아이를 픽업하고 돌보는 일은 할머니 할아버지에게 맡겨야 한다. 그런 가정도 여전히 많다. 그래서 중국에는 가족 6명(엄마와 아빠 2명, 친가 외가 부모님 4명)이 한 아이 주위를 맴돈다는 말이 있다. 어떤 방법으로든 자녀를 남과 같이 교육해야 하기 때문이다.

  그러나 2021년 시진핑 주석은 교육 불평등 문제가 중국의 앞날과 당의 집권 기반을 흔들 만한 위험 요소라며 제재에 들어갔다. 나는 결국, 터질 것이 터졌다고 생각했다. 부동산 가격이 급격히 증가하면서 집이 없는 젊은이들은 혼인할 수 없고, 혼인해서도 자녀를 키울 조건이 되지 않는다며 아이 낳는 것을 꺼리기 때문이다. 나의 중국 제자 한 명은 집이 없다는 이유로 여성 집안으로부터 퇴짜를 맞았다. 대학 동기로 잘 지냈던 둘은 결국 여성 쪽 부모의 반대로 헤어졌다. 이런 일은 적지 않다. 중국의 사교육 시장은 이미 2013년 대비 10배(중국 과학원 빅데이터 연구소)를 넘었다고 했다. 나의 박사 동기도 결혼하고도 아이가 없다. 박사를 마쳤고 정교수인데도 말이다. 그의 대답은 사교육비가 비싸고 유학을 시켜야 하는 부담 때문이라고 했다. 이미 오래전 일이다. 가장 가까이 있는 사람들을 통해서도 중국의 사교육과 주거 문제의 심각성을 읽을 수 있다.

  중국은 1978년 '한 가정, 한 자녀 정책'을 강제로 도입했다. 그 후 2016년에는 '두 자녀 정책'을 그리고 이번에는 '세 자녀 정책'으로 확대 시행했다. 이쯤 되면 산아 제한 폐지로 볼 수 있다. 그러나 여전히 젊은 세대들은 자녀 낳는 것을 고민하고 있다. 딩크족(맞벌이 무자녀 가정)이 쉽게 줄지 않는다는 말이다. 이유는 다양하다. 그러나 그중 주택 문제와 자녀 양육비(교육비 포함) 부담이 가장 클 것이다. 국가는 앞으로 어떤 정책으로 젊은 딩크족들의 마음을 움직일지 기대가 된다.

동즈먼 종점에 내렸다. 완행버스라 1시간이 넘게 걸렸다. 아주머니는 병원을 가고 나는 베이징 중심 동스(东四)의 길을 따라 걸었다. 동즈먼은 2환의 중심이다. 모처럼 마음먹고 베이징 시내 구경을 나오니 중국 특유의 화려한 물건들이 나의 시선을 끈다. 긴 거리를 따라 걷다 보면 상점도 많고, 곳곳에 먹을 것도 많다. 중국 특유의 음식들은 각각의 냄새와 모습으로 지나가는 고객들을 유혹한다. 음식 천국이다. 소품 가게 주인들은 장난감과 전통 탈, 의류를 펼쳐 놓고 고객을 기다린다. 길을 따라 걷다가 어느 고택 앞에서 멈추었다. 옛 모습을 간직한 운치 있는 대문이다. 대문은 하나인데 안으로 들어가니 양쪽으로 길이 나 있고, 양쪽으로는 집들이 다닥다닥 붙어 있다. 이런 단칸방에는 대부분 홀 노인이나 젊은 부부가 산다. 우리의 쪽방 느낌이다. 옛 주택을 개조하여 많은 방을 만들었기 때문이다. 가구 수는 자그마치 80가구나 되었다. 내가 본 것 중 가구 수가 가장 많다.

이곳에 방이 많은 것은 오래전 회사 사택이었기 때문이라며 한 노인이 알려 준다. 이미 성장한 자녀들은 도시로 나가고 노인들만 남아 이곳에서 살고 있다고 한다. 원하면 이곳을 떠날 수 있지만 각자 나름의 이유가 있을 것이다. 세대 수는 대문 입구에 붙어 있는 전기 계량기의 수를 보고 추측할 수 있다. 지금까지 이곳에 거주하는 대부분은 옛날 다궈판(大锅饭, 한솥밥 시대) 시대를 경험한 사람들이다. 연령대가 많다는 말이다. 현재 거주하고 있는 사람들이 떠나고 나면 언젠가는 이곳도 국가가 알아서 처리할 것이다. 토지는 국가 소유기 때문이다. 이곳 사람들은 얼마 전까지 한 달에 런민비 10원(한화 1,700원)을 국가에 바쳤다. 그러나 최근에는 이것도 내지 않는다고 했다. 완전 무상으로 국가가 제공하는 셈이다. 사실 10원이라는 돈은 국가 소유지라는 상징성으로 보면 되지 않을까. 경제는 이미 자본주의 형태로 가고 있다. 국가가 주거를 책임지는 시대는 지났다. 앞으로 중국이 국유 주택을 어떻게 활용할지 궁금해진다.

  해마다 새해 첫날에는 많은 변화가 시작된다. 젊은 부부는 자녀 교육을 고민하고, 집이 없는 사람들은 어떻게 집을 마련할까 고민한다. 국가는 베이징이란 고도를 어떻게 가치 있게 만들 것인가를 고민할 것이다. 변화에는 반드시 고민도 따른다. 그 고민을 해결하기 위해 국가는 또 고민한다.

후통이란?

누가 나에게 중국을 알고 싶다고 물어오면, 나는 후통을 걸으라고 말한다. 후통(胡同)은 중국 사람들의 생활이 있고 사람 냄새가 나기 때문이다. 후통은 우리의 골목에 해당하며 사람들의 공동 생활 공간이다. 베이징에는 후통이 많고, 대부분 길이가 긴 것이 특징이다. 그래서 후통의 입구와 출구는 완전히 반대 방향이 된다. 이 말은 후통을 한번 들어가면 되돌아가든지 아니면 그대로 직진해야 후통을 벗어날 수 있다는 말이다. 대문이 후통을 향하고 있기 때문이다. 후통은 이웃과의 소통이 이루어지는 공적 사회적 공간이다. 그래서 후통을 걸으면 중국 사람들의 생활을 엿볼 기회도 생긴다. 후통을 걷다 보면 '티아오(条)'라는 표지판도 보게 되는데, 소후통(小胡同)이라는 뜻이다. 원래 후통(胡同)이라는 말은 몽골어에서 왔고, 티아오(条)는 베이징에서 생겨난 말이다. 『北京市城区街巷地名全图』의 기록에 따르면, '베이징에는 422개의 '티아오(条)'가 있고, 티아오(条)를 지에(街), 샹(巷), 후통(胡同) 등으로 부른다'고 적고 있다. 그렇다면 후통을 왜 티아오라고 불렀을까? 이는 명대로 돌아가야 한다. 명대 베이징성의 면적과 규모가 원왕조보다 크게 확대

후통

되면서, 거리(街), 후통(胡同)의 수량도 당연히 증가했다. 이들 거리를 어떻게 서열화할 것이냐가 문제였다. 그래서 ~후통 1티아오, ~후통 2티아오 등으로 나누었다고 한다. 사람들은 티아오라는 단어가 입에 쉽게 나오게 되면서 베이징에 유행했다고 보는 것이 정설이다.

후통의 혁명

진정한 중국을 이해하고 싶다면 후통을 걸어라. 후통을 통해 중국 사람들의 생활상도 보고 재미있는 광경도 발견하게 될 것이다. 평소에 생각해 보지 않았던 서양 문화와 중국 문화의 절묘한 결합도 보게 본다. 전통 장식을 한 주택에서 커피를 팔고 있다. 전통 차가 어울릴 것 같은데 동서양의 결합이 어느덧 익숙하게 보인다. 외부 모습은 중국 전통 장식인데, 내부에서는 커피와 햄버거가 주인공이라니. 자세히 보지 않으면 보이지 않을 조화다. 후통을 걸으면 지루하지 않은 것도 이런저런 볼거리가 많아서다. 곳곳에 있는 마을 알림판에는 국가 정책들이 빼곡하게 적혀 있고, 마을 사람들의 수칙도 적혀 있다. 전봇대에 걸린 플래카드 내용으로 국가의 고민도 읽을 수 있다. 최근에는 국가가 거리를 정비하면서 밖에 물건을 진열 못 하도록 했다. 거리와 후통은 많이 깨끗해졌지만, 사람들이 모여 왁자지껄하던 분위기는 사라졌다. 그들의 대화도 엿들을 수 없어 아쉽다. 물건은 모두 건물 안으로 들어갔다. 간판도 일률적으로 달렸다. 이런 정비는 2019년에 대대적으로 이루어졌다. 베이징 전체가 정비되면서 후통에도 혁명이 일어난 셈이다. 그 대상은 오랫동안 길거리 먹거리를 담당하던 영세업자가 대부분이다. 그리고 직장인들도 아침을 먹기 위해 새로운 상점을 찾는 불편함이 있었다. 이처럼 무슨 일이든 새로운 시작은 나라를 막론하고 시행착오가 따른다. 특히 2019년은 중국 건국 70주년이다. 불법적인 것은 모두 철거하기 시작했다. 불법 상점 간판이나 광고 간판까지도 철거 대상이 되었다. 이런 철거 작업으로 한국 기업은 광고 간판을 새로 했다가 광고사들이 손해를 떠안는 일도 있었다. 국가가 하는 일이라면 하소연할 방법도 없다. 이 또한 대중을 위한 것이고 국가가 필요하다면 그만이다. 정책적으로 공고문이 나붙으면 철거는 일사천리로 이루어진다. 중국식이다. 국경절(2019년 10월 1일)을 맞이하기 위한 준비는 완벽하게 끝났다. 이 또한 성공적이다. 중국이니 가능한 일이다. 후통을 걸으면 보이는 것도 많다.

후통을 자주 찾는 나로서는 반가운 일이 있다. 따닥따닥 붙어사는 후통 사람들에게 밥 먹는 것만큼 중요한 것은 화장실 문제였다. 지난날과는 달리 이제 한 발만 가도 화장실이 보인다. 그야말로 화장실 혁명이 일어난 것이다. 후통의 화장실은 길을 가던 사람도 사용하지만, 후통 사람들이 함께 사용한다. 일반 구주택에는 여러 가구가 하나의 화장실을 사용하는 경우가 많기 때문이다. 특히 큰 규모의 주택에는 수십 가구가 살지만, 화장실이 하나밖에 없는 경우가 많다. 어쨌든 옛날 화장실을 생각하면 공용 화장실이라도 많이 생겨서 좋고, 종일 청결이 유지되어 좋다. 긴 줄을 서지 않아도 된다. 거리와 화장실 청결을 위해 관리자를 둔 것은 정말 잘한 일이다. 화장실 입구에는 관리자의 사진과 이름도 붙어 있다. 관리자의 책임도 무겁다. 이는 중국 사람들의 마음을 잘 읽은 부분이다. 내 일이 아니면 절대로 나서지 않는 중국 사람들이기 때문이다. 중국이 변하고 있다. 강력한 국가 정책이 화장실 혁명을 일으켰고, 거리 위생도 바꾸어 놓았다. 중국도 오랫동안 고민을 했을 일이다. 문화 대국을 꿈꾸는 중국이 이런 생각을 하지 않았을 리 없다. 단지 시간이 걸렸을 뿐이다. 중국의 만만디 정신은 언제나 발휘되고 있다. 종일 후통을 걸어도 피곤하지 않은 날이다.

주택 사합원

중국은 땅이 넓은 만큼 다양한 주거 형태가 있다. 주택은 그 지역의 환경 기후 민족성이 잘 반영된 문화 형태다. 대표적으로 절강성과 강서성 지역의 휘주 주택, 광동성과 복건성의 토루(土樓), 황화 고원지대의 요동 주택, 그리고 명·청 시대의 베이징 사합원이 있다. 중국 주택들은 대부분 벽으로 외관을 완전히 둘러싸는 폐쇄형 구조가 특징이다. 휘주 주택은 강남을 대표하는 주거 형식으로,

산지가 많고 평지가 적은 지형에서 볼 수 있는 주거 형태이다. 강남 일대는 비가 잦고 습한 기후 때문에 2층에서 생활하는 것이 일반적이다. 그리고 복건성의 대표 주택 토루가 있다. 토루는 복건성과 광동성 강서성의 객가족들이 주로 거주하는 주택이다. 객가족들은 황하 유역에서 살다가 여러 차례의 전란을 피해 이곳으로 이주해 온 민족으로 한족으로 분류하고 있다. 객가족들은 이주를 하면서 그들만이 모여 집단을 이루며 살았다. 그들은 현지인들과 융합하지 못하고 타민족들과의 접촉도 꺼렸다. 그러므로 외부 침입을 막고 그들만의 안식처를 만들기 위해 토루와 같은 완전 밀폐형 주택을 창조해 내었다. 그리고 산서의 요동 주택이 있다. 산서 지역은 황토 고원이 많아 여름에는 덥고 겨울에는 바람이 많이 불어 춥고 건조한 날씨가 특징이다. 이런 자연적인 특징으로 논농사가 없고 대부분 밭작물로 살아가는 곳이다. 이런 자연조건에 맞도록 지은 집이 요동 주택이다. 요동 주택은 황토를 파서 입구만 외부와 통하고 세 벽면은 황토벽으로 만든 집이다. 요동 주택은 겨울에는 추위를 막아 주어 따뜻하고, 여름에는 시원한 것이 특징이다. 이런 독특한 요동 주택을 국가가 보호하기 시작했다. 그 밖에 광동성 카이핑시(开平市)에 있는 띠아오로우(碉楼)가 있다. 이는 방어 목적을 겸한 석탑 형식의 건축이다. 그리고 목재로 만든 간란식 건축이 있다. 이는 대체로 남방의 건축 양식으로 일 층에는 짐승을 키우고, 이 층에 사람이 거주하는 방식이다. 간란식은 목재 건축이며 원시적인 건축 양식이라 할 수 있다. 그리고 총칭(重庆)이나 귀주(贵州)

지역의 묘족이나 부이족, 장족, 동족, 수족, 토가족은 주로 띠아오쟈오로우(吊脚楼)에서 주거한다. 일반적으로 강을 끼고 있으며, 창문은 강을 향하게 하여 경치를 즐길 수 있도록 만든 남방 건축 형태다. 띠아오쟈오로우 또한 간란식의 일종이다. 그리고 광동, 광시 지역의 후어얼우(镬耳屋) 건축이 있는데, 주택 지붕의 양 측면이 사람의 귀 모양을 닮았다 하여 붙여진 이름이다. 후어얼우 건축은 방화와 통풍을 고려한 건축 형태다. 이들은 모두 그 지역의 환경과 특성을 잘 반영한 건축들이다.

사합원 내부

그렇다면 베이징의 주택 사합원은 어떤 주택인가. 사합원은 명청대 주택으로 보통 명사처럼 사합원이라고 부른다. 사합원은 이름 그대로 사면이 둘러싸였다는 뜻에서 사합원(四合院), 또는 사합방(四合房)이라 부른다.

사합원 대문

하늘에서 바라보면 정확한 'ㅁ' 자형 구조가 특징이다. 사합원은 사방이 건축물(방)로 둘러싸여 있으며, 외부와는 완전히 차단된 구조다. 주택 중앙에는 우리의 마당에 해당하는 정원(庭院)이 있고, 정원을 중심으로 건물들이 둘러싸고 있는 형태다. 방들은 모두 정원을 향해 있고, 대문을 통하지 않으면 외부와 통할 수 없다. 밖에서 보면 창문도 높이 있어 통풍을 위해 만들어졌음을 알 수 있다. 사합원은 외부와는 완전히 차단된 주택이지만 내부에서는 자유로운 공간 구조가 특징이다. 주택이 이렇게 사방을 에워싸듯 폐쇄적인 데는 이유가 있다. 흙과 먼지가 많고 바람이 많은 날씨 때문이다. 그리고 주택은 전통적으로 가족은 한곳에 모여 살며 화합하는 공간으로 외부의 간섭을 받지 않아야 하기 때문이다. 또한, 주택 가운데는 기가 머물러 있는데 기가 밖으로 흘러나가는 것을 막기 위함이다. 중국 사람들은 집 안에 머무는 기를 중요시했고, 기가 빠져나가면 복이 나간다고 믿었다. 이렇게 철저한 외부 차단형 주택을 사합원이라 부른다.

그렇다면 사합원의 내부는 어떨까? 각 방이 배치된 위치에 따라 명칭이 다르고, 거주하는 사람도 달랐다. 이는 공간 구성을 위계에 따라 나누었기 때문이다. 그러므로 사합원은 중국인의 주거관이 잘 반영된 주택 형태라 말할 수 있다. 사합원은 중정(中庭) 중심의 내향적(시선이 중정에 집중) 공간 구성과 좌우 대칭의 축적 구성이 특징이다. 중국의 대부분 주요 건축이 중축 선을 따라 건축되었고, 중축 선을 기준으로 양쪽은 대칭 구조를 이룬다. 그리고 사합원의 기본 특징은 폐쇄적이고 방어적인 공간 구성, 외부의 자연 조건으로부터 가족 보호, 가족의 사생활 보호가 완벽한 구조이다. 그러나 주택 내부에서는 자유롭고 풍요로운 일상생활이 가능하도록 하였다. 중정은 일반적으로 인공적으로 만든 경우가 많다. 마당에 나무를 심고 인공 연못을 만든 것이 그 예가 될 것이다. 이는 집주인의 취미 생활과도 관계있지만 대체로 풍수에 따른 경우가 많다. 일반적으로 어항은 서쪽에 두는데, 이는 서쪽이 수(水)에 해당하기 때문이다. 어항을 서쪽에 둠으로써 물이 생성되는 데 유리하다고 보는 것이다. 주의할 것은 어항은 너무 높게 두지 말아야 한다. 아무리 높아도 1.5m를 넘지 않고 사람의 키를 넘지 않도록 한다. 너무 높으면 어항에 사람이 눌려 좋지 않다고 믿는 풍습 때문이다. 이런 기본 풍수를 따랐어도 시간을 두고 지켜보아야 한다. 10~15일 지난 후에도 어항 속의 붕어가 활발하게 잘 자라고 있다면 위치가 좋은 것이며, 만약 붕어가 활발하게 살아 있지 못하다면 위치를 바꾸어야 한다. 생활 속에서 일일이 이런 풍수를 따질 수는 없지만, 중국 사람들에게 풍수는 민감한 부분이다. 그 공간에 거주하는 사람들의 건강과 직접적인 관계가 있다고 믿기 때문이다. 또한, 정원에 나무를 심는 것 또한 중국 사람들의 오랜 풍습이고 문화다. 집 안에 나무를 심을 때는 반드시 길상적 의미가 있는 나무를 선택하는데, 과실수가 많다. 종류도 다양하며 모두 각각의 상징적 의미가 있다. 해당화 사과 앵두는 행복을 상징한다. 그리고 대추나무도 심는데, 중국어로 대추는 홍자오(红枣)인데, 자오(枣·zao)와 일찍을 뜻하는 자오(早·zao)와 음이 같기 때문이다. 이는 자녀를 일찍 얻는다는 뜻이다. 감(柿子)나무를 심는 집도 많다. 감을 중국어로 스즈(柿子)라고 하는데, 柿(shi)와 일을 뜻하는 事(shi)가 음이 비슷하여, '事事如意(shishiruyi, 일이 뜻대로 이루어진다)'로 해석하기 때문이다. 그리고 감(柿子·shizi)은 모양이 둥글고 열매가 커서, 중국 고대 권력의 상징인 여의(如意)를 닮았다는 사람도 있다. 그리고 석류나무도 많이 볼 수 있는데, 이는 석류 씨가 많아 다자(多子)를 상징한다. 중국 사람들은 주택에 나무를 심는 것조차도 이렇게 신경을 썼다. 이는 자손 번창이 곧 집안의 번창과 흥함이 걸린 중요한 문제였기 때문이다. 무엇보다 이렇게 매사에 신중할 수밖에 없는 것은 이유가 있다. 중국 사람들의 관념 속에 '不是怕一万就怕万一'라는 심리가 존재하기 때문이다. '만에 하나' 발생할 수 있을 부정을 미리 걱정하고 피하고자 하는 것이다. 이런 사고방식은 지금까지 이어지고 있다. 주택 마당 이야기는 박지원의 『열하일기』에서도 잘 묘사하고 있다. '처마 끝엔 석류 몇 분(盆), 수구(繡毬) 한 분, 추해당(秋海棠) 두 분이 심겨 있다.'

중정(中庭)은 마당을 말하며 주택의 중심 공간이다. 각 방에서 문을 열면 시선이 모이는 곳이다. 풍수로 보면 중정(마당)은 기(氣)가 모이는 장소라 하여 중요시한다. 사방에 있는 건축물이 이 중정을 감싸고 보호하는 형상이며, 각 방향에서 흘러나오는 기가 중정에 모이는 격이다. 중국 사람들이 도시나 주택을 건축할 때 둘러싸는 건축을 하는 것은 바로 이런 기본 원리를 염두에 두었기 때문이다. 비록 사합원 형태는 아닐지라도 복건성(福建省) 주택인 투로우

(土楼) 또한 원형과 사각형으로 모두 사방이 싸진 형태이다. 지방과 날씨에 따라 건축에 차이는 있으나 전통 건축 형태에서 둘러싸는 형식은 큰 차이가 없다.

그러면 사합원은 어떻게 만들었을까? 사합원의 철학적 바탕은, 음양오행의 바탕이 되는 풍수지리 사상과 주역 그리고 가족 제도와 위계 관계를 중시하는 유교 사상이다. 풍수지리 사상은 자연의 기(氣)와 인간의 기가 상호 작용하기 때문에 음택과 양택으로 구분한다. 그래서 사람이 거주하는 주택을 선정할 때도 영향을 주었다. 주역(복희에 의해 창안된 중국 고유의 사상) 또한 고대부터 현대까지 중국 문화를 관통하는 기본 철학으로 주택의 방향에 영향을 주었다. 대문은 남동쪽에 두며, 화장실을 남서쪽에 둔 것은 주역에 따른 것이다. 그리고 주거 공간에 위계질서를 표현한 것은 유교 사상의 영향이다. 유교 사상은 관념과 대의명분을 중시한 철학이다. 주택의 공간 구성을 나눌 때 거주하는 사람의 위계에 따라 차등을 두었고, 건축물의 높낮이를 달리했다. 위계는 북-동-서-남의 순서다. 이처럼 사합원은 철저한 위계질서에 따랐다.

사합원 공간 구성의 특징을 보면, 사합원은 정방, 상방, 도좌방으로 불리며, 단위 건물이 조합되어 하나의 주택을 형성한다. 사합원은 실용적 측면보다는 대칭성과 공간의 위계질서 구현이라는 관념적 원리가 적용된 주택이다. 중국은 한국처럼 자녀가 성장하여 혼인하면 분가를 시키는 것이 아니라 함께 사는 것이 일반적이다. 그러므로 장남과 차남이 거주하는 주택 공간을 서열화하고 규칙을 두었다. 장남은 동쪽 차남은 서쪽에서 거주하도록 각각 독립된 공간을 허락했다. 장남이 거주하는 동쪽 건물이 약간 높고 차남이 거주하는 서쪽 건물이 약간 낮게 건축된 것도 이런 위계에 따른 것이다. 이는 유교 사상이 사합원 건축의 근간이라는 말이다. 주택 내부는 회랑(복도식 건물)과 담을 이용하여 사방을 연결하였다. 외부에서 보면 폐쇄적이나 내부에서는 서로 통하도록 하였다. 외부는 폐쇄적이나 내부는 개방적이라는 말이다. 방 배치에서 등급이 낮은 도좌방(손님방, 대문과 붙은 방)은 남쪽에 두고, 등급이 가장 높은 정방(등급이 가장 높은 방, 조부모 방, 대문과 가장 먼 방)은 북쪽에 두었다. 동서를 구분하여 장남과 차남의 서열을 두었다. 이는 모두 대칭 구조이며 위계에 따른 배치다. 사합원의 마당에는 전돌을 깔아 길을 만들고, 네 귀퉁이에 나무를 심었다. 이러한 배치 양상은 중국 고대 사회의 종법 제도와 유교 사상을 주택에 적용한 것이다.

주택의 얼굴 대문

사합원은 폐쇄적인 형태의 주택이다. 그러나 외부에서도 주택에 어떤 사람이 사는지 짐작할 수 있는 공간이 있다. 바로 대문이다. 대문 장식으로 주택에 거주하는 사람의 신분과 부의 정도를 표현하였기 때문이다. 그래서 중국 사람들은 '대문을 주택의 얼굴'이라고 여기며, 대문 장식에 특히 신경을 썼다. 대문 장식에는 문루, 수화문, 문환(門環), 문돈, 영벽, 문잠(門簪) 등을 포함한다. 그러므로 대문 장식 곳곳에서 신경을 쓴 흔적을 볼 수 있다. 게다가 중국 사람들은 재물과 재앙도 대문을 통해 들어오고 나간다고 믿었다. 그러므로 대문이라는 공간에 신경을 썼으며, 장식도 소홀하지 않았다. 일상생활에서도 '문제고저(門第高低)', '문당호대(門堂戶對)', '광대문미(光大門楣)' 등의 표현을 사용하는데, 이 또한 모두 대문과 관계있다. 귀자(貴子)의 집을 '고문대호(高門大戶)', 비천한 서민(庶民)의 집을 '소호한문(小戶寒門)'이라는 말도 있다. 이 또한 대문과 주택 주인의 신분을 연관 짓는 표현들이다. 청대의 제도 규정에 따르면 대문은 중앙에 배치(문짝이 놓이는 위치)하고, 규모에서도 친왕푸는 5칸, 군왕푸는 3칸을 둘 수 있다고 하였다. 이는 거주자의 신분에 따라 칸수가 달랐다는 말이다. 그러나 보통 낮은 관료나 서민은 대문을 한 칸으로 만들고 대문이 놓이는 위치도 일정하지 않았다. 이처럼 중국 사람들은 사합원에서 대문을 사람의 신분과 부의 측도로 여겼다. 그리고 대문은 복과 재앙이 들어오는 통로라고 보았다. 평소에도 대문을 닫아 두는 것은 집 안의 복이 밖으로 나가는 것을 막고, 밖의 나쁜 기운이 집 안으로 들어오는 것을 막고자 함이다. 그러나 대문 장식에도 신분에 큰 제약이 없었던 장식이 있다. 대문의 지붕 높이와 영벽 장식이다. 부를 축적한 사람은 대문 지붕을 높이고 화려하게 만들고, 영벽도 크게 만들어 부를 과시했다. 그러므로 신분이 낮으나 부를 축적한 지방 사람들은 대문 높이(문루)와 영벽 장식으로 그들의 부를 과시할 수 있었다. 이는 지방 사합원에서 확인된 바 있다. 지금도 중국 지방에 가면 집과 비교할 때 대문이 눈에 띄게 크고 높은 것을 볼 수 있다. 이는 집주인이 사업으로 큰 재물을 얻었다는 성공의 표시다. 돈을 벌면 제일 먼저 하는 일이 대문을 높고 크게 세우기 때문이다. 그러나 신분에 따라 달랐던 장식은 문돈 장식이다. 문돈 중 사자 장식은 왕족, 포고형은 무관, 서책형은 문관의 표시다. 집 안으로 들어가지 않고도 주택 주인의 신분을 짐작할 수 있다는 말이다. 이 또한 중국 문화다.

앞에서 주택 영벽 이야기를 했다. 영벽은 신분과 관계없이 중국 사람들이 지금까지도 유지하려는 주택 장식이다. 중국 주택에서 영벽은 중요한 의미

영벽

가 있다. 영벽은 대문을 들어서면 먼저 마주하게 되는 벽으로 형태는 다양하다. 마당이 직접 마주하지 않도록 무언가로 막아 두었다면 영벽으로 생각하면 된다. 대문을 들어섰을 때 집의 내부가 바로

보이면 좋지 않다고 믿는 풍속 때문이다. 중국 사람들은 나쁜 기운이 집 안으로 들어오는 것도, 집 안에 있는 기나 복이 밖으로 빠져 나가는 것도 원하지 않았다. 그래서 영벽이라는 것을 설치하여 집 안을 보호하고자 하였다. 집안으로 들어오려던 잡귀(雜鬼)가 영벽에 비친 자신의 모습을 보고 놀라 도망간다고 믿었기 때문이다. 대문은 사람이 출입하는 공간이다. 그 때문에 혹시라도 밖의 나쁜 기운이 주택 내부로 들어오지 않을까 두려워했다. 그래서 대문을 들어가면 반드시 한번 꺾어서 내부로 들어가게 했다. 이런 꺾이는 벽면 공간이 영벽 역할을 하는 것이다. 옛날 사람들은 조상이 집 안으로 들어오는 것은 허용했다. 그러나 떠돌이 귀(鬼, 귀신)는 집안에 화를 가져온다고 여겨 대문 입구에서부터 철저히 막고자 했다. 지금도 중국 사람들은 영벽을 설치하면 집안의 사람이 다치지 않고 행복할 것이라 믿는다. 이 또한 만일에 대비하는 중국 사람들의 습관이고 문화다.

영벽의 모양과 장식도 다양하다. 때에 따라서는 영벽이 대문 밖 길가에 있는 예도 있다. 이는 밖에서부터 떠돌이 귀를 막는다는 의미다. 상단 부분에는 '복록(福祿)', '길상(吉祥)', '평안(平安)'이라는 글귀로 장식한 것도 있고, 그림만 그린 것도 있다. 시대가 변하였지만 최근 재건된 사합원에서도 여전히 화려한 장식의 영벽을 볼 수 있다. 영벽 장식에는 꽃(화초, 송학, 연꽃, 봉황, 목단, 송죽매(松竹梅)) 문양과 고사(故事, 이야기) 장식이 많다. 최근 베이징 사합원들은 대부분 보수와 증축을 마쳤다. 그런 재건 속에서도 주요 장식은 그대로 재현되고 있다. 영벽도 그중 하나다. 이는 전통을 지키겠다는 국가의 의지도 있지만, 나쁜 기운이 집 안으로 들어오면 불길하다고 믿는 사람들의 심리적인 요인도 작용한 것이다. 나는 시간이 나면 자주 후통을 걷는다. 그 속에는 중국인과 중국 문화가 있기 때문이다.

구로우를 걷다

구로우는 북이환(北二环)에 있는 안정문(安定门)을 끼고 용허궁 건너에 있는 후통이다. 번화한 상점을 지나 좁은 골목을 들어서면 서민 주거지가 나온다. 나는 이런 후통을 자주 찾는다. 후통을 들어가니 작은 가게가 눈에 띈다. 한두 사람만이 겨우 들어갈 수 있는 작은 가게다. 주인은 60대 남성이다. 그는 도장과 묵화 액자를 직접 제작하여 파는 가

구로우

북 치는 광경

게를 운영하고 있었다. 내가 이곳 거리에 관해서 묻자, 거리는 많이 보수되었으나 여전히 지붕과 집 내부는 옛날 그대로를 유지하고 있다고 했다. 최대한 전통을 살리려고 애쓴 흔적이 보인다. 중국은 최근 10여 년 동안 인민을 결속시키는 수단으로 문화를 강조하고 있다. 뿌리와 전통을 강조하고 나선 것이다. 그러나 건축물은 시간이 지나면 보수도 증축도 필요하다. 그래야 오래 유지할 수 있기 때문이다. 전통을 유지하는 것도 중요하지만 사람이 우선이어야 하고 생활이 편해야 한다. 그런 의미에서 전통을 지킨다는 것은 어렵고 진통이 따르는 일이다.

용허궁을 마주하고 있는 구로우(鼓楼)에는 주말 때문인지 아니면 납팔죽을 먹는 특별한 날이어서인지 사람들이 평일보다 많다. 2019년 1월 13일(음력 12월 8일). 납팔죽을 먹는 풍속은 불교에서 전해졌는데, 음력 십이월 초파일에 석가모니가 성도한 날을 기념하기 위해 먹었다고 알려져 있다. 옛 인도 사람들은 성불한 석가모니가 성불 이전의 고난을 잊지 말자는 뜻에서 죽을 쑤어 먹었다고 한다. 번화한 거리에는 구경거리도 많다. 구로우 거리는 평소에도 사람이 많은 곳이다. 베이징 중심인 데다가 유명 관광지기 때문이다.

오늘은 평소에 지나치기만 했던 구로우(鼓楼) 내부가 궁금하여 표를 끊었다. 입장표는 20원이다. 베이징 구로우는 원대 건축물로

원 9년(1272년)에 완성되었다. 구로우의 최초 이름은 '제정루(齐正楼)'이며, '金, 木, 火, 土, 日, 月'이라 하여 칠정지의(七政之义)라고도 불렸다. 그리고 구로우(鼓楼)는 북쪽 중축 선상에 놓여 있다. 베이징의 대표 건축물들은 동서남북의 중심에 있으며, 중축 선을 따라 있는 건축물들은 모두 권력과 관계있고 등급이 높다는 뜻이다. 그리고 구로우는 화재로 소멸되었다가 원(元) 성종대덕원년(成宗大德元年, 서기 1297년)에 재건되었다. 지금의 모습은 그 후 명 영락(永乐) 18년(1420년)에 또다시 재건된 것이다. 구로우의 높이는 46.7m며, 3개의 처마로 되어있다. 등급이 높은 헐산정(歇山顶) 지붕에 회색 둥근 기와를 얹었고, 앞부분은 녹색 유리 기와를 사용했다. 전부 목제 건물이다. 급경사의 계단을 따라 이 층으로 올라가면 베이징 시내가 한눈에 들어온다. 시간이 맞으면 북 치는 모습도 구경할 수 있다. 옛날 모습 그대로 재현하는 고수들의 자태가 엄숙하다. 구로우는 1957년 베이징시 인민위원회에 의해 시급 중점 문물 보호 단위로 지정하고, 1996년 중화인민공화국 국무원에 의해 전국 중점 문물 보호 단위로 지정하여 보호하고 있다. 이 층에 있는 큰 북은 새로 복원된 것이며, 북의 지름은 1.4m, 높이 2.22m로 소가죽으로 만들었다. 이 북은 제11회 아시아 올림픽 개막식과 첫 번째 베이징 문물 축제 개막식 때 사용된 것이다. 구로우 맞은편에는 남쪽 구로우가 있는데, 이는 원·명·청대 도성의 통신을 알리던 곳이다. 민국 13년(서기 1924년)에 통신 기능은 폐지되었다. 꽤 오랜 기간 통신 기능을 담당했던 곳이라니 새롭다. 구로우 건물은 남북 대칭 구조로 잘 보존되고 있다.

루주 이야기

사람이 많이 모이는 곳에는 당연히 먹거리가 있다. 구로우를 나오면 입구에 루주(卤煮)를 파는 라오쯔하오(老字号, 노포) 식당을 만난다. 이곳에는 젊은 사람들뿐 아니라 나이 든 사람도 많이 찾는 오래된 식당이다. 루주(卤煮)는 베이징 사람들이 옛날부터 먹어 왔던 서민 음식이다. 주재료인 돼지 창자와 간을 썰어 만든 초간(炒肝)과 돼지 창자, 간, 두부, 빵을 넣고 양념으로 설탕, 간장, 소금, 파, 생강, 계피, 백지, 후추, 말린 홍고추 등을 넣어 오래 끓인 것이다. 마지막에 전분을 풀어 넣으면 걸쭉한 루주가 만들어진다. 우리의 돼지 내장탕과 비슷하지만, 전분을 넣어 걸쭉하게 하는 것이 베이징 루주의 특징이다. 베이징 사람들이 오랫동안 즐겨 먹었던 음식이며 평소에도 즐기는 시아오츠(小吃)다. 시아오츠는 가벼운 먹을거리를 말하며, 우리의 간식류에 해당한다. 한때는 서민들의 배를 불리는 값싼 음식이었으나 이제는 베이징의 대표 별미가 되었다. 루주는 고영양 음식으로 한 끼 식사로도 충분하다.

이곳은 베이징 중심으로 언제나 사람들이 많다. 그래서 테이블을 독차지하기는 쉽지 않다. 나 또한 60대 중국 부부와 한 테이블에 앉았다. 이들 부부의 말을 빌리면, 어릴 때는 루주 한 그릇에 2마오 5분(2원 50전)이던 가격이 10위안, 22위안이 되었다고 했다. 시대가 흘렀으니 가격의 변화는 당연한 일이다. 루주는 그릇의 크기에 따라, 대, 중, 소로 나누어 판다. 원하는 양만큼 먹을 수 있어서 편리하고 합리적이다. 루주는 고영양 음식으로 옛날이나 지금이나 서민들의 인기 메뉴다. 오랜 입맛에 길든 중년들도 많이 눈에 띈다. 그 속에는 젊은이들도 많다. 워낙 많은 사람이 찾는 곳이라 빈자리를 찾기는 어렵다. 회전율이 빠른 것을 보니 우리가 말하는 대박집인 셈이다. 가격도 그릇 크기에 따라 차이가 있지만, 기본 한 그릇의 가격은 20~22원이다. 기억을 거슬러 가 보면 7~8년 전에 10원이면 베이징에서 푸짐한 한 끼를 먹을 수 있었다. 그렇게 보면 한 끼 식사가 최소한 2~5배는 오른 셈이다. 중국은 외식 문화가 보편화된 나라다. 특히 루주와 같이 만들기가 복잡한 음식은 밖에서 해결하는 것이 훨씬 편리하고 경제적이다. 한 끼 먹기 위해 부산을 떨지 않아도 되기 때문이다. 그래서 이런 오래되고 역사가 있는 식당은 일 년 내내 손님이 끊이지 않는다.

오늘 만난 60대 부부는 베이징에서 사는 노후가 보장된 평범한 사람들이다. 부부는 베이징에서 살려면 집은 하나 있어야 하고 퇴직금이 있으면 만족한 삶을 살 수 있다고 말한다. 앞으로 바람이 무엇인지 물었더니, 특별한 것은 없고 건강하고 즐겁게 사는 것이라고 했다. 베이징 부동산 가격은 20년 전과 비교하면 최소

40~50배 이상이 치솟았다. 그나마 이 부부는 운이 좋은 사람들이다. 어려운 시대를 살았지만, 국가나 기업으로부터 집을 분배받았기 때문이다. 그러나 현대를 살아가는 젊은 세대들은 다르다. 능력이 있어도 누구 도움 없이 집을 갖기는 어렵다. 특히 지방 출신이 베이징에서 직장을 다닌다면 집 문제는 피할 수 없는 최대 고민거리다. 베이징은 집세가 비싸서 월급의 상당 부분을 집세로 내야 한다. 게다가 중국은 전세 개념이 아닌 월세를 받는다. 루주를 먹으면서 오늘도 중국 사람들의 삶을 들여다보았다.

베이징의 중심 장안가

장안가(长安街)는 베이징의 동서를 잇는 중축 선상에 있는 거리 이름이다. 1949년 마오쩌둥이 건국 기념식을 할 때 차를 타고 가면서 손을 흔들었던 상징적인 곳이다. 지금도 국가적 행사가 있을 때는 이곳에서 군사 퍼레이드가 열린다. 2019년 10월 1일 신중국 건국 70주년 기념일이다. 기념일을 진행하는 9월 29일부터 10월 2일 오전까지 장안가를 중심으로 전체 거리가 통제되었다. 국가적인 행사가 있을 때면 항상 있는 일이니 놀랄 일은 아니다. 건국 기념일 기념행사와 퍼레이드를 위해 예행연습을 할 때도 부분 통제를 했다. 동원되는 인원이 많으니 예행연습을 위해서도 넓은 공간이 필요할 것이며, 안전 문제가 고려되었기 때문이다.

우리에게 익숙한 관광 명소 천안문(天安门)은 장안가의 북쪽에 있다. 장안가는 천안문 앞의 일자형 중심 도로를 말하는데 천문까지 T 자형으로 이어져 있다. 천안문을 명대에는 승천문(承天门)이라 불렀다. 천안문은 명조 영락 15년(1417년)에 만들어졌는데, 청대 원래 수도인 남경의 승천 문을 그대로 모방한 것이다. 승천 문의 뜻은 '承天启运, 受命于天'이다. 즉 하늘의 뜻을 받아 하늘의 뜻에 따른다는 말이다. 황성(皇城)의 대문 밖에는 또 다른 문이 있는데 대명문(大明门)이라 불렀다. 이 문은 후에 청 왕조가 들어서면서 대청 문으로 바뀌었다가 후에 사라졌다. 지금은 대문의 좌측 문을 창안좌문(长安左门), 우측문을 창안우문(长安右门)이라 부르며, 이 거리를 통틀어 장안가라고 부르고 있다.

  그렇다면 장안(长安)이란 말이 어떻게 생겨났을까? 장안가의 '장안(长安)'이라는 말은 중국 한당(汉唐) 때의 수도 이름이다. 지금의 서안 지역이다. 그 당시 당나라가 전성기였을 때 인접해 있던 우리 또한 '서울 장안'이라 불렀던 적이 있다. 장안가란 장치구안(长治久安)이라는 말이며, 장기간 사회 질서의 안정과 태평성대를 기원한다는 뜻이다. 그래서 장안가는 사람들에 의해 중국에서 가장 중요한 거리라는 뜻으로 신주제일가(神州第一街)라고 불렀다. 지금도 중국 사람들에게 장안가는 베이징의 가장 중요한 거리로 인식된다. 국가의 중요한 행사는 모두 장안가에서 이루어지기 때문이다. 해마다 10월 1일 중화인민공화국 성립 기념일에는 꼭 이 장안가에서 열병의식(阅兵仪式)을 펼친다. 또한, 국빈이나 특별한 국가 행사가 있을 때면 장안가는 완전히 통제된다. 거리는 청결을 유지하고, 진입하는 차량도 깨끗해야 통과할 수 있다. 만약 흙먼지의 차를 타고 그대로 장안가로 진입했다면 제지를 당할 수 있다. 오래전 택시 기사로부터, "오늘은 세차하지 않아서 장안가를 들어갈 수 없어요"라는 말도 들었다. 장안가는 중국이라는 국가의 이미지를 담고 있다. 국가는 항상 만일을 대비한다. 상황을 모르고 이런 말을 들었다면 탑승 거절로 오해할 수도 있다. 그만큼 장안가는 중요하고 특별한 공간이다.

명 영락제 18년(1420년)에 성조 주체(朱棣)가 베이징으로 천도를 해 왔을 때, 바로 이 황성(皇城) 앞에 지금의 장안가를 만들었다. 과거 이 장안가는 봉건 통치를 위한 중심이었다. 사실 지금도 국가적 행사가 있을 때면 옛날로 돌아간 듯한 느낌이 들 때가 있다. 거리를 통제하는 것은 물론 장사를 하던 사람들도 일시적으로 문을 닫도록 하기 때문이다. 그러나 시민들의 반응은 극히 당연하다는 태도다. 국가가 하는 일이면 무조건 지지해야 한다고 말하는 중국 사람들이다. 각 개인의 반응을 일일이 파악하기는 어렵다 하더라도 분명 국가 우선주의가 존재하는 것만은 사실이다. 이것이 바로 중국식 사회주의의 힘이다. 국가가 존재할 때 나와 가족이 존재할 수 있다고 믿기 때문이다. 역시 중국이다. 장안가의 총 거리는 4km다. 장안가 앞 일직선상의 전체 거리는 약 8km가 되는데,

'십리장가(十里長街)'라고 부른다. 건국문(建国门)에서 복흥문(复兴门)까지를 말한다. 그 중심에 천안문 광장이 있다.

장안가는 명대의 중심 거리였다. 원래 이곳에는 좌우로 긴 복도 형식의 건물이 있었는데, 천보랑(千步廊)이라 불렸다. 천보랑(千步廊)은 원래 명대의 조정 대신들이 올렸던 상소문을 보관했던 장소다. 그 중앙에 돌로 만든 길, 어도(御道)가 있었다. 어도는 황제 전용 길이었다. 심지어 대신들도 출입할 수 없었다. 대신들이 황제의 명을 받아 입궁할 때는 이 길을 피해 장안좌문(长安左门)과 장안우문(长安右门)을 돌아 장안가(长安街), 진수교(金水桥), 승천문(承天门), 우문(午门)을 거쳐 들어갔다. 황제 시대 이야기다.

청대 왕조가 들어서면서 원래 부르던 거리 이름도 많이 바뀌었다. 청대에는 대명문을 대청문(大清门)이라 고쳐 불렀고, 장안좌문(长安左门)은 동장안문(东长安门)이라 고쳤으며, 장안우문(长安右门)은 서장안문(西长安门)이라 고쳤다. 동장안문은 지금 베이징시 노동인민문화궁(태묘가 있는 곳) 앞의 80m 거리를 말하며, 서장안문(西长安门)은 중산공원 앞의 80m 거리를 말한다. 장안가의 명칭도 여러 번 바뀌었다. 손중산(孙中山)의 신해혁명이 성공한 후, 천안문 앞 거리를 중산로(中山路)라 고쳐 불렀다. 원세개(袁世凯)가 대원수(大元帅)가 되면서 왕대원수부라하고 중남해(中南海) 남문을 신화문(新华门), 신화문 앞을 서장안가(西长安街), 부전가(府前街)

라는 명칭을 붙였다. 그리고 중남해의 서쪽을 왕이 사는 오른쪽 거리라는 뜻의 부우가(府右街)라 명명했다. 이런 거리의 명칭들은 권력 시대의 흔적들이다.

베이징의 중심 장안가에는 봉건 정권의 상징인 사적단이 있다. 천안문을 기준으로 동쪽에는 조상의 묘, 즉 태묘(太庙)가 있고, 서쪽에는 사직(정치)을 상징하는 사직단(社稷坛)이 있다. 동서 대칭이다. 이는 한대(汉代)의 도성 건축 제도『周礼考工记』를 따른 것이다. 사직단은 봉건 정권의 힘이고 상징이다. 조상을 숭상하고 효를 강조했으며, 토지신과 곡식신에게도 감사의 제사를 지냈다. 토지가 있어야 곡식이 있고, 먹을 것이 있으면 기쁘고, 곡식이 없으면 당황하게 된다고 했다. 이것은 중국 사람들이 즐겨 하는 '民以食为天'이라는 말과도 통하는 말이다. 그리고 국태민안(国泰民安), 즉 나라가 평화롭고 백성의 생활이 안정되는 것을 원했다. 좌조우사(左祖右社), 조묘(祖庙), 즉 조상의 묘(태묘)를 왼쪽에 두고, 오른쪽에 사직 단을 두었다. 사(社)는 토지(土地)를, 직(稷)은 양식을 말한다. 사직단은 황제가 토지신과 곡식신에게 제사를 지내던 곳이다. 고대에는 '以左为上, 所以左在前, 右在后'라는 말이 있는데, 이는 땅에도 존귀가 있다는 말이다. 우측보다 좌측이 높으니 조상의 묘를 좌측에 둔다는 말이다. 중국의 전통 주택인 사합원의 구조에서도 이런 위계질서가 존재한다. 북쪽은 부모나 조부모가 거주하며 조상의 사당을 모시는 곳으로, 등급이 가장 높다. 동서에도 위계를 두어 높은 동쪽은 장남, 낮은 서쪽은 차남이 거주하도록 했다. 마찬가지로 태묘가 동쪽에 사직단이 서쪽에 있게 된 것은 이런 위계질서를 따른 것이다. 사직단은 장안가의 왼쪽(서쪽), 중산공원 내에 있다. 현재 베이징에 남아 있는 대부분 건축은 명·청대 건축된 것인데, 대부분 한대(汉代)의 도성 건축 제도를 기록한 『周礼考工记』를 따른 것이다.

동장안가에는 예부(礼部), 호부(户部), 병부(兵部), 태의원(太医院), 한림원(翰林院) 등 고등 관공서들이 있었던 자리다. 서장안가 일대는 형부(刑部), 진의위(锦衣卫, 명 홍무제 때 신설된 황궁을 호위하던 군 조직), 연상소(演象所, 진의위에 속하며 위장대 소속인 말 훈련 장소) 그리고 서엄(西厂)이라고 하는 특수 기관이 있었다. 형부대당(刑部大堂)은 봉건 사회의 사법 최고기관이며 전국의 중대 안건을 처리하던 곳이다. 지금의 민족 문화 궁이 있는 자리다. 입구에 걸려 있는 '명경고현(明镜高悬)'이라는 편액을 보면 과거에 이곳이 무엇을 하던 기관인지를 짐작할 수 있다. 명경 고현이라는 말을 글자대로 해석하면 '높게 매달려 있는 거울'이라는 말이다. 진(晉)나라 갈홍(葛洪)의 『서경잡기권삼(西京雜記卷三)』에 나오는 말인데, 진시황(秦始皇)이 가지고 있는 이 거울로 사람의 심장과 쓸개를 비추어 보면 그의 선악을 알 수 있다는 고사에서 유래했다. 한마디로 재판관의 판결이 엄격하고 공정해야 함을 상징하는 말이다. 매번 사형을 집행하기 위해서는 이곳 서단(西单)을 지나고 선무문(宣武门)을 거쳐 채시구(菜市口)로 향했을 것이다. 지금도 채시구가 옛날 사형장이었다는 것을 기억하는 중국 사람들이 많다. 오랫동안 이곳에서 사형이 집행되었기 때문이다. 당시에 그들의 권리가 하도 커서 사법 기관의 허락 없이도 대신을 잡아들일 수 있었다. 급한 경우에는 중간 절차 없이 직접 황제에게 보고할 정도였다고 하니 그 권력의 정도를 짐작할 수 있다. 장안가의 동서 끝에는 각각 동단패루(东单牌楼)와 서단패루(西单牌楼)가 있었다. 서쪽으로는 큰 길이 없어 통할 수 없었고 중앙에는 성문이 있었지만 지나다닐 수 없었다. 민국 29년(1940년)에 지금의 건국문(建国门)이 만들어졌다. 서쪽의 장안문(长安门)은 후에 복흥문(复兴门)으로 이름을 바꾸었다.

신중국 성립 이후, 중국 정부는 도시 거리를 정비하고 바꾸는 작업을 지속해 왔다. 동단(东单)의 동관음사(东观音寺), 서관음사(西观音寺), 필관후통(笔管胡同), 리어후통(鲤鱼胡同)과 궁모후통(宫帽胡同)을 철거하고 길을 넓힌 것이 지금의 건국문 거리다. 서장안가 또한 구형부가(旧刑部街), 보자가(报子街), 구조후통(丘祖胡同), 와불사후통(卧佛寺胡同)과 항연정후통(炕沿井胡同)을 철거하고 길을 넓혔는데 지금의 복흥문(复兴门) 거리다. 베이징 사람들이 자주 하는 말 중에 경사구문(京师九门)이라는 말이 있다. 이 아홉 개 문 중에 건국문과 복흥문은 포함되지 않는다. 그 이유는 이 두 문은 성문(城门)이 아니며 후에 만들어졌기 때문이다. 그렇다면 베이징의 경사구문(京师九门)이란 어디를 말하는 것일까? 북쪽으로 덕성문(德胜门), 안정문(安定门), 동쪽으로는 동직문(东直门), 조양문(朝阳门), 남쪽으로는 숭문문(崇文门), 정양문(正阳门), 선무문(宣武门), 이곳을 전삼문(前三门)이라고도 한다. 그리고 서쪽으로는 서직문(西直门), 부성문(阜成门)이 있다. 옛 건축물과 성 입구에 맞추어 문을 만들었다. 이들 성문은 봉건 세습의 결정판인 황실을 지키기 위한 것이다. 베이징의 중심 장안가를 정리해 보았다. 무엇보다 이곳은 1989년 천안문 사태가 일어났던 곳이기도 하다. 지금도 택시를 타거나 방향을 말할 때 이들 성문을 말하면 편하다.

그리고 일부 성문은 각각 그 용도가 있었다. 그래서 성문을 함부로 사용할 수 없었다. 덕성문(德胜门)은 조정에 초상이 나면 출병(出兵)을 할 때 출입하던 문이다. 선무문(宣武门)은 죄인이 지나가던 문이며, 동직문(东直门)은 베이징성 내에 목재를 운송하던 문이다. 또한, 죽은 사람을 성 밖으로 운송할 때도 이 동직문을 사용했다.

전문과 대책란가

2019년 2월 18일 오늘은 베이징 중심 천안문을 마주하고 있는 전문(前门)과 대책란가(大栅栏街)를 찾았다. 전문 거리와 대책란가(大栅栏街)는 서로 이어져 있는 상가 거리다. 처음 이곳을 찾는 사람들이라면 어디가 어딘지 헷갈리기 쉽다. 천문 거리는 천안문, 자금성, 모 주석 기념당, 인민대회당, 역사 박물관이 모여 있는 베이징의 중심이다. 방학이 되면 중국 전역에서 사람들이 모여든다. 중국 인구 14억. 정말 사람이 많다는 것을 실감한다. 외국인까지 가세할 때면 베이징은 그야말로 사람들로 꽉 찬다.

대책란가

지하철 천문역에서 내리면 가장 눈에 띄는 곳에 성문이 하나 있다. 정양문(正阳门)이다. 원래 이름은 이정문(丽正门)이라 불렀다. 원래 천문(前门), 천문루자(前门楼子), 대천문(大前门)으로 불리다가 정양문이 되었다. 명·청 양대에 걸쳐 내성을 지키는 남쪽에 있는 문이라 하여 정남문(正南门)이라고도 불렀다. 정확한 위치는 천안문과 모 주석 기념당의 남

전문 패루

전문 거리

쪽이다. 이 거리가 형성된 시기는 명성조 영락제 17년(明成祖永乐十七年, 1419年) 때다. 베이징 '경사구문(京师九门)'의 하나다. 원래 천문은 정양문과 옹성(瓮城, 내성을 보호하기 위해 쌓은 담)이 하나가 되어 성을 보호하기 위해 만들었다. 정양문과 옹성은 규모가 크고 위엄이 있어 옛 베이징성을 대표하며, 베이징성 내에 있는 성문 중 유일하게 남아 있는 완전한 성문(城门)이다. 1988년 1월 13일 국무원에 의해 전국 중점 문물 보호 단위로 지정하여 보호하고 있다.

전문은 대책란가(大栅栏街)와 통한다. 대책란가는 100년 전통의 전통 상가들이 모여 있는 거리다. 거리는 2006년 5월 25일 전국 중점 문물 보호 단위로 지정하고 거리를 새로 정비했다. 원래 모습과 비교하면 많이 현대적이다. 현재의 모습은 2006년 당시 국가가 시행한 관광 산업 프로젝트의 결과물이다. 원래 있던 자리들이 조금씩 자리를 이동하고 역사가 있는 상점들을 한곳으로 끌어들인 것도 특징이다. 한곳에서 중국 문화를 볼 수 있도록 한 중국 정부의 야심작이다. 처음에는 원래 거리를 훼손했다는 불만도 있었으나 이제 제법 자리를 잡아 가는 모습이다. 건물들은 모두 화려한 단청을 입어 중국 이미지를 잘 표현하였다. 처음보다 많이 안정된 모습이다.

중국이 새롭게 거리 정비와 단장을 한 정점은 2008년 올림픽

때일 것이다. 그 당시 베이징의 대부분 거리가 새롭게 정비되고 낡고 오래된 건물들은 순식간에 철거되었다. 자고 일어나면 집들이 하나씩 사라지는 것을 실감했다. 한번 결정되면 일사천리로 이루어지는 중국이다. 무엇보다 빠른 속도로 진행할 수 있었던 것은 국가 정책에 반기를 들 사람이 없기 때문이다. 실로 엄청난 추진력을 지켜보았다. 그 결과 베이징 거리는 많이 변했다. 그러나 진정한 중국의 옛 모습이 사라진 것은 아쉬움이 있다. 얻는 것이 있으면 잃는 것도 있는 법이다.

전문 거리와 대표 상점

전문(前门) 거리는 베이징에서 가장 유명한 상업 거리인 대책란가와 연결되어 있다. 베이징 중심에 위치하며 천안문 광장의 남쪽이다. 전체 거리는 845m가 되며 거리의 너비는 20m로 넓다. 명·청대부터 민국 시기까지 앞에 있는 정양문의 이름을 따서 정양문대가(正阳门大街)라고 불렀다. 지금은 전문대가(前门大街)라고 부르며, 베이징의 전통문화 거리가 되었다. 2006년 거리를 만들 때 왔던 적이 있다. 시멘트로 건물을 올리고 단청을 입히고 있을 때였다. 이곳이 관광 명소가 될 수 있을까 걱정도 했었다. 원래 있던 건물을 완전히 철거하고 거리와 건물을 새로 만들 때 이야기다. 원래 거리를 그대로 두고 건물은 수리와 보수를 했더라면 어땠을까. 그

랬더라면 조금은 덜 화려해도 베이징의 옛 맛을 느낄 수 있을 텐데. 단층과 이 층으로 된 작은 집들이 다닥다닥 붙어 있고, 작은 가게들이 좁은 후퉁을 따라 있었다. 곡선으로 이어지는 거리는 겨우 한두 사람이 다닐 정도로 좁았던 거리. 음식을 팔던 작은 가게들은 제대로 된 간판도 없었지만, 사람들은 잘도 찾아다녔다. 어둡고 칙칙했던 거리. 이제 화려한 단청을 입고 완전히 다른 거리가 되었다.

거리를 정비한 후 옛 상점들을 이곳에 모아 두었다. 그중 비단옷을 파는 수부상(瑞蚨祥)이 있다. 동치원년(同治元年) 1862년에 건립되어 지금까지 이어져 오는 라오쯔하오(노포) 상점이다. 칼을 파는 왕마자(王麻子)도 있다. 왕마자는 지금까지 중국을 대표하는 칼의 상표다. 이 또한 라오쯔하오 상점으로 오랫동안 칼을 만들어 온 곳이다. 왕마자 전수자는 2008년 국가 국무원과 문화원에 의해 국가급 인간문화재로 등록되었다. 그리고 장류의 대표 상점 육필거(六必居)가 있다. 육필거는 600년 동안 베이징 사람들의 먹거리 장류를 만들어 온 상점이다. 가정주부들은 가정에 필요한 장류나 짠지를 사기 위해 이곳 육필거(六必居)를 찾는다. 심지어 멀리 해외로 이민 간 사람도 이곳 장류 맛을 잊지 못하고 찾아오고 있다. 사람의 입맛은 쉽게 바뀌지 않기 때문이다. 중국은 1980~2000년까지 의식주 문제를 해결해야 할 우선 정책으로 삼았다. 바로 우리가 잘 알고 있는 온바오(溫飽) 문제다. 이 또한 국가적인 의지가 있었기에 해결할 수 있었다. 이런 어려운 시절을 겪으면서 서민과 함께해 온 것이 바로 장류가 아니었을까? 장맛은 우리의 짠지류와 같아 우리 입맛에도 잘 맞는다. 종류도 다양하고 많다. 지금도 이곳을 지나갈 때면 진하고 달콤한 장맛 냄새가 사람들을 상점 안으로 이끈다.

육필거 음식

그리고 이곳에서 우리의 눈길을 끄는 것이 또 있다. 중국식 포장 방법이다. 장류와 어울리지 않게 고급스럽다. 포장 방법을 간단히 설명하면 다음과 같다. 먼저 물건을 종이로 포장한다. 다음 다시 한 장의 홍색 사각 종이를 마름모 모양으로 윗면에 올리고 네 모서리는 밑으로 내린다. 마지막으로 종이 실로 묶어 준다. 중국의 포장 방법에는 중국만의 독특한 문화가 담겨 있다. 홍색의 포장 종이와 검정 글씨도 잘 어울린다. 포장지는 대부분 홍색을 사용하는데 이 또한 중국식이다. 중국 사람들에게 홍색은 길상의 의미며, 악을 물리치고 복을 불러들이는 색이다. 이런 포장 법은 장류뿐 아니라 대부분 상점에서 사용하고 있다. 포장에서 중국만의 독특한 문화를 본다.

그리고 전통문화 거리에서 빠질 수 없는 먹거리가 있다. 아이들 간식인 탕후루(糖葫芦)가 그것이다. 한때 후퉁에서 목청껏 '탕후루'

를 외치면 그 소리를 듣고 아이들이 모여들었다. '탕(糖)'이라는 말은 설탕을 말하고 '후루(葫芦)'는 조롱박이나 호리병 모양의 박을 말한다. 그러나 일반적으로 '탕후루' 혹은 '빙탕후루' 라고 하는데, 산사자나 해당화 열매 등을 꼬챙이에 꿰어 설탕물이나 엿물로 굳힌 것이다. 먹을 것이 없었던 시절 과일로 만든 탕후루는 아이들에게 인기 있는 거리 음식이었다. 탕후루의 주재료인 산자(山楂)는 위장에 좋다 하여 중국 사람들이 평소에도 즐겨 먹는 과일이다. 보통 끓여서 먹으며, 여름에는 차게 해서 주스로 먹기도 한다. 약간의 신맛이 특징이다. 산자 주스는 식당에서도 파는 곳이 많다. 산자의 단맛과 신맛이 밥맛을 좋게 하고 소화에도 도움이 되기 때문이다. 대신에 한꺼번에 많이 먹으면 위산 과다로 위를 자극할 수 있다고 하니 주의가 필요하다. 베이징 근교에도 산사자를 재배하는 곳이 많다.

그리고 춰이탕런(吹糖人)이 있다. 춰이탕런 또한 끓인 설탕물을 입으로 불어서 만든 사탕이다. 춰이(吹)는 입으로 분다는 뜻이다. 가게 주인은 아이가 원하는 모양을 자유자재로 만든다. 모양은 12지상에 속하는 동물 모양이 많다. 돈을 주고 사 먹는 아이들도 있고, 사용하고 난 치약 껍데기와 바꾸어 먹는 아이들도 있었다고 한다. 그 당시 치약 껍데기를 어디에 사용했는지는 나도 들은 적은 없다. 단지 내가 추측하는 것은 그 당시 상황으로 보아 치약을 재주입하여 사용하지 않았을까 하는 것이다. 공산품이 귀하던 시절 이야기다. 한때 외국산 고급 술병을 사서 가짜 술을 담아 팔았던 시절도 있었다. 가짜가 많았다. 가짜가 너무 많아 새로운 단어도 생겨났다. 산자이(山寨)가 그것이다. 산자이란 어떤 물건을 모방하거나 복제하여 만든 물건을 말하며, 가짜를 말한다. 그래서 중국에서는 진짜 가방을 들어도 가짜로 오해를 받기도 한다. 아이들은 다 사용하지 않은 치약을 들고 와서 바꿔 먹을 정도로 인기가 있었다. 재주가 좋은 주인은 1~2분 만에 아이가 원하는 동물 모양을 뚝딱 만들어 낸다. 모양도 신기할 정도로 정교하다. 이런 모습에 길 가던 아이들은 눈을 떼지 못하고 엄마를 조른다. 나도 후통을 걷다가 이런 광경을 보면 한참을 서서 바라보게 된다. 아이들이야 오죽하겠는가. 최근 중국이 잘살게 되면서 일반 시장에서는 거의 찾아보기 어려운 광경이다. 그러나 전통 시장에서는 곳곳에서 탕후루, 산자 주스, 췌이탕런을 볼 수 있다. 이는 전통을 지키고 유지하겠다는 중국의 의지로 해석할 수 있다.

췌탕런과 탕후루는 아이들의 먹거리이며 향수 음식이다. 또한, 이곳 전통 거리를 좀 더 예스럽게 만드는 중요한 역할도 한다. 한국의 오일장이나 구일장에 각설이와 엿이 빠지면 맛이 안 나는 것과 같은 것이다. 앞으로 중국이 어떻게 지켜나갈지 지켜볼 일이다. 중국은 최근 전통문화 보호에 엄청난 투자를 하고 있다. 중국도 전통의 중요성을 알고 있기 때문이다. 전통은 낡은 것이고 퇴폐적인 것으로 치부했던 문화 대혁명의 실수를 다시는 반복하지 않을 것이다. 전통문화 거리마다 췌이탕런과 탕후루가 다시 등장한 것을 보면 짐작할 수 있다.

전문 옆 서민 주택

그렇다고 베이징이 모두 화려한 곳만 있는 것은 아니다. 이곳과 전혀 다른 풍경도 있다. 전문에서 서북쪽으로 길 하나를 건너면 서민 주택들이 모여 있는 후통이 있다. 이곳은 그나마 옛 모습을 느낄 수 있어 내가 자주 찾는 곳 중 하나다. 후통의 길이는 보통 100m에서 길게는 200~300m나 된다. 그래서 후통을 빠져나오려면 꽤 긴 시간을 걸어야 한다. 골목 형태도 자연적으로 형성된 완만한 곡선 형태가 특징이다. 최근 몇 년 동안 베이징시의 적극적인 지지로 거리 이름과 거리의 역사를 적은 동판도 생겼다. 동판이 없을 때는 길이 비슷하여 헤맬 때도 있었다. 그러나 이제 그럴 일은 없다. 이곳 후통은 화려한 전문 상가 거리와는 대로 하나를 사이에 두고 있다. 전문 거리는 베이징시가 문화 거리라는 새로운 이름도 붙였다. 그러나 전문 남쪽 길 건너에 있는 이곳은 옛 모습 그대로다. 낡고 허물어진 곳은 간단한 수리와 보수를 거쳤을 뿐이다. 이곳은 상가 거리와는 달리 처마가 낮고 대문도 작은 서민 주택지다. 이곳 후통에는 사람 냄새가 난다. 한때는 이곳 아이들이 후통에서 뛰어놀았을 것이다. 마을 아낙들은 후통에 모여 이웃집 이야기도 했을 것이다. 주택에서 후통은 사람들이 모이는 곳이며, 소통 공간이다. 서로가 이웃이 되는 사회적 교류 공간이다. 이런 공간은 지금도 필요하다.

청대에는 도기를 굽던 가마터 유리창(琉璃厂)이 이곳 가까이 있었다. 이곳이 서민 주거지였다는 것은 가마터를 보고도 짐작할 수 있다. 후에 가마에서 나오는 검은 연기 때문에 베이징 외곽 문두구(门头沟)로 옮겼다.

후통의 춘절

내가 천문 남쪽 서민 후통을 찾았을 때는 춘절이 며칠 지났을 때다. 집집이 새로 붙인 대련과 헝피(橫批, 대문 위에 가로로 붙인 글귀)가 햇볕을 받아 유난히 반짝거렸다. 어느 집은 외관과는 달리 작은 사합원을 개조하여 공관으로 사용하고 있었다. 이곳에서 공예품 체험을 하러 왔다는 아이와 엄마도 만났다. 인상적이었다. 서민 주택을 공관이나 사무실로 사용하는 곳도 많았다. 후통의 모습도 변하고 있었다. 춘절의 대표 놀이인 폭죽놀이도 사라졌다. 대문에 붙인 홍색 대련만이 춘절을 알리고 있었다. 라오베이징(老北京, 베이징 토박이) 사람들에게 요즘 춘절에 관해서 물으면 이제 옛날 춘절이 아니라고 말하는 사람이 많다. 물질이 풍부해지고 소비 수준이 높아지면서 베이징 사람들의 생활 방식도 변했기 때문이다. 이는 한국도 마찬가지다. 아이들은 춘절이 되어야 새 옷을 입을 수 있었다. 그래서 춘절은 일 년 중 지출이 가장 많은 날이었다. 아무리 어려운 가정에서도 이날만은 주머니를 풀어놓고 소비를 했기 때문이다. 평소에 아껴 두었던 돈으로 가족과 이웃을 위한 선물을 사고 가족의 먹거리를 마음껏 준비했다. 옛날 사람들에게 춘절은 마음 놓고 소비를 했던 유일한 날이었다. 그래서 옛 춘절을 기억하는 사람들은 그때가 좋았다고 말한다. 물질로 가질 수 없었던 그 무엇이 있었기 때문이다.

그리고 중국 춘절 하면 많은 사람이 폭죽놀이를 떠올릴지도 모른다. 한때 폭죽놀이는 중국을 대표하는 문화였다. 후통마다 사람들이 나와 폭죽놀이를 즐겼다. 폭죽놀이는 음력 12월 31일(일 년의 마지막 날) 저녁 8시부터 시작하여 다음 날까지 이어졌다. 조왕신과 조상신을 모실 때도 폭죽을 터뜨려서 축하를 했다. 새해 첫날 대문을 활짝 열어 놓고 폭죽을 터뜨리면 대길한다는 속설도 있었다. 그리고 폭죽을 터뜨릴 때 홍색의 불꽃이 땅을 뒤덮는다 하여 만탕홍(满堂红)이라고 했다. 이것은 사방에서 길조의 기운이 퍼지고 기쁨이 넘친다는 상징적 의미다. 중국 사람들은 폭죽을 터뜨리면 나쁜 기운, 묵은 기운은 날려 보내고 좋은 새 기운이 집안으로 들어온다고 믿었다. 그러나 폭죽놀이로 인한 문제가 많았다. 환경 오염 문제, 인명 피해 문제, 화제 문제 그리고 쓰레기가 늘어난 것도 문제였다. 금지한 후 공기 오염과 환경 문제 그리고 안전 문제는 확실히 좋아졌다. 폭죽 때문에 생긴 문제가 한꺼번에 사라졌다. 한때는 춘절을 가장 춘절답게 만드는 놀이가 폭죽이라며 중요한 문화로 홍보했다. 그러나 이제는 사람에게 해가 되는 것이라면 아무리 역사와 전통 있는 것이라도 버려야 할 것이다.

  문화의 가치는 사람 중심이어야 한다. 사람이 주체가 되지 않는 문화는 생명력을 잃게 된다. 아무리 좋고 훌륭한 문화도 사람에게 해가 된다면 심사숙고해야 한다는 말이다. 2014년, 공원이나 사찰을 구경하다가 폭죽 대신 곳곳에 달린 등롱을 보았다. 이 또한 새로운 중국 춘절 문화가 될 모양이다.

  베이징 여행 중 혹시 춘절과 같은 큰 명절을 만난다면 중국을 이해하는 좋은 기회가 될 것이다. 중국인들에게 춘절은 아주 특별한 날이기 때문이다. 후통이라는 공간 속에서 춘절을 준비하는 사람들의 정과 온기도 느낄 수 있고, 그들의 바구니 속을 들여다보는 기회도 있을 것이다. 춘절 전이나 후에 이웃과는 어떤 교류가 있는지 어떤 선물을 준비하는지, 대문에는 어떤 대련을 붙이는지 등등 재미있는 이야기가 후통에서 일어나기 때문이다.

  베이징시에는 후통이 많다. 기록에 따르면, 명대에 이미 1,100여 곳, 청대에 1,800여 곳, 민국 시기에 1,900여 곳, 신중국이 성립한 후에는 2,550여 곳이 형성되었다. 후에는 일부가 합쳐지기도 했으나, 경제 발전과 새로운 도시 건설로 후통의 모습도 변했다. 현재 베이징의 후통과 거리 명칭은 약 4,000여 개나 된다. 이렇게 숫자가 많아진 것은 후통을 더욱 세분화했기 때문이다.

궤이졔(귀신가)의 명칭

2019년 11월 12일 아침에 무엇을 했는지 바빴다. 점심시간을 훌쩍 넘긴 시간 외출을 했다. 날씨가 너무 좋다. 가을의 찬 공기 때문인지 미세먼지가 보이지 않는다. 하늘은 파란 물색이다. 오늘은 조양문외대가(朝阳门外大街)에 있는 궤이졔(簋街)를 오랜만에 찾았다. 궤이졔의 궤(簋)는 고대에 제사 지낼 때 제수를 담던 귀가 달린 나무 그릇의 이름이다. 현재 궤이졔는 150여 곳의 식당이 길을 따라 있고 밤에 손님들이 많은 곳이다. 그렇다면 먹자골목에 궤이졔(簋街)라는 이름을 사용한 데는 특별한 이유가 있어 보인다.

궤이졔는 원래 인근 촌락 사람들이 물건을 팔기 위해 모여들었던 시장이었다. 상인들은 어두울 때 와서 물건을 팔고 새벽, 날이 밝으면 돌아갔다. 상인들이 와서 장사할 때는 어두울 때였기 때문에 기름등을 켰다. 장사하는 사람 중에는 관을 파는 사람도 있었다. 멀리서 이 모습을 본 사람들은 음침하고 소름이 끼쳤다. 그 후 사람들은 이곳을 궤이스(鬼市, 귀신 시장) 혹은 궤이졔(鬼街, 귀신 거리)라고 불렀다. 그런데 그 후 이상하게 망해 가는 상점들이 점점 늘어났다. 이런 일이 계속되자 그 이유가 궁금했다. 그런데 이상하게 다른 상점들은 다 망했는데 식당만 살아남았다는 것을 알았다. 그리고 낮에는 사람이 없다가 밤이 되면 사람들이 몰려들었다. 어느 노인은 "밤에는 귀신이 경성에 밥을 먹으러 와서 매우 활기차다"라는 말을 남기기도 했다. 식당마다 사람이 많아지면서 장사도 잘되었다. 그런데 사람들은 거리 이름 자에 귀신의 '鬼' 자가 몹시 거슬렸다. 음침하고 소름이 끼쳤기 때문이다. 그러나 이름을 바꾸는 것도 거리 명성을 잃을까 두려웠다. 이 문제로 사람들이 고민하고 있을 때, 한 식당 복무원이 사전에서 동음이면서 음식을 먹는다는 뜻의 '궤(簋)' 자를 찾아냈다. 그 후 귀신의 '鬼' 자 대신 제기 이름 '궤(簋)'를 썼다. 그 후 길가에 궤이제(簋街)라는 큰 표지석을 세웠다. 지금도 특별한 축구 경기가 있거나 늦은 밤에 이루어지는 행사가 있으면 이곳에 모여 술을 마시고 즐기는 사람이 많다. 그래서 이곳을 '夜食者的天堂(야식자들의 천당)' 혹은 '灯火璀璨不夜街(불이 빛나는 밤 없는 거리)'라고 부른다.

롱시아 거리와 후통 사람들

궤이제에는 가재(小龙虾·롱시아) 요리가 유명하다. 많은 식당이 있지만 그중 알려진 곳이 호대(胡大)라는 이름의 식당이다. 이미 궤이제 거리에 분점도 3곳이 생겨 총 4곳이 호대가 운영하는 식당이다. 나도 모처럼 가재 요리를 먹기 위해 이곳을 찾았다. 사천요리답게 맵고 싸한 맛이 특징이다. 이 싸한 맛을 내는 재료는 산초다. 산초는 중국인이 많이 사용하는 조미료 중 하나다. 식당은 유명한 만큼 사람이 많다. 나는 식사를 마치고 후통을 돌았다. 중국인들이 즐기는 음식을 같이 맛보고 그들의 삶을 들여다보는 것은 타국에서의 즐거움이다. 오랜 중국 생활로 중국어도 유창하다. 중국인들과 대화를 즐기는 것도 중국을 알아가는 나만의 방식이다. 대화 속에서 얻는 것이 많기 때문이다. 베이징은 거리를 걷다가 모퉁이를 돌면 후통의 이름이 바뀐다. 후통을 쉽게 찾도록 이름도 세분화하였다. 점심을 먹고 1시간 반 동안 걸으면서 6~7개 후통을 지나왔다. 대로 옆에는 식당과 상점들이 줄지어 있고, 골목 안으로 들어가면 서민들의 생활 주거지가 나온다. 평소에는 후통을 걸어도 주민들을 만나기는 어렵다. 특별한 경우가 아니면 직장을 나가기 때문이다. 오늘은 新太仓胡同 九道湾 八宝坑胡同 横街胡同 府学胡同 张自忠路을 걸었다. 이 후통들은 베이징 동성구 동사(东四) 거리 주위의 후통들이다. 거리에는 성인 허리둘레보다 큰 나무들이 길을 따라 있고, 거리에는 가을 낙엽을 줍느라 바쁜 미화원도 보인다. 예전 같으면 거리는 낙엽으로 엉망이고 청소하는 사람도 만나기 어려웠다. 그러나 지금은 거리를 몇 발짝만 가도 미화원들을 만난다. 거리를 걷다가 반듯한 새 건물은 십중팔구 화장실이다. 최근 몇 년 동안 거리마다 공용 화장실을 많이 만들었기 때문이다. 화장실도 깨끗하다. 바쁜 저녁 시간이 되니 낮에는 볼 수 없었던 사람들이 골목 안을 채운다. 골목 안을 들어서니 작은 상점들도 많다. 주민들이 이용하는 상점들이다. 학교 앞에는 아이를 데리러 온 부모와 할머니 할아버지들이 거리를 막고 있었다. 어디를 가나 학교 앞에서 볼 수 있는 익숙한 광경이다. 중국에는 초등학교 아이들이

학교를 마치면 가족이 아이를 데리러 와야 집에 갈 수 있다. 아이를 잃어버리는 일이 있고, 남의 아이를 데려다 파는 일도 있기 때문이다. 인구가 많으니 별일이 다 있다.

다시 길을 걷다가 한 상점을 들렀다. 가맹점으로 운영되는 일수점(一手店)이라는 부식 상점이다. 뜻밖에 이곳에 한국 종갓집 김치가 있다. 이 후통 주변은 한국 사람들이 몰려 있는 곳도 아닌데 김치를 팔고 있는 것이 신기했다. 중국 사람들도 우리 김치를 찾는 모양이다. 아무튼, 좋은 일이다. 저녁 시간에 맞추어 사람들이 골목 안을 채우면서 활기가 넘쳤다. 퇴근하고 집으로 돌아오는 사람들의 손에는 반찬거리가 들려 있다. 자전거 소리도 길을 비키라며 신호한다. 어느새 후통 안은 사람들로 복잡해졌다. 시간이 흐르자 사람들은 각자 집으로 들어가고 후동 안도 조용해졌다. 나도 긴 시간 돌아다녔더니 다리도 아프고 피곤했다. 동서(东四) 관가로구동(宽街路口东)에서 집(왕징)으로 가는 버스를 탔다. 버스 안에는 지친 몸을 이끌고 집으로 가는 사람들로 만원이다. 그중에는 피곤한 몸을 창문에 기대고 눈을 감은 사람도 있다. 후통에는 언제나 활기찬 중국 사람들의 생활이 있다.

궤이제 롱시아 식당

연대사가 밤거리

연대사가(烟袋斜街)는 낮보다 밤에 더 빛나는 곳이다. 위치는 베이징시지안문외대가구로(北京市地安门外大街鼓楼) 앞에 있는 비교적 짧고 좁은 후통이다. 서성구광교지(西城区厂桥地)와 접해 있다. 청 말부터 20~30년대까지 이 거리에서 담뱃대와 수연통(물 담뱃대)을 팔았다 하여 옌다이 거리라고 불렀다. 옌다이(烟袋)는 담뱃대라는 말이다. 중국어는 뜻글자인 만큼 후통 이름만 보아도 과거에 무엇을 했던 곳인지 짐작할 수 있다. 옌다이 후통은 담배뿐 아니라 골동품, 서예 그림 문구를 팔았던 곳이다. 지금도 다양한 볼거리와 먹을거리가 많아 많은 사람이 찾는다. 중국 맛이 물씬 나는 인형이나 전통 의상 액세서리 금세공품 등 종류도 다양하다. 특히 이곳은 후통 거리가 짧고 좁아 소박함이 느껴지며, 비교적 원형을 유지하고 있는 대표적인 후통이다. 이런 후통이 나는 오히려 정겹고 마음도 편하다. 이곳은 현재 베이징의 문화 거리로 불린다.

현재 연대사가(烟袋斜街)는 고루(鼓楼)와 남라고항(南锣鼓巷)을 포함하여 베이징을 대표하는 관광명소다. 이곳은 베이징의 중심으로 옛날 가장 번화했던 거리 중 한 곳이다. 사람들은 한 손에는 먹을 것을 들고, 시선은 진열된 물건들을 향하고 있다. 그러다 마음에 든 물건을 발견하면 가던 걸음을 멈추고 주인과 흥정을 시작한다. 연대사가(烟袋斜街)는 동, 북, 서, 남 방향으로 전체 길이가

232m의 거리다. 다른 곳과 비교해 거리는 비교적 짧다. 전하는 바로는, 베이징에 거주하던 치런(旗人, 1591년 누르하치가 만주 지역을 통일한 만주족 명칭, 높은 신분, 귀족 신분으로 그들의 종말은 비참했다)들은 대부분 마른 담배와 물담배를 즐겼는데, 항상 담뱃잎을 담뱃대에 넣고 다녔다고 한다. 담배 수요가 늘면서 이곳에 상점도 늘어났다고 볼 수 있다. 그리고 후통이 가늘고 긴 담뱃대를 닮았다는 이야기도 전한다. 동쪽 입구가 담뱃대 머리 모양이며, 서쪽 입구에서 남쪽으로 꺾이면서 은정교(银锭桥)를 통하는 부분은 담배통을 닮았다는 말이다.

그러나 원래 이 지역은 원나라 때 호수의 동북해안이었다. 이 거리가 발견된 시기는 60년대 지안문 백화점을 공사할 때다. 이곳은 오랫동안 쓰레기가 메워지면서 평지가 되었고, 건물들이 하나둘씩 들어서면서 서민들은 이곳에 모여 그들의 생활 터전을 만들었다. 그리고 남쪽에 있는 거리 '백미사가(白米斜街)'는 동쪽 호수를 메우면서 사람들이 모여 살았던 곳이다. 이처럼 베이징의 중심 2환 안에는 관료들과 서민들이 함께 살았다. 그러나 서민들은 그들만의 일정한 공간을 형성하며 모여 살았고, 관료들은 거대한 공간을 독차지하며 큰 정원까지 갖춘 사합원에서 살았다. 베이징 스차하이 옌대(北京什刹海烟袋) 거리는 2010년 11월 10일 정식으로 국가 문화부와 국가 문물국이 '중국 역사 문화 명가'로 지정했다. 비교적 늦은 시기다. 베이징 중심가답게 밤에도 화려한 불빛으로 이곳 후통을 밝히고 있다.

명품 거리 왕푸징

　왕푸징(王府井)은 베이징 중심의 명품거리를 말하며, 중국어로 왕푸징다졔(王府井大街)라고 한다. 다졔(大街)는 거리라는 말이다. 전체 거리가 1,818m며, 남에서 북으로 크게 4곳으로 나누어진다. 동장안가(东长安街)에서 동단삼조(东单三条) 구간, 동단삼조(东单三条)에서 금위후통(金鱼胡同) 구간, 금위후통(金鱼胡同)에서 등시구대가(灯市口大街) 구간, 등시구대가(灯市口大街)에서 동사대가(五四大街) 구간이다. 그중, 동단삼조(东单三条)에서 금위후통(金鱼胡同) 구간은 베이징에서 왕푸징 도보 거리로 알려져 있다. 왕푸징은 수백 년의 역사를 가진 상업 지역이며, 베이징에서 '진가(金街, Golden Street)'라고 불릴 만큼 명품들이 모여 있는 상업 거리다.

　원래 베이징은 물이 부족한 곳이다. 이곳이 유명해진 데는 물과 관계있다. 청 광서제 11년, 『京师坊巷志稿』에 의하면, 베이징 내외성에 모두 1,258개의 우물이 있었다. 대부분 수질이 좋지 않아 짜거나 쓴맛이 났으며, 단맛이 나는 우물이 많지 않았다. 그런데 왕푸징 우물이 맛이 좋고 단맛이 난다는 사실이 알려지면서 사람들이 몰려들었다. 처음 이 거리가 만들어진 시기는 원대(1267년)로 알려져 있으며, 처음에는 '십왕푸정(十王府井)' 혹은 '왕푸대가(王府大街)'라고 불렀다가 1915년부터 '왕푸징(王府井, 왕부정)'이라 불렀다. 왕푸징 거리에 있는 웨이사(威莎, WEEKEND) 상점 앞에 있는 동판 바닥 덮개에서 왕푸징의 유래를 확인할 수 있다. 베이징은 시대에 따라 정치 행정 중심으로 거리 확장과 정비를 계속해 왔다. 그중 왕푸징은 1996년 런민비 10억 위안을 들여 확장했다. 2012년에는 유명 브랜드가 이곳에 입점하면서 국제 소비 중심지가 되었다. 중국식 사회주의 국가와는 어울릴 것 같지 않은 국제 명품 상가가 형성된 것이다. 그러면서 이곳은 내외국인이 꼭 거쳐 가는 명소가 되었다. 지금도 국제 상업 거리를 유지하기 위해 거리 확장과 예술 거리 만들기에 노력하고 있다. 최근에는 다양한 예술 조형물도 만들어 볼거리도 늘었다. 그리고 사람들이 몰리는 곳이니 먹을거리는 빠질 수 없다. 특히 왕푸징 뒷골목 음식 거리는 또 다른 중국을 알게 한다. 전갈과 같은 곤충 종류를 튀겨 파는데, 중국 사람들에게는 인기가 좋다. 중국 사람들은 책상 다리와 하늘의 비행기만 빼고 다 먹는다는 이야기가 빈말이 아님을 실감하게 한다. 예전에 없던 의자도 생겼다. 길을 걷다 잠시 쉬어 갈 수 있어 좋다. 이곳은 평일에도 사람들로 북적거린다. 베이징의 대표 명소임이 틀림없다.

원래 요·금대에 왕푸징은 이름 없는 작은 촌락이었다. 쿠빌라이(원 세조)가 수도를 베이징으로 옮긴 뒤 번화가로 되었다. 그 당시 이름은 '정자가(丁字街, 딩즈졔)'라고 불렀다. 명 성조 때는 이 일대에 열 개의 왕푸(왕족의 집)가 만들어지고, 열 개의 왕푸 거리가 형성되었다. 명이 멸망하면서 왕푸 일부는 사라졌고, 8개 왕푸가 남앉다. 그 후로 사람들은 이 거리를 왕푸가(王府街)라 불렀다. 청 광서제와 선통년에는 거리 양쪽에 상점과 상인들이 몰려들면서 큰 상업 거리가 만들어졌다. 1915년 북양 정부 때는 왕푸징 거리를 지역을 나누어 부르기도 했으나, 현재는 왕푸징 일대를 통칭해서 왕푸징 거리라 부르고 있다. 찾아오는 방법도 지하철이 연결되어 있어 편리하다. 세계적인 브랜드 상품들이 모여 있는 곳이다. 중국 젊은이들의 유행을 알고 싶다면 왕푸징을 찾으면 된다.

문인들의 거리 유리창

베이징에 유리창(琉璃厂)은 문인 거리로 불린다. 옛날 이곳에서 문인들을 위한 집필묵을 팔았기 때문이다. 위치는 베이징화평문외(北京和平門外)에 있으며, 천안문과 천문 가까이 있다. 옛 베이징 내성의 정문인 정양문(正陽門)에서 서남쪽으로 약 3km 떨어진 곳이다. 그 당시 유리창은 성의 중심이 아닌 변두리였다. 이곳에 유리 관요를 굽는 가마가 있었다. 그러다 명대 내성을 지어 궁전을 확대하면서 관요 규모도 확대했다. 이렇게 조정에서 관리하는 관요(官窯, 궁중에서 쓸 도자기를 굽는 가마)는 5개였는데, 그중 하나가 바로 이 유리창이다. 명 가경제 32년에는 외성을 짓고 유리창 부근이 성안으로 포함되었다. 그때 굴뚝에서 나오는 검은 연기에 불만이 생기자 관요를 베이징 서부 쪽의 문두구(門头沟)로 옮겨 갔다. 관요는 옮겨 갔지만, 유리창이라는 지명은 그대로 쓰고 있다.

유리창에는 지금도 고서적과 서화나 도장 석각을 팔며 살아가는 사람들이 있다. 그 당시 이곳에서 팔던 서적들은 대부분 남방에서 올라왔다. 이곳은 글을 읽는 선비들뿐 아니라 시장 구경을 나온 사람들로 항상 북적거렸다. 청 건륭제 시기는 조부 강희제를 이어 정치, 경제, 문화 전 방면에서 융성했던 시기다. 그래서 '강희·건륭 전성시대'라는 말도 생겨났다. 이 시기에 중국 문화가 유럽까지 알려졌다고 하니 융성한 정도

유리창

를 짐작할 수 있다. 청이 가장 안정적인 태평성세를 누릴 때니 유리창도 당연히 활기를 띠었다. 유리창에는 전국에서 올라온 상인들로 붐볐다. 그들은 각자 한가지 상품만을 팔았는데, 이것은 후에도 규칙처럼 지켜졌다. 윤지재(伦池斋)는 그림만 팔았고, 관복재(观复斋)는 대련만 팔았다. 송보재(荣宝斋)는 선지(宣纸)를 팔았는데, 주로 고려지(高丽纸)와 모변지(毛边纸)를 팔았다. 상점마다 각자가 원

하는 품목 하나씩을 팔았는데, 이것이 원칙처럼 되었다. 청말 민국 초기에는 이곳에 200곳이 넘는 상점이 생겨났다. 필요한 물건을 사러 문인이나 예술인들도 이곳을 찾아들었다. 유리창은 중국 근대사에서 사상과 문화를 이어 주는 중요한 문화 공간으로 변해 갔다. 유리창이 문화 지식 중심지로 알려지면서 각지에서도 많은 문인이 찾았다. 우리에게도 익숙한 노신 선생은 그의 일기에서 유리창을 찾은 횟수가 480회가 된다고 기록하고 있다. 서예가 오창석(吳昌碩)과 서비홍(徐悲鴻)도 이곳을 자주 찾았다고 한다. 그 당시 문인 예술가라면 이 유리창을 찾는 것은 당연한 일이 아니었을까. 상점 주인들도 문인들과 접하는 시간이 많아지면서 자연히 글을 알게 되고 문인의 모습을 갖추게 되었다고 한다. 우리 속담 중에 주사를 가까이하면 붉게 되고, 먹을 가까이하게 되면 검게 된다는 말이 이를 두고 하는 말 같다.

중국 청 왕조 문인 기윤(紀昀, 1724~1805年)과 나빙(羅聘)도 이 주변에 살면서 자주 드나들었다고 한다. 우리에게는 기윤의 중국어 이름 지샤오란(紀曉嵐, 기효람)이 더 익숙하다. 그는 건륭(乾隆)제 때 예부상서(禮部尚書), 협판대학사(協辦大學士), 사고전서(四庫全書) 총찬수관(總纂修官)을 역임할 만큼 건륭제의 신임을 받았던 인물이다. 그는 생전에 주요 관직을 두루 거친 천재 학사로 지금도 사람들의 입에 오르내릴 정도로 학문이 깊었던 인물이다. 그는 고서적 3,505종을 정리하고 79,337권을 편찬하였는데, 그

업적은 가히 높이 살 만하다. 그는 가경제 10년 1805년 베이징에서 생을 마감했다. 그의 생가는 유리창 가까이에 있다. 200년이라는 세월이 흘렀어도 그를 기억하려는 사람들은 그의 고가를 찾고 있다. 최근 건륭제와 기효람의 케미가 돋보였던 드라마도 있었다. 제목은 〈铁齿铜牙纪晓岚〉이다. 그래서 그를 기억하는 사람이 더 많은지도 모른다.

  그리고 그 당시 우리 사람도 이곳을 찾았다. 그중 잘 알려진 사람이 박지원이다. 그는 중국을 다녀온 내용을 『열하일기』로 엮어 내기도 했다. 『열하일기』는 조선 정조 때 박지원(朴趾源)이 청나라를 다녀온 후 남긴 연행일기(燕行日記)이다. 총 26권 10책으로 되어 있고 필사본이다. 1780년(정조 4년)에 박지원은 청나라 건륭제(乾隆帝)의 칠순연(七旬宴)을 축하하기 위하여 사행하는 삼종형 박명원(朴明源)을 수행하여 청나라 고종의 피서지인 열하를 여행했다. 그리고 청나라 왕조 치하의 북중국과 남만주 일대를 견문하고 그곳 문인과 명사들과도 교류했다. 그 후 그곳 문물을 접한 내용을 기록한 여행기가 바로 『열하일기』다. 날짜와 행선지를 정확히 기록하여 그 당시 중국의 사회 문화를 정확히 알려 주고 있다. 그 외에도 1765년 홍대용의 연행, 1778년 유득공, 박제가, 이덕무의 연행이 있다. 이들은 모두 유리창을 거쳤으며, 베이징 청대 문물을 접했던 인물들이다.

  이처럼 조선 사람들은 유리창을 들러 청조 문화를 이해하고 청조의 학술과 출판 문화를 조선에 들여왔다. 문인들이 사들여 온 것 중에는 붓과 벼루 같은 문방구가 많았다. 그 밖에 서양 안경과 망원경 자명종 양금 등도 이곳을 통해 조선에 유입되었다. 그리고 이런 물건에 대한 수요가 증가하면서 서화나 골동품 등을 수집하는 수집가도 생겨났다. 이런 영향으로 조선 후기 사대부들은 중국 문화를 접하는 기회뿐 아니라 서양 물건도 접할 수 있었다. 그러나 이 또한 서민들과는 거리가 먼 특수층의 문화였다.

이처럼 유리창에는 서적뿐만 아니라 골동품, 서화, 필연, 과일 등도 산더미처럼 쌓아 놓고 팔았다. 이처럼 유리창은 큰 시장이었다. 시장이 열리면 사람들이 몰리는 것은 당연하다. 특히 오일장이나 삼일장이 열리는 날이면 각지에서 올라온 사람들로 시장은 더 북적거렸다. 고정 상점뿐만 아니라 다른 지역 사람들도 물건을 팔기 위해 모여들었기 때문이다. 그 밖에 동물 유희 놀이나 서커스 놀이 등 볼거리도 늘어났다. 그리고 유리창 주변에 신설된 극장이나 공연장에서는 잡기 공연도 있었다. 이곳 잡기를 보고 난 조선인 홍대용(洪大容)은 "인간의 기교가 여기까지 이르렀으니 참으로 불가사의하다"라고 탄식했다고 한다. 그 당시 중국 사람들의 잡기 능력을 잘 표현한 말이지 싶다. 지금도 중국의 잡기 능력은 상상을 초월한다. 이런 잡기는 중국 춘절 프로그램 특집(春晩, 춘완)에서도 가끔 볼 기회가 있다. 그들의 연기는 보는 사람의 가슴을 조이게 할 정도로 위험해 보인다. 얼마나 연습을 해야 저런 묘기가 가능할까?

그러고 보니 중국 잡기는 옛날 영화에서도 자주 등장했던 것 같다. 유리창은 그야말로 볼거리가 많았던 큰 시장이었음이 분명해 보인다.

　유리창은 지금도 외국인이나 지방에 사는 중국인들이 찾는 대표적인 관광지다. 유리창은 많은 문인의 이야기가 있고 베이징 사람들의 옛 정취가 숨 쉬는 곳이다. 하루 정도는 이곳에 머무르며 먹과 한지 냄새를 맡아 보는 것도 나쁘지 않아 보인다. 사실 몇 년 전만 해도 바닥에 놓인 가판대를 둘러싸고 사람들의 흥정 소리도 들을 수 있었다. 그러나 최근 몇 년 동안 거리가 정비되면서 시장의 옛 모습을 많이 잃었다. 국가가 나서서 하는 사업이 때로는 본질을 잃을 때가 있어 안타깝다. 이는 어느 나라나 마찬가지다.

4
베이징의 종교와 문화

공자의 부활

드디어 공자묘를 찾았다. 공자묘는 라마교 사찰인 용허궁 맞은편에 있다. 입구에는 높다란 패루(牌楼)가 햇살을 받아 더 높아 보인다. 지붕은 화려한 황금색으로 남다른 비주얼과 위엄을 뿜어낸다. 이곳이 바로 2500년 전 춘추

공자묘

전국 시대의 성인 공자를 모신 사당인가? 지붕도 황색 기와를 보니 중국이 공자를 성인으로 높이 추대했음을 알 수 있다. 황색 유리기와는 아무나 사용할 수 없는 황제 전용 장식이기 때문이다. 공자의 일대기를 전시한 박물관도 있다. 박물관 안쪽에는 공자가 앉아

대학교의 공자동상

서 제자들을 가르쳤던 보좌도 모형으로 만들어 놓았다. 공자묘에 사용된 단청이나 조각 그리고 건물 내부 천장에 사용한 용 문양도 자금성의 태화전과 큰 차이가 없다. 역사 이래로 중국의 건축 양식과 장식은 사람의 신분에 따라 확실한 차이를 두었다. 특히 화려한 단청과 채색 그리고 건물 높이나 크기는 건축물의 등급을 결정짓는 요소다. 사실, 중국에서 공자는 하마터면 잊힐 뻔했던 인물이 아니던가. 다시 그를 내세운 데는 그럴 만한 이유가 있어 보인다.

베이징 공자묘(孔子庙)와 국자감(国子监)은 안정문내(安定门内) 성현가(成贤街) 북측에 있다. 국자감이 있는 거리를 국자감 거리라고 하는데, 이곳은 2009년 국가 문물국에 의해 '베이징 10대 역사 문화 거리'로 지정되었다. 공자묘의 건축은 원대 건축이며, 원·명·청 3대에 걸쳐 공자에게 제사를 지냈던 사당이다. 민국 정부가 들어서기 전까지 국가 최고 교육 기관 겸 국가 교육 행정 기관이었다. 현재는 전국 중점 문물 보호 단위이며, 유명 관광지가 되었다. 면적은 약 52,000m²이다. 박물관에는 『大哉孔子展』, 『中国古代科举展』, 『中国古代管德文化展』, 『孔庙大成礼乐展演』, 『国子监复原陈列』 등의 전시실을 따로 마련하고 있다. 공자묘 안에는 비슷 달성

전(达成殿) 등 왕가 건물의 규격과 맞먹는 건축물과 사제진사제명패(卸制进士提名牌, 장원 급제자 명단 비석), 건륭경각석(乾隆经刻石) 등 진귀한 조각 작품들로 정원을 채우고 있다. 국자감(国子监) 내에는 100m^2 넓이의 예술 전시실도 있어, 문화 예술 관련 전시가 활발히 이루어지고 있다. 공자묘에도 다른 원림처럼 고수가 많다. 그중 700년 된 측백나무가 이곳의 역사를 대변해 주듯 우뚝 서 있다.

중국 사람들은 1966년 문화 대혁명 시절 공자를 타파한 것은 큰 실수였다고 말한다. 서양 사람들은 공자가 한국 사람이 아니냐는 오해도 있었다. 그럴 만도 하다. 공자의 사상을 우리가 더 잘 흡수했으니 말이다. 이는 중국 사람들의 자존심을 상하게 하는 일이었다. 이런 것을 지켜보던 중국이 달라지기 시작했다. 학교와 교육기관에는 공자 동상이 세워졌고, 134개국에 500여 개 공자 아카데미를 개설했다. 이런 행보는 공자를 알리고 중국을 알리겠다는 뜻으로 해석된다. 한때는 중국 사람들에게 문화 대혁명 이야기를 물으면 멈칫할 때가 많았다. 혹시 누가 옆에서 듣고 있는 것은 아닌가 하는 마음에서다. 중국 사람과는 아무리 친해도 정치 이야기는 금물이다. 상대방이 힘들어하는 것을 알기 때문이다. 그러나 이런 중국도 달라지기 시작했다. 조금씩 과거의 실수를 인정하고 받아들인다. 한때는 잘못을 인정하면 과거의 역사를 모두 부정하는 꼴이 될까 봐 두려워했다. 그러나 세상이 변하듯 중국도 변하고 있다. 이제 국민 연 수입 1만 달러를 넘어선 중국이다. 이는 평균이다. 경제 대국으로 우뚝 선 중국이 이제 필요한 것은 물질에 부합하는 정신적인 면이다. 도덕, 배려, 겸양, 예의, 효도가 필요한 때다. 중국이 공자를 다시 찾을 때는 이런 이유가 있는 것이다.

용허궁과 납팔죽

2019년 1월 13일(음력 12월 8일), 오늘은 납팔죽(腊八粥)을 먹는 전통 명절이다. 아침 뉴스를 보니 용허궁에서 납팔죽을 준다는 보도가 있었다. 서둘러 차려입고 용허궁을 향했다. 그런데 아침 8시에 이미 끝난 것이 아닌가. 모처럼의 기회를 놓친 것이 아쉬웠다. 어떻게 죽을 제공하는지 죽은 어떻게 생겼는지 어떤 사람들이 먹으러 오는지 궁금했기 때문이다. 그리고 간단한 의식이 있을 것이라는 생각을 했었다. 그러나 기회를 놓치고 말았다. 하지만 핑계로 용허궁을 다시 찾았다. 『燕京岁时记·腊八粥』의 기록에 따르면, '기장, 쌀, 찹쌀, 조, 마름, 밤, 팥, 잣, 해바라기씨, 대추 등을 물에 불리고 끓여 설탕을 추가하여 만든 것이 납팔죽이다'라고 설명하고 있다. 평소에도 죽을 즐겨 먹는 중국 사람들이지만 이날 먹는 죽에는 특별한 의미를 부여한다. 다양한 곡식을 넣어 만든 납팔죽은 다른 말로 칠보오미죽(七宝五味粥)이라고도 부른다. 납팔죽을 먹는 것은 풍년을 경축한다는 의미다. 어떤 지역에서는 '납팔반(腊八饭)'

이라고도 부른다. 하남(河南) 지역에서는 납팔죽을 '대가반(大家饭)'이라고 부르며, 민족 영웅 악비(岳飞)를 기념하는 명절 음식이다. 『祭祀·郊特性』에 의하면, 고대에 천자가 납제(腊祭)를 지냈는데, 이는 조상과 오사(五祀)를 위한 제사다. 여기서 오사는 대문신, 창문신, 우물신, 조왕신, 토지신을 말한다. 특히 12월은 다양한 잡곡으로 죽을 끓여 먹었는데, 이는 풍성한 곡식을 준 농신(农神)에게 감사하고, 풍년을 축하한다는 뜻이다. 이렇게 볼 때, 납팔죽은 고대 제사 음식이었음을 알 수 있다. 지금도 중국 사람들은 음력 12월 8일이 되면 납팔죽(腊八粥)를 끓여 먹는 풍속이 있다.

용허궁은 베이징에 있는 현존하는 가장 큰 장전 불교 사찰이다. 강희(康熙) 30년(1694년)에 지어졌고, 4번째 아들인 인전(胤禛), 즉 용정황제가 즉위하기 전까지 살았던 용친왕푸(雍亲王府)였다. 용정제가 이곳에서 생활할 때 건륭제를 나았던 곳이기도 하다. 용정 13년에 용정황제가 죽고, 그의 영구가 이곳에 잠시 머무르기도 했다. 그래서 용허궁의 기와도 녹색에서 황색으로 바뀌었다. 황색은 청대 최고 권위의 색이다. 그래서 지금도 용허궁을 '용잠복지(龙潜福地)'라고 부른다. 용정제와 건륭제 두 명의 황제가 태어나고 살았던 곳이기 때문이다. 그래서 기와도 황색 유리 기와를 사용하였고, 기둥과 벽을 황색으로 하였다. 이는 기능 장식이지만 동시에 신분의 존귀를 표시하고 있다. 이는 자금성의 격식을 그대로 모방한 최고 등급의 장식이다. 용정 3년(1725년)에는 행궁(行宫)으로 사용하다가 건륭 9년(乾隆9年, 1744년)에 정식으로 장전 불교의 노파(魯派) 사원이 되었다. 그 후 용허궁은 청나라 후기 규모가 가장 큰 불교 사찰로 자리 잡았다.

용허궁은 중국에서 규모가 가장 큰 장전 불교 사찰이다. 1961년 전국 중점 문물 보호 단위로 지정하였고, 1981년부터 정식으로 대외에 개방하였다. 현재 90여 명의 승려가 용허궁 옆 건물에서 생활하면서, 용허궁을 관리하고 있

향 피우는 사람들

다. 무엇보다 이곳에 사람들이 많이 찾는 데는 또 다른 이유가 있다. 바로 '한 가지 소원이 이루어진다'라는 소문 때문이다. 2019년 2월 5일은 중국 춘절이다. 2월 4일 밤부터 5일 아침까지 용허궁에는 대략 9만 명이 몰려들었다는 보도가 있었다. 특히 춘절 하루 전날 이곳에는 향을 피우려는 사람들로 인산인해를 이룬다. 이 또한 춘절 문화의 하나다. TV 매체들도 다투어 용허궁의 모습을 실시간으로 내보낸다. 중국 사람들은 새해 첫날 첫 향을 꽂으면 복을 받고 일이 순조롭다고 믿는다. 용허궁 관계자의 인터뷰 자료를 보면, 2019년은 2018년보다 4,000여 명이 몰렸다고 한다. 실제로 새해 첫날 첫 향을 피우기 위해 밤을 새우는 사람도 많다. 일 년의 복이 향 피우는 것으로 해결된다면 누구나 하룻밤을 지새울 것이

다. 어쨌든 중국 사람들의 복사랑은 특별하다.

용허궁은 베이징 중심에 있는 장전 불교 사찰이다. 일반 사찰이 외곽에 있는 것과는 차이가 있다. 무엇보다 시민들의 생활 공간과 밀접해 있다는 것만으로 사람들은 위로를 받는다. 평소에도 많은 사람이 향을 피우려 이곳을 찾는다. 후통 구경을 왔다가도 들르는 곳이다. 특히 춘절이나 귀신절 청명절에는 더 많은 사람이 이곳을 찾아 향을 피운다. 용허궁은 많은 중국 사람이 마음의 위안을 얻는 곳이다. 한 가지 소원이 이루어진다는 그 한마디가 이미 위로를 주고 있다. 용허궁은 중국 사람들이 인정한 특별한 장소다.

최초의 감리교회

중국은 중국인과 외국인이 함께 종교 모임을 할 수 없다. 이 점은 베이징을 처음 오는 사람이라면 명심해야 하는 부분이다. 종교 활동은 사람들이 많이 모이는 일이기 때문에 민감할 수밖에 없다. 나는 중국에 살기 시작하면서부터 기독교와 같은 종교가 중국에 뿌리내릴 수 있을까 몹시 궁금했다. 중국이라는 나라의 특성 때문이다. 그래서 실태 조사를 했던 적도 있다. 20년 전에는 큰 장소를 빌려서 집회를 하는 곳도 있었지만 집을 빌려서 하는 작은 종교 단체도 있었다. 그러나 최근에는 한국으로 돌아가거나 제3국으로 가는 사람이 늘면서 그 숫자도 많이 줄었다.

얼마 전 나는 특별한 기회로 베이징에서 가장 오래된 감리교회를 찾은 적이 있었다. 이름은 베이징기독교숭문문당(北京基督教会崇文门堂)이다. 1870년에 지어진 감리교다. 최초에는 설립자의 이름을 따서 아사립당(亚斯立堂)이라고 불렀다. 주소는 베이징시 동성구 후구후통 13호(后沟胡同13号)이며, 베이징 동남쪽 4환 경계에 있다. 그 당시 이곳은 오랫동안 미국인들의 도움을 받고 있었다. 1882년 건물이 완성되었고, 1900년 의화단 사건으로 파괴되었다가 1902년에 청 정부의 도움을 받아 재건되었다. 그리고 1920년 동양 사회와 정치 문제를 해결한다는 목적으로 중국을 찾았던 웰치 감독과 선교사 목사들의 도움으로 지금까지 남아 있다. 현재 베이징에서 가장 오래된 교당 중 한 곳이다. 2006년에는 국무원에 의해 전국 중점 문물 보호 단위로 지정하여 보호하고 있다.

내가 인상 깊었던 것은 이곳을 탐방하던 날 뜻밖에 조선족들을 만난 일이다. 이날은 중국 춘절을 며칠 앞둔 날이다. 조선족 10여 분을 이곳 교회에서 만나다니 뜻밖이었고 반가웠다. 얼굴이며 언어가 우리와 똑같은 조선족분들이었다. 이곳은 한족과 조선족들이 시간을 달리하면서 시일을 보고 있었다. 외국인과 중국인을 분리하여 집회를 보는 것은 이해할 수 있으나, 조선족과 한족을 분리하여 집회를 본다는 것은 이해하기 어려웠다. 조선족도 엄연히 중국인인데 굳이 분리할 필요가 있었을까. 굳이 이유를 찾는다면 언어 문제일 거라며 나만의 결론을 내렸다. 교회의 외관은 일반 교회와는 달리 마름모를 하고 있어 인상이 깊었다. 내부의 천장은 팔각형이고, 벽면은 다각형이다. 중국에서 쉽게 볼 수 없는 건물 구조가 인상적이었다. 내부의 창문 장식은 내가 유럽에서 보았던 양식과 큰 차이가 없다. 아름다웠다. 이곳이 중국이라는 것을 잠시 잊게 했다. 중국은 종교가 자유라고 말은 하지만 보이지 않는 압력과 제약이 있는 나라가 아니던가. 사실 사상적인 문제만 아니라면 크게 문제 삼을 이유도 없다. 조선족들은 이곳에서 20~30년 동안 종교 생활을 해 오고 있었다. 심지어 멀리 이사를 간 사람도 이 교당을 찾아온다고 했다. 교회는 작은 강당이 두 개 있고, 지하실도 있다. 지하실은 외부 출입을 경계하는 것 같아 입구에서 돌아서야 했다. 교회 규모는 200명 이상이 동시 수용 가능할 정도로 크다. 아침에는 세 번을 나누어 한족이 예배를 보고, 오후에는 조선족이 예배를 보고 있다. 조선족은 200명, 한족은 500명 정도니 숫자도 적지 않다. 중국 사회에서 이렇게 종교가 뿌리를 내리고 있다는 것이 실감 나지 않았다. 중국에서는 비합법적인 종교 활동은 당연히 통제 대상이 된다. 한마디로 불가능하다. 중국은 여전히 종교에 대해서는 민감하다. 그런데도 종교 인구가 유지되고 있다니 아이러니가 아닐 수 없다. 그러나 언젠가는 중국도 종교에 대한 감시와 통제가 완화될 날이 올 것이다. 시기가 문제일 뿐이다.

베이징 천주교와 문화

베이징에서 가장 오래된 천주교당은 선무문 교당이다. 남쪽에 있다 하여 남당이라고도 불린다. 초기에는 '선무문 예배당'으로 불렸다. 명 만력 33년(1605년)에 이탈리아 국적의 전도사가 세운 곳이다. 교당 규모는 작지만, 중국의 전통 건축 양식이 특징이다. 중국 청대 강희제, 용정제, 건륭제를 거치면서 지진과 화재로 파괴되었다가 후에 청 정부의 도움으로 재건되었다. 청이 힘을 잃어 가던 광서년에는 일체 교당 활동이 멈추면서 철거되었다가 1860년에 다시 맹진생(孟振生) 신부에 의해 재건되었다. 1900년에는 또다시 의화단 운동으로 동당, 서당뿐 아니라 베이징 근교 대부분 교당이 파괴되었다. 그 후 1904년 네 번째 수리를 거쳐 지금의 모습을 갖추었다.

베이징에 한국인이 미사를 보는 곳이 있어 찾아갔다. 내부는 들어가지 못했다. 베이징시동성구동교민항갑13호(北京市东城区东交民巷甲13号)에 있는 동교민항교당(东交民巷教堂)이다. 동교민항교당은 베이징에 있는 교당 중 비교적 늦게 건립된 교당이다. 이곳을 다른 말로 미카엘 교당, 혹은 프랑스 교당이라고 부른다. 정문에서 바라다보이는 천사 조각이 인상적이다. 동교민항교당은 1901년 프랑스 영사관이 있었던 자리 일부를 이용하여 지은 2층으로 된 고딕식 교당이다. 신축 조약 협약 후, 베이징 특히 동교민항 일대에는 유럽 사람들이 늘어나면서 그들의 종교 활동을 위한 교당이 필요했다. 그때 베이징 주재 프랑스 영사관에 파견 온 사람들과 프랑스 신부가 자금을 대어 이 교당을 지었다고 한다. 1904년 정식으로 문을 열었고, 정식으로 중국 거주 외국인을 대상으로 문을 연 교당이 되었다. 미사는 프랑스 신부가 주관했으며, 교당은 프랑스 교회가 관리했다. 그러다가 1949년 이후에는 천주교 베이징 교구가 동교민항 천주교당의 건축과 땅을 관리했으며, 교당은 북당천주교구가 관리했다. 1958년에는 중국 정부의 정책 변화에 따라 동교민항 천주교당은 문을 닫고 모든 건축물과 땅은 국가에 귀속되었다. 중국의 정치적 세찬 바람이 불었던 대약진 운동, 한솥밥 시대가 시작되던 시기다. 그 후 문화 대혁명이 끝나던 1986년이 되어서야 이곳은 베이징 교회에 환원되었고, 1989년 12월 23일부터 교회로서 제 기능을 하게 되었다. 그리고 1995년 10월 20일 베이징시 문물 보호 단위로 등록되었으며, 이를 근거로 국가는 수시로 상황 점검을 할 수 있게 되었다.

바이두(중국 대표 인터넷)에서 베이징에서 오래된 천주교당을 찾으면 남당, 북당, 동당, 서당, 동교민항 5곳이 나온다. 천주교당은 베이징 인구에 비교해 그렇게 많지 않은 편이다. 그중 동교민항 교당은 역사도 짧고 규모가 가장 작다. 그러나 늦게 건축된 만큼 국가적인 혼란과 영향을 덜 받았다고 할 수 있다. 그리고 동교민항 천주교당은 현재 베이징 거주 한국인들이 미사를 볼 수 있는 허락

된 장소다. 교당 관리자의 말을 빌리면, 주말 오전 10시, 11시 30분 두 번 나누어 미사를 보며, 전체 교인은 약 600명이 된다고 했다. 이 또한 최근 각종 이슈로 귀국 인원이 늘면서 교인도 줄어들었다. 여전히 중국이라는 국가적 특성에 따라 교당에서의 미사나 활동은 허락되나, 교당 밖에서의 소규모 활동은 제약이 따른다. 종교의 자유는 있다고 하지만 여전히 조심해야 하는 부분이다. 중국에 왔으니 중국 법에 따라야 한다. 그것이 중국에서 살아가는 방법이다.

요대 전탑

중국에 오래 살면서 보고 싶었던 것이 있다. 요대 건축 밀첨식 전탑이다. 베이징은 요나라 때부터 주목을 받았던 지역이다. 그러나 많은 것이 이미 소실되고 없지만, 전탑이 남아 있다고 하니 궁금했다. 21세기를 살면서 천 년 전의 건축물을 볼 수 있다는 것만으로도 행복한 일이었다. 드디어 아름다운 요대 사탑이 있는 천영사(天宁寺)를 찾았다. 천영사(天宁寺)는 중국베이징시서성구광안문외호성하서안북빈하로(中国北京市西城区广安门外护城河西岸北滨河路) 서쪽에 있다. 이곳은 베이징에서 가장 오래된 대승 불교 사찰로 불교사찰 연구에 중요한 자료가 되고 있다. 베이징에 몇 곳이 더 있다. 그러나 이곳의 밀첨식 전탑이 요대 사탑의 으뜸이라 한

천영사

다. 현재 이곳에는 비구승들이 지키고 있다. 밀첨식 전탑은 천영사의 1/5을 차지할 만큼 사찰에서의 비중이 크다. 석탑 기단은 벽돌로 쌓고 위로는 목재를 사용한 8각형 첨탑 형식이다. 섬세하게 쌓아 올린 팔각 탑은 밑부분은 넓고 위로 가면서 좁아지는 형태다. 기단 부분은 항아리 모양과 사자 모양 연꽃 문양 등의 길상 장식을 사용했다. 사탑은 놀랍도록 정교하고 아름답다. 탑의 중간 부분은 자연의 풍화로 일부 소실되었

8각 13층 밀첨식 전탑

으나 보수를 하지 않은 상태 그대로다. 그러나 전체적으로는 안전감이 있고, 여전히 옛 자태를 유지하고 있다.

사찰 창건 연대는 북위효문제연흥년간(北魏孝文帝延兴年间, 公元471~476年)이며, 초기에는 광림사(光林寺)라고 불렸다. 수대인수년간(隋代仁寿年间, 公元602年)에 광림사를 다시 홍업사(弘业寺)로 고쳤다가, 당이 세워질 무렵(唐开元年间, 公元712年)에 홍업사를 천왕사(天王寺)로 고쳤다. 그 후에도 이름은 여러 번 바뀌었다가 지금의 천영사(天宁寺)가 되었다. 사찰은 여러 번의 화재로

소실되었다가 증축을 거듭하는 시련을 겪었다. 그러나 사탑만은 그 원형을 유지하고 있어 다행이었다. 현재 약사여래가 모셔져 있어 아픈 가족이 있는 사람들은 이곳에서 가족의 건강을 빌며 탑을 돌고 있다. 이날도 탑돌이를 하는 여인들을 만났다.

중국의 유명한 건축학자 양스청(梁思成) 선생의 고증에 의하면, 천영사탑(天宁寺塔)의 건조 연대는 요대(辽代) 대강 9년(大康九年, 公元1083年) 혹은 요대 천조제천경(天祚帝天庆9~10年, 公元1119~1120年) 시기로 추정한 바 있다. 시기상 차이는 있으나 요대인 것만은 분명해 보인다. 탑의 높이는 57.8m며, 정확한 명칭은 8각 13층 밀첨식 전탑(八角十三层檐密檐式砖塔)이다. 기좌(基座)는 상하 양층의 수미좌(须弥座)로 되어 있으며, 하층에는 6개의 호문형(壺门形)으로 만들어진 방이 있고, 안에는 사자머리 모양의 장식을 사용했다. 수미좌 중간의 잘록한 허리 부분에는 작은 불상이 조각되어 있어 사탑이 얼마나 정교하게 만들어졌는지 알 수 있다. 수미좌의 중간 부분에는 꽃문양이나 연꽃 물결문을 사용했다. 수미좌는 13층 밀첨식탑을 받치고 있고, 이 탑 안에 사찰 서적을 보관했다고 한다. 첨탑의 밑 부분은 8각형이며 탑의 바닥 부분은 사각형이다. 건축에서 장식은 단순한 길상적 의미도 있지만, 사실은 기능성을 강조한 장식이다. 탑의 윗부분을 지탱하려면 기단이 튼튼하고 안정적이어야 하기 때문이다. 그리고 탑의 기층 부가 높은 것은 방수(防水), 통풍(通風), 훼손 방지 효과가 있다. 기단부의 벽돌은 백회(白灰)를 사용하여 견고히 하였다. 수미좌는 한국과 중국 등 북방 불교에서 유행하던 장식으로 사찰의 불상이나 사리탑을 안치할 때 사용되었던 장식이다. 볼수록 아름다운 사탑이다. 베이징에 있는 사람이라면 한번 가 보기를 권한다. 베이징에 살면서 요대 건축 8각 13층 밀첨식 전탑을 보는 행운을 가졌다. 중국에 살면서 누릴 수 있는 호사다. 천 년의 시간, 그동안 많은 사람이 이 사탑을 보러 왔을 것이다. 그리고 사탑 아래에 서서 한동안 머물렀을 것이다. 나도 그랬다.

도교 총림 백운관

오늘은 도교 본산지인 백운관(白云观)을 찾았다. 종교에 대해 무지한 내가 도교에 관해 이야기하고자 하는 것은 아니다. 베이징에 도교 사원을 소개하는 것이니 오해 없길 바란다. 베이징 백운관은 도교관(道教观)으로 도교 신앙의 본거지다. 백운관(白云观)은 베이징 중심 베이징서성구변문외백운관가도(北京西城区西便门外白云观街道)에 있다. 건축된 시기는 당(唐)대이며, 당현종(唐玄宗)이 노자에게 제사를 지냈던 성지라 하여 처음에는 천장관(天长观)이라 불렸다. 금세종(金世宗) 때 사찰의 규모를 확대하였고, 금 왕조 말(1192년)에 재건한 후 이름을 태극궁(太极宫)이라 불렀다. 그리고 1203년에 태극궁이 불에 타 버린 것을 여러 번의 증축과 수리를 거쳤다. 원대 초에는 도교전진파장춘진인구처기(道教全真派长春真人丘处机)로 원 태조 칭기즈칸이 장춘궁(长春宫)이라 이름을 바꾸고 중국 북방 도교의 총림이 되었다. 백운관에는 진귀한 '3보(三宝)'가 전한다고 하는데, 명대 판『正统道藏』, 당대의 석조 노자좌상(老子坐像), 원대 서예가 조맹부(赵孟頫)의『松雪道德经』석각과『阴符经』부각이다. 그러나 실제 보지는 못했다.

백운관

백운관은 종교 사찰로 문화 대혁명을 겪으면서 불타 파괴되었다가, 1981년 수리를 거쳐 대중에게 개방되었다. 1979년 베이징시 문물 보호 단위로 지정했고, 2001년 6월 25일 청대 고건축으로 인정을 받아 전국 중점 문물 보호 단위로 지정했다. 백운관은 일반적인 건축의 기본 형식과 같이 좌북남조(坐北朝南)로 앉았으며, 중앙과 서, 동 그리고 후원으로 이루어져 있다. 주요 건축물은 대전이라는 명칭을 사용하고, 주요건물은 중축 선을 따라 건축되었다. 이는 일반적인 중국 사찰 구조다. 그래서 입구에서는 전체 건축물의 규모 정도를 알 수 없다. 건축물이 동서남북으로 흩어져 있는 것이 아니라 남북의 중축 선을 따라 건물이 앉는 특징 때문이다. 백운관에 있는 대표적인 건축물로는 산문(山门), 영관전(灵官殿), 옥황전(玉皇殿), 노율당(老律堂), 구조전(丘祖殿), 삼청각(三清阁)이 있다. 그중 대표적인 대전으로는 옥황전이 있는데, 옥황상제를 모신 곳이다. 명대 만들어진 목조 건축이며 높이는 1.8m다. 다른 곳과 달리 옥황상제를 모신 자리는 명대 때 만들어진 신감 안에 모셔져 있다. 신감(神龛)은 신을 모셔 두는 자리를 부르는 말이다. 신감 앞에는 번조(幡条)라고 불리는 여러 개의 깃발이 커튼처럼 늘어져 있다. 깃발에는 100개의 전서체로 쓴 '寿' 자가 있고, 이를 백수번(百寿幡)이라고 부른다. 이 백수번은 자희태후(慈禧太后)가 내린 상이라고 백운관 도사가 알려 주었다. 옆의 벽에는 남두성군(南斗星君), 북두성군(北斗星君), 삼십육수(三十六帅)가 있고, 이십팔수로 된 공비채화(工笔彩画) 8폭이 있다. 그리고 공간이 넓은 노율당(老律堂)은 각종 종교 행사를 진행하는 곳이다.

그렇다면 우리가 알고 있는 도교는 어떤 것일까? 도교는 신선 사상을 기반으로 자연 발생한 것인데, 거기에 노장사상·유교·불교 그리고 통속적인 여러 신앙 요소들을 받아들인 종교라고 말할 수 있다. 그 기원을 알아보면 기원전 3세기 무렵 중국에서 신선 설이라는 것이 생겨났고, 이는 중국 고대의 산악신앙(山嶽信仰)과 깊은 관계가 있다. 여기에 중국 종교의 원초적 형태인 무술(巫術), 자연 숭배 등이 혼합되어, 사람의 힘으로 해결할 수 없는 모든 문제를 해결한다는 방술(方術)이 생겨났다. 이 방술은 전국 시대에 이미 성립되어 민간에도 널리 알려졌다. 방술을 행사하는 사람을 방사(方士)라고 하는데, 도교에서는 도사라 부른다.

우리가 잘 알고 있는 진시황은 서복(徐福)을 보내 노선단(老仙丹)을 가져오게 했다. 신선이 산다는 세 섬에 가서 신선이 먹는 선단 약을 가져오도록 했다. 진시황은 신선이 먹는 선단 약을 먹고 영원히 살고 싶었기 때문이다. 그러나 명을 받고 떠난 서복은 돌아오지 않았다. 그리고 한 무제(漢武帝) 또한 장생불로를 꿈꾸었던 인물이다. 과거나 현재나 인간이면 누구나 건강과 장수를 바란다. 그런 의미에서 도교에서 말하는 수련은 건강하게 장수하는 방법을 말하며, 이를 양생법이라고 부른다. 지금도 베이징 백운관에는 양생을 훈련하는 사람들이 있는데 그들을 도사라 불렀다. 그들은 긴 머리에 야위고 날렵한 신체를 갖추었는데, 평소 상상하던 도사의 느낌이었다. 그들은 매일 수련을 한다고 했다. 도교식 수련법은 마음을 고요하게 하고 지나치게 행동하지 않는 것 또한 호흡을 조절하는 방법으로 건강하게 오래 살 수 있다고 믿었다. 그래서 도교에서 말하는 수련법은 종교적인 색채보다는 심신 수양이라는 또 다른 형태로 이해할 수 있다. 인간은 영원히 살 수 없다. 그렇다면 건강하게 살아가는 것도 도교에서 말하는 수련법의 하나일 것이다. 도교는 한국에도 많은 영향을 끼쳤던 종교이며, 유교 불교와 더불어 한국을 대표하는 종교라고 말할 수 있다. 베이징 백운관은 일반 사찰과는 또 다른 기운이 느껴지는 곳이다. 도교 사찰에서 처음 도사를 만났다.

화신묘

베이징에 오래 살면서 찾지 않았다면 지나칠 뻔할 일이 의외로 많다. 그중 하나가 바로 화신묘(火神庙)다. 그렇다면 왜 베이징에 화신묘가 많고, 중국 사람들에게 화신묘는 어떤 의미일까? 화신묘(火神庙)의 정식 명칭은 수건화덕진군묘(敕建火德真君庙)이다. 지금 남아 있는 곳은 베이징 중심 스차하이(십찰해) 화신묘가 있으며, 규모가 가장 크고 역사도 가장 오래되었다. 위치는 베이징시서성구 지안문대가(北京市西城区地安门外大街) 만농교 서북쪽에 있다. 화신묘에 모신 주요 신은 남방화덕진군(南方火德真君)이다. 그 밖에도 상당히 많은 화신묘가 베이징에 있었다고 하나 다 파괴되고 몇 군데 흔적만 있을 뿐이다. 문화 대혁명의 타격으로 보인다. 이곳

화신묘 입구

화신묘

십찰해 화신묘는 백운관(정식 명칭, 道教全真派祖庭白云观)의 하부 사원이며, 수리한 후 중국 도교 협회 관할(中国道教协会管辖)로 베이징시가 보호하고 있다. 평일에도 이곳을 찾아 향을 피우는 사람들을 볼 수 있다.

중국은 56개 민족이 모여 사는 다민족 국가다. 민족마다 집단촌을 이루고 생활하며 그들 고유의 민족 신을 위한 종교 행사도 진행한다. 그중 화신(火神)은 중국의 많은 민족이 지금까지 믿고 있는 민간 신앙 중 하나다. 지금도 그들은 집에 사당을 마련하여 신을 모시며, 해마다 제사를 지내고 있다. 중국에 화신묘가 만들어진 시기는 당 왕조 정관 6년(贞观六年, 公元632年)이며, 이미 1300년이 흘렀다. 그중 베이징 스차하이 화신묘는 명 만리 연간에 궁정에 연속해서 불이 나자 화재를 막기 위해 지은 것으로 알려져 있다. 청 건륭제 24년(1759년)에 수리를 하면서 문과 지붕에 황색 기와를 올렸다. 황색은 청대 최고 권위의 상징이다. 건륭제와 자희태후도 이곳을 들렀다고 기록되어 있다. 화신묘의 본체는 완전하게 보존된 편이다. 남쪽에는 융은전(隆恩殿)이 있고 이곳에서 진군왕영관(槐榆真君王灵官)이 모셔져 있다.

베이징에 살면서 들었던 말 중에 이런 말이 있다. "先有潭柘寺后又有北京城", "先有火神庙后有北京城"라는 말이다. 해석하면, "베이징서부문두구구동남부(北京西部门头沟区东南部)에 있는 담자사(潭柘寺)와 화신묘(火神庙)는 베이징성이 존재하기 전부터 있었다"라는 말이다. 담자사와 화신묘는 베이징성이 존재하기 전부터 있었다는 말로 역사가 깊다는 것을 표현하는 말이다. 베이징에 화신묘가 많았던 것은 역사 이래로 베이징에 화재가 잦았음을 짐작할 수 있다. 건조한 날씨와 목조 건물이 첫 번째 이유일 것이다. 그리고 구조상 후통을 따라 집들이 다닥다닥 붙어 있기 때문이다. 게다가 옛날 베이징에는 물이 부족하였고, 물을 끌어오는 데도 어려움이 많았을 것이며, 후통의 길이 좁아 물을 운반하기도 쉽지 않았을 것이다. 현재 베이징 천안문 남쪽에 있는 옛날 후통을 보면 이해할 수 있다. 이런 환경에서 화재는 그야말로 두려움이고 공포가 아니었을까. 황제가 머물렀던 자금성도 40여 차례나 화재로 시달렸다. 그래서 자금성 안에는 구리나 동으로 만든 큰 물항아리가 있다. 이를 수항(水缸, 한국 드므)이라고 부르는데, 화재 때 사용할 물을 담아 두던 곳이다. 특히 베이징은 지역 특성상 가을이나 겨울이 되면 날씨가 건조하여 화재가 발생하기 쉽다. 그래서 겨울에 수항의 물이 얼면 녹일 수 있도록 수항의 밑 부분에 불을 피우는 장치도 만들었다. 그리고 물을 채우는 사람을 따로 두고 수항을 관리하였다. 화재가 주는 공포가 얼마나 컸을지를 짐작하게 하는 부분이다. 중국은 일반적으로 주택에 마당이 있다. 전통 사합원에서 마당은 내원의 중심으로 중요한 공간이다. 그리고 이 마당에 항아리를 두거나 구덩이를 파서 붕어를 키우는 경우를 볼 수 있다. 이는 집에 물이 있으면 좋다는 풍수 때문이다. 그리고 건물에 불이 나면 즉시 사용할 수 있도록 기능성을 더한 것이다. 이는 풍수와 기능 양면을 모두 고려한 정원 장식이다. 중국 사람들이 만든 장식에는 의미 없는 것은 아무것도 없다. 최근 자금성 수항에는 물이 없다. 대신 신기술로 화재를 대비하고 있다고 보면 될 것이다.

베이징 화신묘에는 6월 22일 화신의 조상이 태어난 날이라 하여 이날 제사를 지낸다. 이날 사람들은 제당에 향을 피우고 기도를 올린다. 과거에는 황제가 해마다 화신묘에서 제사를 지냈다는 기록도 있다(据『明熹宗实录』:"天启元年(公元1621年)三月, 命太常寺官以六月二十二日祀火德真君, 著为令。"). 청 말에서 민국년에도 화신묘에서 해마다 법회를 열었다. 법회가 열리는 날이면 부호들은 돈을 내어 배를 만들고, 그 배를 사찰 밖 거리에서 태웠다. 이날 도로가 물샐 틈 없이 삼엄했다는 이야기도 전한다. 이는 화신묘 법회가 얼마나 중요한 행사였는지를 말해 준다.

천 년 고찰 대각사

날씨가 화창하다. 약간 쌀쌀한 날씨지만 걷기에 딱 좋은 날씨다. 단풍 구경도 할 겸 베이징에 있는 천 년 고찰 대각사를 찾았다. 아는 언니 동생들과 함께하는 날이라 더 즐겁다. 먼저 대각사를 가기 전에 금산사라는 작은 절을 따라 산길을 걸었다. 그렇게 가파르지 않은 길에는 청돌이 놓여 있다. 인위적으로 만든 길이다. 옛날 궁궐 사람들이 절에 불공을 드리러 다니던 길이다. 이곳 금산사 사찰 옆에는 중국 사람들이 약수를 뜬다며 물통을 줄 세우고 있었다. 이물은 금산사의 우물물로 사계절 내내 마르지 않으며, 미네랄이 풍부하여 많은 사람이 찾고 있다며 옆에 있던 중국 사람이 알려 준다. 우리 일행도 시원한 약수를 마시고 가벼운 마음으로 산을 올랐다. 샘물 옆에는 은행나무들이 노란색 옷을 입고 있었다. 우리는 자연이 만들어 놓은 아름다움에 감탄하며 핸드폰을 눌러댔다. 그 순간 우리는 모두 소녀가 되었다. 어디에서 찍어도 그대로 작품이다. 우리 일행은 조금 더 산을 따라 걸었고 야산 중턱에 자리 잡고 앉았다. 준비해 온 김밥과 차를 마시며 산중 점심을 즐겼다. 베이징 산에서 먹는 김밥 맛은 최고였다. 평소에는 집에서 아이를 키우느라 자기 시간을 가질 수 없었던 엄마들이다. 이렇게 우리는 베이징 생활의 이모저모를 이야기하면서 점심을 먹었다. 산이라 옷을 계속 끼어 입어도 몸이 움츠러들었다. 11월이라 기온이 제법 차다. 서둘러 목적지 대각사(大觉寺)로 향했다. 금산사에서 5분 정도 거리다. 오늘의 목적지다. 대각사는 천 년 고찰로 서산대각사(西山大觉寺)라고도 부른다. 베이징시의 서북쪽에 있는 대각사는 양태산(阳台山)과 취봉산(鹫峰山) 묘봉산(妙峰山)과 연결되어 있다. 이곳을 등산하는 사람들은 산을 돌았다가 대각사를 종착지로 하는 사람이 많다. 천 년 고찰 대각사에서 향을 피우기 위해서다. 사찰이나 제단에서 향을 피우고 절을 하는 것은 중국 사람들이 복을 구하

은행나무

는 방법이다. 이 또한 중국의 문화다.

대각사는 베이징시해정구소가이진북안하향(海淀区苏家坨镇北安河乡)에 있다. 이곳은 요대함옹 4년(辽代咸雍四年, 1068年)에 등종귀(邓从贵)라는 사람이 출자하여 건립한 사찰이다. 처음에는 청수원(清水院)이라 불렀고, 금대(金代) 때는 8대 수원의 하나로 영천사(灵泉寺)라 불렀으며, 한때는 황가의 행궁이었다. 다시 명 선덕 3년(明宣德三年, 1428年)에 대대적인 수리를 하면서 대각사(大觉寺)라고 불렀다. 대각사에는 맑은 우물과 300년 된 옥란(玉兰) 그리고 천 년을 산 은행나무가 대각사의 이름을 빛내고 있다. 2006년 5월 25일, 대각사는 명·청대 고건축으로 전국 문물 중점 보호 단위로 지정하여 보호하고 있다.

그렇다면 대각사 건축은 어떤 특징이 있을까? 사찰 건물은 좌서조동(坐西朝东, 건물이 서쪽에 앉고 동쪽을 향한다)으로 앉아 있다. 일반 건축물이 좌북남조(坐北朝南, 건물이 북쪽에 앉고 남쪽을 향한다)인 것과 대조적이다. 이는 요대 거란인(契丹人)들의 건축 형태라고 한다. 건축물을 대문 입구에서 안으로 들어갈수록 높아지지만 한눈에 사찰 전체를 볼 수 없는 것은 중국 사찰 건축의 특징이다. 중앙에는 사찰 건물을 짓고, 남쪽에는 행궁(行宫) 북쪽에는 승방(僧房)이 있다. 전체 면적은 6000km²이다. 사찰 형태는 일반 사찰에서 볼 수 있는 비석, 정자(碑亭), 종루(钟楼), 천왕전(天王殿), 대웅

보전(大雄宝殿), 무량사불전(无量寿佛殿), 대비단(大悲坛)이 있다. 무엇보다 대각사를 찾는 사람 중에는 역사 깊은 사찰을 감상하는 것뿐 아니라 두 그루의 고수를 보려는 사람도 있다. 대각사 입구에서 좌측에 있는 옥란이 그 주인공이다. 4월쯤 꽃이 피며 기간은 짧다. 옥란은 가릉선사(迦陵禅师·청대 승려)가 사천에서 가져와서 심은 것으로 이미 300년이 넘었다. 옥란은 이곳 대각사의 대표적인 상징물이며 자랑이다. 그리고 요대 때 심었다는 천 년 된 은행나무가 있다. 높이가 25m며 지름이 7.5m나 되는 엄청난 크기다. 청 건륭제는 대각사를 행궁(휴식처)으로 사용한 적이 있는데, 그때 이 은행나무를 보고 찬미하는 글도 남겼다. '古柯不计数人围,叶茂孙枝缘荫肥. 世外沧桑阅如幻,开山大定记依稀.' 내용을 해석하면, '커다란 나무줄기는 몇 사람이 모여야 안을 수 있고, 가지와 잎은 무성하다. 세상 밖의 온갖 풍파는 꿈같고, 절을 세운 기억은 모호하구나.' 천 년의 고찰에서 갖는 감동은 오랫동안 기억될 것이다. 천 년, 사찰, 은행나무! 그 앞에서 무슨 말이 필요할까? 그저 겸손 또 겸손함을 배우는 날이다. 우리는 모두 이곳에 더 머물지 못함을 아쉬워했다.

글을 마무리하면서

    1992년 한중수교를 하고 30년이 흘렀습니다. 당시 중국 사람들은 호기심 가득한 눈으로 한국 사람들을 바라보았습니다. 한국과 북한을 구별하지 못하고, 북조선 사람 남조선 사람이라 불렀습니다. 언어가 같으냐는 물음도 잊지 않았습니다. 그럴 때마다 나는 남조선이 아니라 "한국"이라고 알려 주었습니다. 한국이 지도 어디쯤인지 몰라 당황하던 박사생도 많았습니다. 그럴 때마다 지도에 동그라미를 치며 알려 주었습니다. 국가 특성상 이상할 것도 없었습니다. "피부가 왜 그렇게 좋아요"라는 물음에는 우리의 화장품이 좋아서라고 대답했습니다. 그리고 한국에 여행 가면 화장품은 꼭 사 오라는 말도 잊지 않았습니다. 한국 드라마의 영향도 컸습니다. "드라마처럼 아침에 출근하는 아버지에게 인사를 하나요"라고 물어 오는 사람도 많았습니다. 식사할 때는 어른이 먼저 수저를 든 다음

자식들이 수저를 드는 것, 맛있는 음식은 어른이 먼저 드신 다음 먹는 것도 중국 사람들에게는 신기한 일이었습니다.

한중수교 30주년이 되었습니다. 먼지 날리던 거리는 아스팔트로 덮였고 낮은 회색빛 주택은 고층 빌딩으로 변했습니다. 단조롭던 회색 감청색 옷차림은 화려하게 변했습니다. 식당 앞에서 구걸하던 아이들도 사라졌습니다. 아무 데서나 침을 뱉는 사람도 여름에 윗옷을 벗고 다니는 사람도 사라졌습니다. 두 개 버스가 붙어 달리던 빨간 버스는 전기차 수소차로 바뀌었습니다. 주요 교통수단이었던 자전거는 자동차로 바뀌었습니다. 차표를 받던 차장은 사라지고 빨간 완장의 관리원이 등장했습니다. 차표는 무인 자동화 시스템이 대신합니다. 칠흑같이 어두웠던 밤은 화려한 조명으로 낮처럼 밝습니다. 소비의 날로 알려진 광군제(11월 11일) 날에는 마음 놓고 소비를 즐깁니다. 위챗(핸드폰 지불 방식) 하나로 소비가 순식간에 이루어지는 것도 중국의 새로운 모습입니다. 전기세 가스세도 위챗으로 해결됩니다. 그것도 선불제 방식입니다. 전기세를 받으려고 집을 찾아갈 일도 요금 독촉장을 보낼 필요도 없습니다.

그동안 문화에 대한 인식도 달라졌습니다. 자금성 이화원뿐이 아닙니다. "문화"라고 인식되는 모든 것은 국가가 보호하기 시작했습니다. 전통 사합원과 후통들도 문화지역으로 관리하고 있습니다. 낡은 것은 수리와 보수를 거쳤습니다. 30년 세월 동안 북경은 많이 것이 변했습니다. 베이징은 새롭게 역사를 써 나갈 모양입니다.

베이징에 오래 살았지만, 최근에 알게 된 것이 많습니다. 자세히 들여다보지 않고는 놓칠 뻔한 것도 많았습니다. 자료를 정리하면서 베이징이라는 도시를 다시 알게 되는 시간이었습니다.

감사합니다.